SQ選書
08

樺太（サハリン）が宝の島と呼ばれていたころ

海を渡った出稼ぎ日本人

野添憲治
NOZOE Kenji

社会評論社

アレクサンドロフスク・サハリンスキーの海。著者撮影。（目次頁も）

樺太（サハリン）が宝の島と呼ばれていたころ

海を渡った出稼ぎ日本人

＊

目次

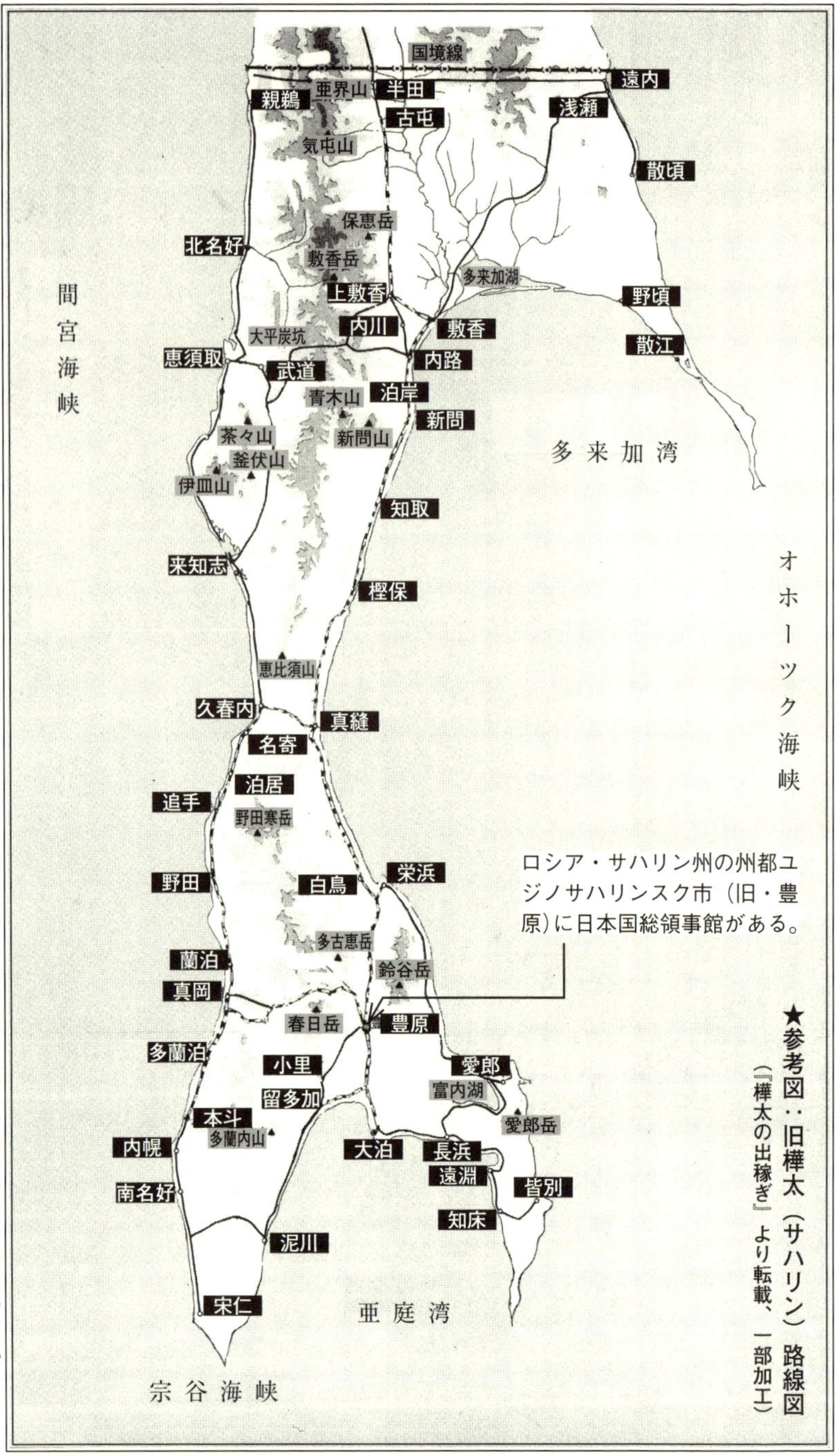

★参考図：旧樺太（サハリン）路線図
（『樺太の出稼ぎ』より転載、一部加工）

北部は日本の占領地にならなかったので、北サハリンの集落には日本名がない。

はじめに

北海道の宗谷岬から北へ約四〇キロのところにある旧樺太（現ロシア・サハリン州）に行くのが、わたしの長年の夢であった。

日露戦争後のポーツマス条約（日露講和条約）で北緯五〇度以南が日本の領土「樺太」になったあとの開発は財閥系企業を主体にすすめられた。「宝の島」とも「夢の島」ともよばれ、北海道や東北の貧農や職を持っていない人たちが仕事を求めて殺到した。東北の山村で子ども時代をおくった筆者は、初冬になるとサハリンへの出稼ぎ者が群れをなして出たあとの村が空っぽになったように感じた。また、移住していくのは誰かの保証人になって家も畑もなくした一家だったり、借金が多くなって首が回らなくなった人などが多く、村から夜逃げするように出て行った。だが、宝とか夢の島と言われても、短い夏には蚊の群れに露出した手や首の血を吸われて薄赤く腫れたり、冬には極寒に襲われて死ぬ思いをしたと語りながらも、近くの川を遡上するマスの大群で水が洪水のようにあふれる話や、日本では見ることがない蝶の群れ、街路樹のナナカマドが紅い実をたわわに実らせる話をする時の目は輝いている。多くの悲劇を生みながらも、サハリンは旅愁をかきたてる魅力を持っている所でもあった。

筆者は一九七六（昭和五一）年に南米のパラグアイに移住した佃由五郎一家を訪ねたあと、約一か月かけて四か所の日本人移住地を歩いて取材した。移住者の多くが満蒙開拓や樺太開拓に行き、敗戦で帰国すると日本の開拓地に入植したものの成功せず、三度目のパラグアイに移住した人たちだった。満蒙開拓の取材は始めていたが、サハリンの入植者や出稼ぎ者にはまったく手をつけていなかったので、帰国するとさっそく調査に取りかかった。

戦前のサハリンには、漁業や林業への出稼ぎが最も多かった。林業は冬期間、漁業は春先から夏にかけて北海道や東北から行っていた。体一つで行くと仕事はいくらでもあるので働けるという便利さはあったものの、怪我や病気は自分持ちで、事故死の場合も補償はなく、少額の見舞い金で処理された。また、連れて行った組の親方が春先に人夫たちの賃金を持って夜逃げすると、ひと冬の働きが一銭にもならないこともあった。それでも男一人分の冬期間の食費代が残った。筆者が育った村でも、こうした不払い事故死がかなりあったのを、パラグアイから帰って取材先を調べているうちに知った。そして樺太時代の開発の多くはこうした人たちの出稼ぎですすめられたこともわかった。当時の村役場の資料には、もちろんこうした出稼ぎ者数や事故死などは記録されていない。だが一方では、いい現場に行った人たちは春先に身欠きニシンやコンブのみやげを山と背負い、村で働いていたのでは考えられないほどの稼ぎ賃を持って帰った。だが、これらはまったく記録されていないのだ。この空白を埋めるには実際に出稼ぎに行ったり、移住した人が敗戦で帰った人たちの記憶を記録するよりないと考えて聞き書きを始めた。

その頃にはまた、日本に強制連行された中国人や朝鮮人たちの聞き書きも始めていた。ポーツマス条約で日本領土になった樺太には、多数の日本人が出稼ぎや入植して開発が行われたが、とくに石炭の採掘や鉄道の敷設などで労働力が不足した。一九一〇（明治四三）年に韓国併合ですべての朝鮮人は「臣民」として日本国籍になり、朝鮮半島などから多数の労働力がサハリンに送り込まれた。それでも労働力不足は解消されず、日本へ強制連行してきた朝鮮人をサハリンに送った。一例をあげると、アジア・太平洋戦争に入った時に青森県の下北半島の大湊町（現むつ市）に大湊海運警備府を置き、本土決戦のため約六万人の兵士が集められ、米軍の攻撃が激しくなるなかで集めた莫大な量の食糧、武器、弾薬を貯蔵する隧道を掘るため、各地から一万人近い朝鮮人が集められた。その中から夜中になると数百人がこっそり船に乗せられ、サハリンに運ばれた。そのことを知った朝鮮人は夜になると数か所に集まり、棒などを振りまわして激しく乗船することに抵抗したことを聞いている。朝鮮人の大半は炭鉱で働かされたが、日本の敗戦後に日本人は引揚げたものの朝鮮人は「日本人ではない」として日本が受け入れないので、サハリンに置き去りにされたことも知っている。戦時中にサハリンの炭鉱が閉山され、坑夫だけが日本に運ばれてまた本土の炭鉱で働かされた人の聞き書きもしていたので、それも同時に進行させようと考えたが、一人ではやれることではなかった。

そのころわたしの所に出入りしていた田村憲一さんという青年にも協力をお願いし、一冊にまとまった分野から出版した（詳しくは「あとがき」に書いているので、読んでいただければありがたい）。「林業編」と「漁業編」はまとめたが、樺太の出稼ぎをまとめた書籍はなかったので、各方面で使われた。その後、田村さんが仕事を持ったのでこの作業から離れたため、その後は筆者が一人で細々と聞

コルサコフ市（旧大泊）の望郷の丘にある「朝鮮人望郷の丘碑」

き書きをしてきたが、聞き書きの量が多くなるにつれて、サハリンへ一度行きたいという思いが強くなった。

長年抱き続けたこの願いは、二〇〇九（平成二一）年九月に、サハリン樺太史研究調査団に加わることで実現し、八日間滞在した。ユジノサハリンスク（豊原）では州立郷土博物館や州立公文書館などで資料を閲覧させて貰ったが、戦前や敗戦時の資料はなかった。学芸員は「敗戦の時に日本が多くの資料を除去したので残っていない」と言っていたが、同じような行為は内地の各地でも大々的に行われた。もし運よく保管されている資料があったとしても、まだ未解決の問題が多いので簡単には出せないだろうと思い、諦めるようになかった。

サハリンに滞在した最後の日の午後、サハリンでは三番目に大きな都市のコルサコフ（大泊）に行った。紅葉した街路樹のナナカマドは真っ赤な実をたわわに実らせていた。例年だと冬を前にして厳しい風が吹き始めるころだというが、その年の秋は長く、晴れて暖かい日が続いていた。

コルサコフでは最後に、港を一望できる希望の丘に行った。敗戦後は軍港になって一般の船舶は入港を禁止されていたが、今は自由になっているという。クリリオン（西能登呂）の岬まで見えるアニワ（亜庭）港の海が、目が痛むほど碧々としていた。港にはたくさんの船が係留されていた。一九二八（昭和三）年に日本がつくったという赤錆びた桟橋が海にのびていた。日本の領土だった時に、出稼ぎ者や兵士たちのほか、強制連行された朝鮮人たちが上陸した。敗戦後には長年の努力で得た家財を残してこの桟橋から船に乗り、日本に帰ったのである。さまざまな原因で帰国できなかった人たちには、恨みの桟橋ではなかったろうか。

望郷の丘に「朝鮮人望郷の丘碑」が建っていた。碑は船の形をしていた。日本の敗戦後も祖国へ帰ることができず、サハリンで一生を終わった朝鮮人が多かった。その望郷の強さと悲しみの深さを碑は伝えていた。

丘に立っていると急に寒さを感じた。アニワ湾に陽が沈みはじめていた。

ユジノサハリンスク市（旧豊原）にある「サハリン犠牲死亡同胞慰霊碑」

「宝の島」樺太（サハリン）の歴史

一九〇五年から四五年まで日本が統治したロシア・サハリン州（旧樺太）の歴史は複雑である。「なぜなら、この島ではこれまで、有史以来さまざまな民族が生活を営み、往来を繰り返し、国境が書きかえられる歴史を刻み続けてきたからだ」（『サハリン』北海道新聞社）。樺太は北海道の宗谷岬の約四〇キロメートル先の真北にあって南北約九四八キロにわたるロシア東部の最大の島で、面積は七万六四平方キロと北海道よりやや小さい。「二万年ほど前には海水面が低下しており、今日のユーラシア大陸・樺太・北海道は互いに地続きだったと考えられている」（ウィキペディア「樺太」）。

樺太の先史時代はまだはっきりしていない。「南サハリンにはいたるところに新石器時代遺跡があり、土器、石鏃（せきぞく）、石斧（せきふ）、骨銛（こつもり）、骨槍（こつふ）などを出している。ススヤ貝塚から出た人骨はアイヌ人に似ているというから、南サハリンにこれらの遺物をのこしたのは現在の樺太アイヌの祖先と推定される」「サハリンの土器の古いものはシベリア方面のものに似ており、新しいものは北海道のものと共通点をもっているが、その文化の系統はまだ未解決の問題である」（『世界大百科事典』第九巻、平凡社）というが、日本の縄文式文化との直接の関係は見られないといわれている。

樺太は現在、千島（クリル）列島とともにロシア・サハリン州となっている。カラフトの名はアイヌ語でこの島を「カムイ・カラ・プト・ヤ・モシリ」と呼んだ事に由来する」という説や（ウィキペディア「樺太」）、「カラフトは、もともと唐人（からびと）の訛ったもので、北方の異民族が同島から中国製品を日本に伝えたことから生じた呼称と言われる」（『日本史大事典』第二巻、平凡社）などの説がある。本島の本来の住民はギリヤーク（現在はニブヒと称する）オロッコ（現在はウィルタと称する）、アイヌなどの諸民族だが、この諸民族がいつごろから居住するようになったかは定かではない。ただ「アイヌ民族については、一三世紀以降北海道のアイヌ民族が北上したとの見解が有力である」（『日本史大事典』第二巻）が、いずれにしてもカラフトと最も早く関係を持ったのは中国であった。

§

樺太と日本との関係はいつごろから始まったのかもはっきりしていないが、一説には一四八五（文明一七）年に哈喇土（カラト）の酋長が、上国洲崎館（現在の北海道江差の南）に来て松前家の始祖の蠣崎信広に、銅雀台の瓦硯を献じた時とされている。その後は松前藩が樺太の経営にあたり、一六七九（延宝七）年に厚谷四郎重政が家来とともに樺太に渡り、クシュンコタン（楠溪）に陣屋を設けて越年した。しかし、あまりの寒さに土に穴を掘ってそのなかで生活したのでこれを松前の穴陣屋と呼んだが、この穴陣屋も貞享年間（一六八四〜七）で中止となり、その後は樺太に勤番士を置かなかった。

松前藩では一七五二（宝暦二）年にクシユンコタンのほか二か所に漁場を開発するとともに原住民との交易もおこなったが、樺太の開発には消極的だった。松前藩は北海道の経営で手一杯だったほかに、樺太の土地がはっきりしないことも原因していた。ロシア人ミエルチングの樺太への来航、幕府による神通丸と五社丸の探検、中村小市郎と高橋次太夫の探検、フランス人ラ・ペルーズの探検、最上徳内の探検などがおこなわれたが、ロシアでは北海道と地続きだと考えたり、日本では樺太半島説がでるなどはっきりしなかった。

しかし、時代がくだるにつれてロシア人の南下が激しくなり、日本人の番屋が焼かれたり、運上屋の番人が捕虜にされたり、船が襲われるという事件が相次いだ。このため、北辺防備が必要になった幕府は一八〇七年（文化四）年に北海道と樺太を幕府の直轄地にして、箱館奉行の統治下においた。この年の一〇月に箱館奉行が廃されて松前奉行を設置したので、松前奉行の統治下に置かれた。

この時代になると樺太の南部は明らかになったものの、北部は依然として不明で、林子平などが製作した地図では、樺太が半島になっている。このため、樺太の全貌を明らかにしないと統治の方策が立てられないため、間宮林蔵らに樺太探検が命ぜられた。

一八〇八～九（文化五～六）年にわたる二回の探検で、樺太が一つの島であることがわかり、半島説の誤りが確認された。中国はこれより以前から、島であることを知っていたという。「間宮林蔵がタタール海峡（のち間宮海峡の名が付けられる）を渡って満州仮府のデトン府を訪れたのも、一八〇九年の第二回の調査のときであるが、同年幕府は本島の名を『北蝦夷地』と改名した」（『日本史大事典』第二巻）。

幕府の直轄地となっていた樺太は、一八二一（文政四）年に再び松前藩領になった。この時代にロシアの使節が長崎に来航し、樺太の大部分はロシア領であると主張するのに対し、幕府は北緯五〇度が国境であると主張した。その後も両国の間で交渉がつづけられ、一八五五（安政二）年一二月の日露和親条約で〈日露間に界を分たず是まで仕来の通〉と定め、樺太島仮規則によって樺太を両国雑居地と定めた。

一八五五（安政二）年には松前（福山）附近の一部をのぞいて幕府の直轄地となり、箱館奉行が統治した。この時に幕府は、仙台・秋田・南部・津軽・松前の五藩に、樺太を分割して警備させた。はじめに樺太を守備したのが秋田藩であった。秋田藩では元陣屋を北海道の増毛に設け、出張陣屋を宗谷・楠渓・白主に置いたが、一八五七（安政四）年に白主の陣屋を本斗に移した。だが、長い間の出兵で藩費がかさみ、守備ができないと固辞したので幕府はその役を仙台藩に命じたが、やはり出兵困難を訴えて固辞した。そのため一八六一（文久一）年以降は次の四藩が交替で警備にあたった。

一八六一（文久一）年　仙台藩
一八六二（文久二）年　会津藩
一八六三（文久三）年　庄内藩
一八六四（元治二）年　秋田藩

その後、一八六七（慶応三）年の「樺太島仮規則」によって日露共有とした。翌一八六八（明治一）年に成立した明治政府はこれを一八六九（明治二）年に札幌開拓使、一八七〇（明治三）年には樺太開拓使、一八七一（明治四）には北海道開拓使の管轄下に置いて支配した。なお、島名も正式に樺太と定めた。

両国の共有となった樺太の開発が日露の間で進められるにつれて、たびたび紛争が起こるようになった。明治政府は樺太の国境を北緯五〇度に定めようとアメリカ公使に交渉を依頼したが成功せず、二〇〇万円で樺太を買収しようという交渉もしたが実を結ばず、国の内外に樺太放棄論が唱えられるようになった。一八七五（明治八）年に駐露公使榎本武揚とロシア首相兼外相ゴルチャコフの間で樺太島をロシア領とし、ウルップ島以北のロシア領千島（クリル列島）を日本領とし、樺太の日本人漁業権を認める「千島・樺太交換条約」が調印された。同年九月に楠渓で樺太譲渡式がおこなわれ、樺太はロシア領となった。

（上）北サハリンのアレクサンドロスク・サハリンスキーの「チェーホフ記念館」。日本人も年間約三〇人ほどが訪れるという。（下）同地の若きチェーホフ像。

ロシア領になってからの樺太は、強制移民で開拓を進めようとしたが成功しなかったので、樺太を流刑植民地として利用した。一八八一（明治一四）年に樺太に監獄制度が施行されてから毎年五〇〇～六〇〇人の罪人が送られた。一八八三（明治一六）年にウイレンスキー大監獄が廃止されてからは、毎年一〇〇〇人を越える囚徒が送り込まれた。流刑囚の島樺太の様子は、一八九〇（明治二三）年にアントン・チェーホフ（一八六〇～一九〇四）が樺太に渡航して三か月ほど現地調査をおこない、翌年に『サハリン島』が出版されて大きな反響を呼んだことで知られている。現地の日本人や領事館員とも交流しており、原卓也訳『サハリン島』（中央公論新社、新版二〇〇九年）で読むことができる。なお、詩人の北原白秋のほか宮沢賢治も一九二三（大正一二）年に樺太を訪れている。

ロシアの流刑地となった樺太は一九〇五（明治三八）年、日露戦争後のポーツマス条約（日露講和条約）でサハリンの北緯五〇度以南が日本領土「樺太」となった。日本領となってからの樺太は日本が開発をすすめ、一九〇七（明治四〇）年に豊原（現在のユジノサハリンスク）に樺太庁が置かれた。以降四〇年にわたる日本の統治が始まった。

§

樺太の主要な産業は漁業、林業、製紙・パルプ工業、石炭鉱業であった。とくに林業では製紙・パルプ、ニシンを中心とした漁業などが大きかった。移民による農業なども開発されたが、北海道よりも北にあるため大きな成果はあげられなかった。林業・漁業・石炭鉱業には多数の日本人が行き、製紙工場が建てられるなど産業は盛んになった。「ただ、こうした産業の発展で労働力不足が生じた。一九一〇年、韓国併合ですべての朝鮮人は、「臣民」として日本国籍となり、朝鮮半島などから、多数の労働者がサハリンに送り込まれた」（『サハリン』未知谷）。

一九二〇年（大正九）年に尼港（にこう　ニコラエフスク）事件が起きた。ソビエトのパルチザンによって、日本の居留民などが多数虐殺され、「日本はこれをきっかけに大量の軍隊を派遣し北サハリンを事実上占領。虐殺の賠償として北サハリンにおける恒久的な利権を主張し、日本に亡命中だった帝政ロシア時代の知事を主席に置いた『サハリン自治州』を設立した。一九二五年に日ソ基本条約が結ばれ、日本はソ連革命政府を承認するとともに、北サハリンの石油と石炭は四五年間の開発利権を得て、再び北緯五〇度以南まで撤退した」（『サハリン』）。北サハリンでの石油や石炭の開発も得たため、樺太には多くの日本人が仕事を求めて渡った。とくに、昭和恐慌期の苦難にあえぐ北海道や内地の日本海側の青森・秋田・山形からは多くの出稼ぎ者が渡った。当時の樺太は宝の島であり、夢の島とも呼ばれた。一九三五（昭和一〇）年の第四回国勢調査では、樺太の世帯数六万五五四二、人口三三万一九四九人となっている。しかし、北サハリンの人口は最も多かった時で約一〇万人といわれ、発展には大きな差があった。

だが、樺太は「北の宝庫」とか「夢の島」といわれても、実際には極寒の気候と島嶼性に阻まれた地でもあった。気候は高緯度の西部シベリアやアラスカなどに似ており、暖流が沖を流れるモネロン島（海馬島）は年平均気温は五度だが、ポロナイスク（敷香）ではマイナス二度で、短い夏は日照時間は長いものの雲霧の日が多い。そのため土壌は腐植物の分解で漂白されたポドゾル土壌系が多く、農業にとっては不利だった。東北からは農業を目的に渡った人が多かっただけにその労苦が報いられず、農地から離れて漁業や林業などの労働者になった人が多い。そのなかでも、日ソ基本条約が調印されると北樺太から南下した朝鮮人は「本斗、恵須取、知取への居住者を中心に、その六・六％が農業に従事していた。一九二四年末に全管内を通じて五一人に過ぎなかったが、翌年末に二三二人となって以後徐々に増加した」（『国境の植民地・樺太』塙書房）ので、ネベリスク（本斗）の吐鯤保（とこんぼ）殖民地などがつくられた。

樺太に対して政府ははじめは対露軍事戦略上の観点から国防に責務をおいていたが、自給を目的にした農業の成果に期待できなくなったあとは、次第に経済開発に傾いていった。「資源開発を目的とする経営策が当初からとられ、植民地樺太にまず押し寄せたのは漁業によるゴールド・ラッシュだった」（『樺太終戦史』全国樺太連盟）が、無計画な政策は乱獲によって一九二九年代半ばごろには豊かな漁業資源を涸渇させてしまった。

政府が次に開発をおいたのは林業であった。樺太の約八〇％が森林で、エゾマツやトドマツにおおわれていた。各地に製紙工場の煙突が立ち、主に内地からの出稼ぎ者の手によって乱伐が続けられた。また、炭鉱開発に必要な坑木、道路建設や鉄道工事用の需要、軍用材などのため乱伐を改めることができず、多くの森林地帯がはげ山と化した。

次に政府が力を入れたのが炭鉱と石油の開発で、一九三三（昭和八）年ごろから本格化した。盛んだったパルプ・製紙工場は火力発電に依存したほか、家庭用燃料の需要も多い樺太では、島内の消費さえ出炭ではまかなえず、北海道、九州、満州の撫順などから石炭を輸入、移入していた。樺太の石炭は主に白亜系からなる中央山脈の両側に発達する第三系に埋蔵され、面積にして全島二〇％近い広さであった。「炭鉱は大半が瀝青炭で、とりわけ西海岸北部炭田は粘結性が強く、カロリーも高いので製鉄用コークスとして欠かされないものだった。このため日本経済が不況を脱した昭和八（一九三三）年以降は樺太炭がにわかに着目され、同一〇年には島内出炭量が一五〇トン（うち輸移出五〇万トン）さらに軍需産業によって一六年には六五〇万トン（輸出四〇〇万トン）と急速に伸び、樺太開発が林業を主軸とする時代はすでに過ぎたと思わせるほどの発展ぶりを示した」（『樺太終戦史』全国樺太連盟）。

一九三一（昭和六）年から樺太は石炭移入地から石炭移出地に転換しているが、この石炭を産出する労働力になったのが朝鮮人である。「サハリンに流入した労働力人口には早い時期から朝鮮人が含まれていた。一九一〇年以来日本の植民地支配下に置かれた朝鮮では、土地調査事業という名の農村の土地再編成が行われたが、この過程で大量の農民が土地を失った。生計を奪われた農民は、一部は朝鮮の都市に、一部は日本に職を求めて移住した。第二次大戦中にはこれに加えて日本人男子の労働力不足を補うため、強制的・半強制的な朝鮮人労働者の募集、連行が行われた」（『サハリン棄民』中央公論社）。

だが、手に技術をもたない朝鮮人は、飛行場建設などの土木労働者や工場労働者、また杣夫（そまふ）として働いた少数の例外を除くと、ほとんどが炭鉱労働者だった。鉱内では一日に一〇時間から一二時間も働かされた。「食事は雑穀や大豆の混じった飯を一日に五合と塩ニシンが数切れのほか、切り干し大根の煮物が少しだった。重労働と粗食で体をこわしても休みは認められず、作業に追い出された。このままでは生きのびれないと思って逃亡しても、土地が不案内なのですぐ捕らえられた。飯場に連れ戻されると半殺しのリンチを受け、死ぬ人もいた」（『みちのく銃後の残響』社会評論社）という。戦時中の炭鉱夫の労働と生活は、日本人にも朝鮮人にも厳しいものだったが、とくに朝鮮人の場合は悲惨であった。

また、十五年戦争中の樺太の炭鉱は、ガス炭塵爆発などの事故が多かった。「日本政府の資料を見ても、一九三九年から四三年までの五年間で、炭坑事故による死傷者はなんと約三万二〇〇〇人（うち死亡者約五五〇人）に上っている」（『サハリン棄民』）が、「炭鉱事故犠牲者が出るのは、主として朝鮮人労働者の多い炭山であった」（『朝鮮人強制連行・強制労働の記録』）のは、危険性の高い坑内には日本人炭坑夫は入るのを嫌がったので、朝鮮人を強制的に送り込んだからだった。十五年戦争の前期の樺太の労働災害は漁業、造材業、工場労働が中心だったが、朝鮮人労働者が炭鉱労働者の大半を占めるようになると、炭鉱事故での犠牲者が多くなり、それも朝鮮人であった。しかし、朝鮮人犠牲者の正確な人数はわかっていない。

また、ほとんどの朝鮮人は『募集』や官斡旋で連行されたときには、日当四、五円から七、八円という条件を示されていたが、実際に受け取ることができたのは二円から四円どまりで、日本人に比べてはるかにすくなかった」（『サハリン棄民』）。

アジア・太平洋戦争開戦（一九四一年一二月八日）後の一九四三（昭和一八）年四月に政府は樺太を「内地」に編入し、内務省の所管とした。一九四五（昭和二〇）年には北海道と樺太の行政を一元化する北海総督府を設置した。

だが、アジア・太平洋戦争の戦局が悪化してきた一九四四（昭和一九）年九月には、多くの朝鮮人をふくむ大量の人口が樺太から転出した。前述したように樺太で発掘された良質の石炭は内地に運ばれ、軍需工場などの原動源になっていた。しかし、米軍に制空権も制海権も奪われたので、樺太から内地むけの石炭積取船の回航が不可能になってきた。このため軍需省では、徴用令の発動によって樺太の炭鉱の労働力を、内地に転用する政策を実施した。当時稼働していたのは二三炭鉱だったが、島内の需要のため九炭鉱は除き、残る一四炭鉱は閉山して坑夫を内地に移動させることにした。敗戦近くの樺太の炭鉱で働くのは朝鮮人が多かったので、移動させられたのも大半が朝鮮人だった。移動は九月から一一月にかけて一か月半ほどの間に行われたが、家族は居住地に残し、見回り品だけを持って稚泊連絡船に乗った。もちろんこれが長い別れになると考えた朝鮮人はいなかった。「短期間に二万数千人が樺太から移っていった、主な転換先は三井、日鉄系からは田川、三池、夕張に、三菱炭鉱からは高島、崎戸のほか、一部は千島方面にも行った」（『樺太終戦史』）という。

ユジノサハリンスク市（旧豊原）ジェルジンスキー通りに立っている「サハリン韓人二重徴用鉱夫被害者追悼碑」は、この時に移動した人たちを悼む碑である。碑文には「北海道と九州に移動した朝鮮人は約十五万人と考えられる」と刻んでいる。『樺太終戦史』の二万数千人とは大きく違うものの、この時に別れさせられた朝鮮人たちは、日本の敗戦後に再会するまでに長い時間がかかった。

§

一九四五年八月八日にソ連は「日ソ中立条約」を一方的に破って対日宣戦布告を行い、翌九日から日ソ戦争が勃発した。戦闘は満州国と樺太での国境突破、カムチャッカから北千島への侵攻の三方面で展開された。満州に侵攻してきたソ連の「勢力たるや、戦車五〇〇〇両、飛行機五〇〇〇機、火砲二万四〇〇〇門、兵員一七四万名という圧倒的なものであった。一方の関東軍は、ほとんどの戦力が南方、本土に送られており、わずか戦車二〇〇両、飛行機二〇〇機、火砲一〇〇〇門しかなかった。兵士には銃器さえゆきわたっていなかった。ソ連軍の南下は止めようがなかった」（『あの戦争は何だったのか』新潮社）一方、一一日にはサハリンにもソ連軍が侵攻し、日本軍との間で戦闘が始まった。だが、「玉音放送によって大兵力を動かすことが禁じられ、一八日には特警などは解放」（『置き去り』海竜社）されて「防戦のみ継続」の命を受けていた守備隊は右往左往するのみだった。二〇日にソ連軍は艦砲射撃の援護を受けながらホルムスク（真岡）に強行上陸を敢行した。「ソ連の先頭上陸部隊は、逃げまどう住民に対して、女、子ども、老人の見境もなくマンドル（自動小銃）を乱射、さらに手榴弾を次から次へと投げつけてきたので、至る所に死体が散乱」（『置き去り』）した。真岡郵便局の電話交換手九人の集団自決（みな一〇代後半から二〇代の若い女性）も起きている。二二日午前、樺太からの引き上げ者を乗せた小笠原丸、第二新興丸、泰東丸の三船が北海道西岸で次々とソ連軍潜水艦の魚雷攻撃を受けた。二隻は沈没、一隻は大破し、約一七〇〇人の死者を出している。その結果、「北海道庁の調べでは、二週間の戦闘でなくなった将兵七百、邦人の戦災死千八百～二千」「しかし、終戦時の人口は四十五、六万人。その中から二週間に四千二百～四千四百の死者を出したことで、樺太の不幸の大きさがわかろう。この自衛戦闘の間に七万八千～八万人の邦人が本土に引き揚げた。そして残された人びとには占領下の新たな労苦が続く。遠いシベリアに送られ、ついに肉親のもとに帰らなかった人たちも多い」（『樺太　一九四五年夏』講談社）という。

また、日本が樺太に連行した朝鮮人は敗戦時で約四万三〇〇〇人といわれているが、六万人はいたという資料もあり、正確な人数はわかっていない。しかも、ソ連軍に侵攻されている混乱の中で、日本人が朝鮮人を虐殺した事件があったことはあまり知られていない。「樺太の軍や憲兵などの間で、朝鮮人大量虐殺の計画が密かに立てられていた。被抑圧者のつもりつもった恨みが爆発することを恐れてのことであったのだろう。この計画をなんとかくい止めたのが当時の大津樺太庁長官であったと言われているが、上敷香警察署虐殺事件や瑞穂村虐殺事件は阻止できず、それぞれ二十人以上の朝鮮人が軍や一般市民によって襲撃殺害されている」（『置き去り』）。

その一つ瑞穂村虐殺事件を辿ってみる。ホルムスク（真岡）の東方約四〇キロのところに、僻村チエプラノオ村（旧瑞穂村）がある。鉄道豊真線の中ほどに瑞穂駅があり、近くに海があるのどかな村だったという。

八月二〇日にソ連軍がホルムシクに上陸すると、砲弾の音が聞こえた。この日から翌日の朝にかけて、瑞穂村在郷軍人や青年団員など二二人が集団で、村に住む朝鮮人を軍刀、槍、銃などで殺害した。男たちは軍に動員されて村におらず、残っている老人、婦人、子どもや幼児など二七人が犠牲になった。殺害が終わると酒宴を開いて気焔を上げ、「酔った細川宏は『ロシヤ人が瑞穂村にやってくるまでに、鮮人を一人残らず殺してしまえ。鮮人はソ連の手先でスパイだ。容赦なく切り捨てろ』と気が狂ったように絶叫した」（『サハリンからのレポート』御茶の水書房）という。この悲劇がソ連当局に知らされたのは約一年後のことで、死体発掘と検死作業が行われた。ソ連の法で起訴され、数人が軽い量刑を受けただけで、他は日本に引揚げている。

また、二十数人が殺害されたポロナイスク（上敷香）警察虐殺事件のほかに、「スミルヌイフ（旧気屯（けとん））」、ウゴレゴルスク（旧恵須取（えすとる））など の地で、朝鮮人が日本憲兵、在郷軍人それに極右分子によって殺害されたという風評を聴いてはいるが（『サハリンからのレポート』）、実証する記録は見つかっていないという。おそらく敗戦前後の樺太を調べると、埋もれているこうした事実はまだあるのであろう。全体ではたして、どれほどの朝鮮人が犠牲になっているのだろうか。

日ソ戦が始まって樺太に戦火が及んだ一九四五（昭和二〇）年の人口は「日本人だけで四五万人であった」（『戦後史大事典』三省堂）といわれ、二三日に戦闘が終わるまでに「表れた数字だけでも、合わせて四、〇二七人の命が失われているのである。治安状況が安定するまでの間に不慮の事件・事故で命を失った人の数はとうてい推定できるものではないが、厚生省の『援護五十年史』でも『南樺太、千島における死亡者の数は、戦闘による死亡者、日本本土渡航に当たり乗船の沈没による死亡者を含め約一万五千人となっている』とあり、これには軍人の数が入っている。悪名高い『シベリア送り』は二、九七二名と記録（前資料）されており、この中にはついに祖国を見ることなく死亡された人も多かろうし、他方、樺太内の収容所で死去した人もいる」（『樺太・シベリアに生きる』［戦後60年の証言］』社会評論社）。

「一九四五年九月、南樺太を占領したソ連は豊原に南樺太民政局（クリュ－コフ局長）を設置して、約三〇万人も残留していた日本人を管理下に置いた」（竹野学「サハリン住民と日本・ソ連の軍政」）が、ソ連は当初、「南樺太在住の日本人をソ連国民に帰化させてしまおうと意図していた」（『新版　戦後引揚の記録』時事通信社）とされる。なぜかといえば「戦後のサハリン島経営に必要な労働力・技術という観点から、日本人を『長期留用』する方針だったと考えられる」（「サハリン住民と日本・ソ連の軍政」）という。だが、一九四九（昭和二四）年までにソ連国内から四〇万人ものソ連国民の移住者を入れていたので、樺太の人口が水ぶくれ現象をおこしていたこともあって、人口調節に民間人の引揚げを利用したとも考えられている。一九四六（昭和二一）年一二月一九日に米ソ両連合国で「ソ連地区引揚米ソ協定」が結ばれて以降、一九五〇（昭和二五）年の末までに函館引揚援護局が受け入れた引揚げ船はホルムスク発二〇六隻、ナホトカ発一二隻、引揚げ者総数は三一万一四五二人で「日本人は朝鮮人を残したまま全員日本本土へ引き揚げた」（『戦後史大事典』）とされ、日本政府は樺太に残留日本人はいないと主張してきた。

だが、民間団体の長年にわたる調査で、二〇〇一年段階でサハリン残留日本人が約四〇〇人いることがわかった。その七割が女性だという。日本への引揚げが始まったときに日本政府は、朝鮮人やロシア人と結婚していた女性は日本ではないとして、帰国を認めなかったのだ。

なぜ、日本女性が外国人と結婚したのかだが、敗戦から引揚げが始まるまでの間、食糧不足で多くの人が苦しんだ。外国人は多くの食糧を持っていたので、飢える家族を救うために結婚した人もいた。また、ロシア兵に未婚女性が掠奪される事件が頻繁に起きたので、身の安全を守るために外国人との結婚をすすめた。しかし、引揚げが始まると親は引揚船に乗れたが、外国籍の女性は帰国できないという悲劇がうまれた。「残留」ではなく「置き去り」にされたのである。また、樺太に置き去りにされた朝鮮人は四万三千人もいるが、日本政府は敗戦後の長い間、この離散家族も無視をしてきた。一九七七（昭和五二）年になっても日本政府は集団引揚げ終了後も樺太に残留している日本人は、「国際結婚の日本婦人、主要な産業に留用中の技術者及び受刑者と少数の残留志望者等で総数千数百人と推定され（略）

このうち国際結婚の日本婦人は終戦後樺太における朝鮮人の地位及び生活状態が高まるに従いこれらの者と結婚した者が多く、これらの日本婦人のうちには、本邦に帰る父母兄弟等と別れて、その朝鮮人とともに樺太に残留したものである」（『引揚げと援護三十年の歩み』）

（上）コルサコフ港の桟橋。戦前からのものだという（二〇〇九年九月二五日撮影）。

（下）北サハリンのアレクサンドロスク・サハリンスキー市は、帝政ロシア時代に多数の政治犯が送り込まれた最大の流刑地。流刑囚を悼む慰霊碑が建っている。（同九月二二日撮影）

厚生省援護局）としている。国際結婚による任意残留であり、棄民的残留ではないので国の責任はないとしている。このため、朝鮮人と結婚した日本女性が、一時帰国で日本の土を踏むまでに半世紀近い歳月を要した。

また、樺太の朝鮮人帰還問題も、一九七八（昭和五三）年に稲葉修法相が、「強制連行された人たちについて、日本国が原状回復の形で復帰させることは、道義上の責任として残っている」と発言して政府として関心を示し始めた。このあと一九八二（昭和五七）年からは、韓国・朝鮮人の家族を再会させるため、民間の力で樺太と韓国からの家族を同時に日本へ招請し、再会させるという方法がとられた。

§

筆者は二〇〇九（平成二一）九月に樺太（現ロシア・サハリン州）に行き、八日間滞在した。豊原（ユジノサハリンスク市）のサハリン日本人会の事務所で副会長の植松キクエさんから半日ほど話を聞いた。植松さん自身も朝鮮人と結婚したので帰国できずに残り、樺太で生きてきた人である。話をしているうちに涙ぐみ、何度も話がとぎれた。樺太で生きてきた日々、スターリン時代の弾圧とロシア人による差別は厳しいものだったという。

「わたしはいま、娘や孫たちに囲まれて暮らしていますが、一世たちが少なくなっていくのは寂しいです」

と言う。

約四〇〇人の残留日本人のうち、筆者が行った時で一五〇人ほどが亡くなったと言っていた。元気な残留日本人たちはいま、日本に一時帰国して肉親や知人と会い、また樺太に帰っている。

「この一時帰国を生き甲斐にしているのがほとんどです」

と植松さんは言っていた。しかも樺太に骨を埋める気持ちはなく、日本の地で長い眠りにつきたいと望んでいる。老いがすすむにつれて日本を慕う思いが強くなっているという。残り少なくなった樺太の残留日本人は、ほとんどが七〇歳の末期か、八〇歳になっている。

彼女たちにとって樺太とはいったい何だったのだろうか。

聞き書き❶――樺太の林業

樺太は宝の島であるという書き方を何度もしたが、開発が遅く着手されただけに、日露間で共有した幕末のころも、また一九〇五年に日本領となった時も、島全体が資源に埋まっていた。日本領となった当初は、豊富な森林資源を背景としてパルプや製紙工場がつくられ、ニシンを主とした水産業がそのおもなものであった。のちになって主要産業のなかに、石炭・石油・天然ガスなどが入ってくるが、はじめに着目されたのは森林資源であった。

「樺太の森林が樺太の最も大なる天然資源であり、森林収入が実にその根幹を為す樺太庁財政に於て、樺太産業中林業竝林産物を原料とする加工業の生産額がその大宗を為す点に於て、又樺太島民の大多数が直接間接その恩恵に与り居る点に於て、樺太の森林が実に樺太開発の根源を為している。」(『樺太庁施政三十年史』)

というほど、樺太の経営にとって、森林は大きな役目をになっていた。

樺太の森林は、冬期間は摂氏氷点下幾十度という酷寒にもかかわらず、また寒帯地方特有のポドゾールにも妨げられず、夏期間の陽光の多照によって生育し、永年にわたって原生林を保続してきた。局部的には森林火災や虫害などに襲われてもすぐに更新されるため、島全体がうっそうと茂る森林におおわれていた。

一九〇五年に日本領となった時に、この豊富な資源に着目したのは、当然のことでもあった。軍令や民政署令などで伐採を制限したり、森林火災の取締りをおこなう一方では、宮部金吾理学博士や三宅勉農学士の手によって植物調査がおこなわれた。その調査結果によって、喬木四九種、亜喬木一一種、灌木八六種、蔓性灌木一三種、亜灌木一五種の計一七四種もあることがわかった。だが、このなかで林業利用上で価値の高いのは、松科のエゾマツ・トドマツ・グイマツ、白樺科のシラカンバ・エゾノダケカンバ、柳科のオホバヤナギ・エゾクロヤナギ・ドロなどであった。このなかでも樺太の森林の大部分を占めるのがエゾマツとトドマツで、海岸や山野部に密林をなしていた。

そして、これらの主要樹種の利用開発については、早くから試験や研究が進められた。最初は生活に必要な製炭や製材などがおこなわれていたが、やがてグイマツの樹脂を採取してテレピン油を製造したり、白樺を資材として木材乾溜が企業化されていった。また、樺太の森林蓄積の大部分を占めるトドマツとエゾマツの利用は、一九〇八年になって樺太にパルプ工業をおこすことに方針が決まった。だが、樺太のような厳冬地の事業継続の可否や労働力などの点で、はたして事業として成功させることができるかどうかが懸念され、容易に実現されなかった。

しかし、一九一三年三月に三井合名会社が大泊に工場を建設したのをきっかけとして、樺太工業株式会社、王子製紙株式会社、日本化学紙料株式会社、富士製紙株式会社などが次々と工場を建設した。これらの工場は統制経済のため一九三三年に合併して王子製紙となったが、豊富な資源を背景としたパルプおよび製紙工業は、樺太の基幹産業となった。また、一九三五年からは日本人絹パルプ株式会社が敷香に工場を建設して人絹パルプの製造をはじめたし、ベニヤ工業も開始された。

このほかに、製材製品や原木として、大量の樺太材が北海道や内地に送り出されるなど、島外輸出も盛んになった。とくに関東大震災の時には、復興用材として安価な樺太材が歓迎され、樺太材の需要をいっそう高めた。

こうして樺太材の利用が急速に進んだために、日本領となった当初は年間の材木の売払いが立木で五万石から二〇万石程度だったのが、一九一〇年ころから急激に増えはじめ、一九一二年には八五万石にもおよんだ。しかも、トロッコ運材などの施設がなかったために、これらの大量の丸太のほとんどは河川を利用して流送された。

樺太のもっとも大きな産業となった木材業には、多くの労働者を必要とした。木材の伐採から搬出、またパルプ工場や港湾などの作業に大量の労働者が求められ、北海道や内地などから続々と渡島していった。大正末期からはじまった不況下には、宝の島という夢にひきつけられて、とくに多くの人たちが樺太に渡っていった。また、北海道や内地などからの出稼ぎ者も多く渡り、出稼ぎ植民地とさえいわれたこともあったが、実はほんとうに樺太をきり開いたのは、こうした労働者たちだったのである。

わたしたちの住む秋田県からも、多くの人たちが樺太に出稼ぎをしている。だが、ときどき思い出話として出稼ぎをした人たちから聞く程度で、その実態は明らかにされていなかった。とく

28

に日本の領土でなくなってからは、語る人も少なくなっただけではなく、樺太への出稼ぎは二度と始まることがないのである。また、樺太出稼ぎ者の多くがすでに老境にさしかかっており、やがて思い出話としてさえ聞かれなくなる日も、そう遠いことではない。いまのうちに樺太出稼ぎ者の体験者たちから話を聞いて、記録にとどめておこうとしてはじめたのがこの仕事である。七人の方の体験話のなかから、樺太出稼ぎとはいったいなんであったのかを、読みとっていただければありがたい。

1

下請けの仕事もして

三浦 憲治　秋田県山本郡八峰町大槻野

妻を連れて渡る

わたしは農家の五男に生まれたのだども、家も貧しくてしゃな、食っていくのもやっとだったものだから、若いうちから若勢《わかぜ》に出されて、馬放しなどに歩いたものだス。わたしの親父は漁師であったども、わたしが一一歳の時に死んだものだから、とくに苦しかったのだったァ。それでも百姓やりながら、塙川の青年学校さ行ったりしたものだス。

ところがスな、ほかの友だちとこ見てると、北海道なんかさ稼ぎに行って、カネ多く取ってくるものだから、小づかいなんかもうんと使うんだスな。わたしは体つきが大きかったし、よその人より稼げるという自信もあったものだから、行くかなと思ってたわけだスよ。

ちょうど一九歳の時に、同じ村の人で、毎年のように北海道の北見の山さ稼ぎに行ってる人が、ことしの冬も北海道さ稼ぐに行くから、お前も行きたかったらあべ（行こう）と言われたズ。それでその年の秋に、はじめて北海道の山さ行ったわけでスよ。行ったところで仕事は面白いし、だんだん仕事を覚えてくるにしたがって、カネもとれるようになったのだものな。それからは春に北海道から帰ると、秋にはまた稼ぎに行くという生活をつづけたわけだスよ。北海道は北見の山で、木材の伐採の仕事をしたわけだス。

もともとわたしは、亡くなった親父の後を継いで、漁師になるという気持ちでいてあったのだもの。したども、一九歳の時から北海道さ行って、冬山稼ぎなんかして、なんだかんだと仕事を覚えるようになったば、やっぱりその方さ興味もったんだな。漁師になるのをやめて、出稼ぎをつづける気持ちになったのだもの。

ところがだスな、北海道さ稼ぎに歩いてるうちに、北海道もだんだんと不景気になってきてな、カネ取りも悪くなってきたわけでスよ。内地はもっと景気悪くて、働く先もないような状態であったどもね。どうも北海道もダメなようだからと思って、二五歳の時にはじめて樺太さ渡ったわけだス。あれは一九二八年の二月であったども、稚内から船に乗り、八時間もかかって大泊さ着いたスな。

わたしは二四歳で結婚してあったから、樺太には嬶《かかあ》とこも連れて行ったス。樺太さ行った年の六月に、兄が生まれたのだもの。最初は多蘭内さ行ったども、嬶を連れて行ったものだから市街地さ家を構えて、自分だけ山さ入って、飯場さ泊まって働いたス。

樺太の稼ぎ人の嬶は、まるで侍の女房みたいなもんであったスよ。なんもやらねったァ。まァ、裁縫でもあればそれやったりしたども、手のきかねェ人はほんとになんもしねェで遊んでらったァ。わたしの嬶だば、樺太で三人子どももったァ。三人目には死なれたどもな。

飯場から家さは、一か月に一回下って来たス。それこそ勘定もらった時でねば、来ねェような状態であったス。その時によって、月に二回下ってくる時があったども、嬶の方から飯場さ上がって来るってことはねェな。飯場が市街地から遠くなれば、山さ小屋建てて、嬶と子どもと暮らしたもんだス。当時は幼稚園も何もなかったからスな。

わたしは一九二八年に樺太さ行って、その春に内地さ帰って来たスな。昔は兵隊があったものだから、二五歳の時に弘前の五二連隊さ入ったもの。秋田県北の三郡の人たちは、みな弘前さ入ったものだス。それが軍縮のために五二連隊がつぶれてしまったもんだために、秋田さ編入になったもの。それで一九二八年の秋は、秋田さ来て演習受けたども、帰ってからは樺太さ籍を移したものだから、今度は旭川連隊さ二回ばかり来て演習を受けたスな。そのほかは、樺太にいてばっかり働いておったス。

わらじをはいて

樺太では、主に造材仕事をやったス。パルプ用材だの、建築材の伐採とか運材、あるいは土場巻きとかやったども、木材関係の仕事といっても、いろいろとあるからスな。わたしは一年を通して樺太にいるようになってからは、冬山終わって夏山さかかるまで少しヒマがあったり、夏山終わり冬山さかかるまでにヒマがあったりした時は、土方仕事さも歩いたス。いろいろとまァ仕事は変わったどもな、しかし重点は木材関係であったス。

あの当時の飯場の動きだども、だいたい朝ご飯は味噌汁と漬物が少しつくぐらいのものであったァ。昼はタクアンのほかに、魚のひと切れでもつけばいい方であったスな。夜の飯も、同じようなもんであったス。あとの足りないのは、自分で買って食べるというものであったスよ。

酒はひと晩に、二合五勺ついたスよ。この酒の代金は、もちろん自分で払うのだどもな。これは会社の方で決めた量でな、これ以上の酒を飲めば、明日の仕事にも害するからということで、決めたようだスな。もっと飲みたい人は、もちろん追加して持ってくるによかったスよ。

わたしが働いたのは益田組であったども、益田組の本社は北海道の小樽にあったスね。その益田組が王子製紙から請負った山を、今度はさらに小さい組が下請けをするわけだスよ。どこの伐採の現場は何組、こっちは何組、土場は何組といった具合に、別れてあるのだもの。わたしの働いたのは伐採で、糸井組というところであったスな。親方は日本人だス。

樺太の冬山はだいたい大きくてな、ひと現場がひと冬に五万石くらいやるのはざらであったスね。五万石もやるとすれば、伐採する人だけで一五〇人くらいは必要だったからスな。そのほかに道路づくりだとか、あの当時は馬で搬出したものだから、伐ったところから沢の本流口までといえば、だいたい一〇〇〇メートル前後だスな。その馬さ手伝う若い者もいねェばならねがったから、三〇〇人から四〇〇人は入ったもんだス。飯場一棟に五〇人入ったとしても、四〇〇人っていえば八棟だスベ。それさ事務所とか食堂、夫婦者の小屋だのあるから、大きい村みたいなものであったスね。

飯場の食事の仕度だども、人の少ないところは男一人で間に合ったども、大きいところだと夫婦でやったもんだス。五〇人もの飯場になると、夫婦者さ女の二人もいねェば、とてもやっていけなかったスな。夫婦で稼ぐにくる人たちは、二間に三間ぐらいの小屋っこ建てて、そこさ入って寝泊まりしてあったスな。大きい現場になれば、食事をつくる手伝いをする女たちもだいぶおったスよ。

道具は昔の天王寺鋸だスな。大きい木はこれで切って、小さいのは腰鋸で切ったス。腰に下げてる小さい鋸でな。鋸の刃は、自分のものは自分で研いだもんだス。朝に現場に着くと、仕事にかかる前に一回、昼飯が終わってからまた一回研いだスな。昼すぎは夕方が近くなると、その日のうちに伐った丸太を、一か所に集める仕事があったもんだから、とても鋸を研ぐ時間はないものな。それで朝に鋸を研ぐわけだスよ。

仕事の服装は、普通であったスな。ゴムの長靴をはくようになったのはこのごろのことで、ワラで編んだつまごわらじであったね。あればかりはいたもんだス。それからだんだんと世の中が開けてきて、生ゴムの靴が出てきてな、足さ毛布まいてはいたもんだス。あれは昭和に入ってからでねェかな。

賃金は月末に〆切って、翌月の五日とか一〇日に払ったもんだ。月末に〆切れば、五日ごろの勘定というのが多かったスな。月のうちの稼ぎだども、その仕事によっていろいろであったども、普通の雑出面《でめん》であれば、わたしが行った当時で一日が一円五〇銭あたりであったスね。それが請負い仕事になれば、四円も五円も稼ぐのだもの。一九三一年あたりは、内地は大不況であったスベ。あの当時は樺太に行けば、カネになる仕事がいっぱいあるといって、内地からたくさんの人が樺太さ渡ってきたもんだスよ。そういう人たちは、一日二〇銭ぐらいであったス。わたしらは専属で、土場巻きなどの特殊な仕事をやっておったから、一円八〇銭の出面をもらったもんだス。

一九四三年ころだば、一日稼げば二〇円くらいになったもんだ。戦争が敗けるころで、米の値段が配給米で五〇銭くらいであったスな。二〇円を持っていけば、米を一俵と、醤油を木樽でひと樽、買ってくるによかったからスね。

喧嘩の仲裁も

飯場では、喧嘩なんかはだいぶあったもんでス。それも主に、ジャコたちの喧嘩であったスな。ジャコっていうのは、家もなくてカガアもなくて行きどころのない、ただに稼ぐところをまわって歩いたり、カネあれば飲んで騒いだりしてる人のことをしゃべったもんだが、ジャコたちの入っている飯場では、喧嘩は絶えなかったスな。バクチもよくやってあってね、大きなバクチをやる連中は、さっぱり稼がねェで、専門にそういうことばかりやってらったァ。

会社側とは、仕事のわりには賃金が安いといってやり合ったことも多少あったどもな。親方によっては安い高いはあったども、高く使うと約束して連れていった親方は、払いをのばしたりするようなきたない手を使うんだものね。まァ、賃金はいくらか安くとも、勘定日にはきっぱりと払ってくれるところが確実だからいいということで人が集まったもんだス。賃金が高くたって、不払いにでもされるとなんにもならないからスな。

いまでも同じことで、会社から渡される水準単価はだいたい決まっているものだから、元請けの下さ下請けが三つか四つもつくようになれば、単価は半分もなくなるもんだものね。それでも無理して下請けをして、人並み以上の単価を人夫さ出せば、結局は損をしてカネを払えなくならあズ。わたしは、不払いを一回もうけたことないものな。そういうところさは、行かねかったからね。

内地から樺太さ稼ぎに行った人は、岩手、秋田、山形、青森県の人たちが多かったスな。みんな百姓で田んぼつくってるもんだから、冬になればヒマになるために、出かけて行くんだね。いまの、関東や関西さ行くのと同じわけだスよ。だから稲が終わってから、春の苗代がはじまるときまで樺太にいるという人が、大半であったスな。秋田のなかでは、県北の人が多く行ってあったスよ。二ッ井町とか藤里町の人とか、阿仁部の人も多く行ってあったスね。そんなわけで、わたしの知ってる人とか、友だち連中もよく来てあったね。

友だちと来れば、樺太での仕事がよくわからないものだから、単価が安いといってよく親方と喧嘩するのだもの。下請けの組の親方は、この山全体は、だいたいどれくらいの予算でやると決めてるわけでスよ。その範囲内を出れば、赤字になるわけだスな。だから現場によって、高いところもあれば、安いところもあるわけだスよ。それを平均して、範囲内におさめるわけだども、その駆引きがなんもわからねェで、ただにこっちの単価は安いとか、あっちの単価は高いのというので、喧嘩するのだもの。わたしはその間さ入って、苦労したこともあるス。

それから今度、親方から一本の沢の仕事なりを、全部まかされてやることもあったものな。その時はわたしもいろいろと考えて、予算たてながら仕事したものな。わたしがやって損をすれば、親方に損をかけることになるわけだからスな。損させておいて、カネをけれとは言えねェから、わたしは親方さ損させないようにと気を配ってやったズ。

んだども、親方のなかにはこっちの苦労をさっぱり考えてくれねェ人もあってな、月に一回とか二回とか現場さ来て、あそこがこうだ、ここはこうだと文句を言うわけスよ。こっちは現場の全体のことを考えてやってるのに、あっちがこうだ、こっちはこうだって言われてその通りにやれば、こっちの予算が狂ってくるのだものね。そこで今度、親方とわたしとのトラブルが起こるのだもの。わたしは樺太で二〇年間仕事して、親方を三人変えたども、原因はみんなそういうトラブルからであったスな。

また、仕事のしねェジャコたちが多くなれば、どうしても仕事は渉らなくなるわけだから、そのジャコに仕事に出てけれとか、仕事しないのなら飯場を下ってけれというのも、わたしが引き受けてよくやったスな。それで稼ぎに出たり、飯場下ったりしておさまりしたものだども、どうしても言うこと聞かねェ奴は、冬だば外さ引っぱり出して、雪の中さ埋めたもんだス。

人間だもの、そんなに強いとか弱いというのはないやズ。力だっきゃ、そう違うもんでだっきゃ、ねェもんだァ。ただ、きたなく生きようと考えてる人と、普通に生きようと考えてる人との違いだスよね。ジャコでも普通の稼ぎ人も、力の差はそうはあるものではないったァ。早く手を出した奴に負けるから、そこは気をつけたもんだス。

わたしもジャコと酒飲んで付き合ったども、そういう連中と飲む時は、一升飲んでも、二升飲んでも酔わなかったな。気許されねェもの。ジャコの中には、少し酔っぱらうと腕自慢をやりたがる人もいて、酔うときまってハビロ（鉞の一種）を振りまわすのだもの。そうすれば止めに来てければ、呼びにくるわけだスよ。そういう人って、行ってなだめれば、わざときかなくなってな。そういう人にだば、ほんとに手を焼いたものだスよ。

樺太で敗戦

太平洋戦争がはじまったのは、樺太にいてもわかってあったスな。樺太では戦争がなかったども、戦争関係の仕事が多くなってきてあったスな。戦争がはじまった時に、わたしは上敷香にいてあったども、はじめのうちは伐採の仕事をしてあったス。ところが戦争になると、上敷香から奥さ鉄道を敷くことになったのだもの。やっぱり、戦争のためだべね。鉄道を敷くっていえば、枕木が必要だスべ。今度、その枕木をとる仕事をしたども、これがまた忙しくてな。決められた量をちゃんと納めねばダメだスべ。それもな、若い人は次々と兵隊にとられるものだから、働く人が少ないのだものな。わたしらが中心になって、働かねばダメなんだものスな。

んだども、樺太の全体からすれば、戦争になってからは、戦争前よりは仕事が少なかったスな。戦争に関係したような仕事は多かったスどもな。まァ、兵隊に人夫もとられるものだから、仕事ができなくなってきたという点もあるべどもね。

鉄道さ使う枕木をとる仕事やってるうちに、今度は上敷香から、ソ連の国境から三里ばかり手前にある亜屯というところまで、電気をつけることになったのだものな。今度はその仕事さ引っぱられてしゃな。上敷香から亜屯までの電柱は、みんなわたしが先になって配ったものだァ。いや、この仕事もまた忙しかったス。

そうしているうちにだんだんと戦争が激しくなって、ソ連が日本さ戦争を仕掛けてきたのは、あれは一九四五年の八月九日であったスな。その日から、ソ連の飛行機が来たスものね。それまでだば、飛行機も何も来なかったものな。

ソ連との戦争がはじまったば、国境に近い方の奥から、日本人がみな下って来たものな。老人、女、子どもが先に汽車に乗せられて送られ、次に大人たちが下って来たものな。これだば大変だ、わたしらも急いで逃げねばダメだということになったものな。どうせここを逃げるんだば、自分たちのいたところをソ連の人に利用させたくねェという気持ちで、火をつけたのだもの。相談してやったのではなく、その場の気持ちとしてやったのだス。その当時は、わたしも小さい製材工場を持ってあったども、ガソリンかけて焼いてしまったァ。逃げて下る時はそれほどでもなかったども、ソ連兵にもっと奥さ連れて行かせられた時は、ほとんど焼けてあったスな。みんな同じ気持ちから、火をかけたのだべね。

わたしたちも年寄りだの女だのを先に汽車さ乗せて、次の日に知取まで来たものな。そうしたら豊原の方から、応援隊と物資を積んだ汽車が来たものな。その物資を貨車からおろすのに手伝えと言われてな、物資をおろせば、みんなを乗せてやるからというわけスよ。やっと荷物おろして、人が来るようにしたところで、男は待てときたもんだァ。年寄り、女、子どもを先に乗せるというわけで、そこさ足止めされたわけだス。

知取はたいした広くもないのに、奥の方から人がどんどん下ってくるものだから、泊まるところがないのだものな。敷香まで行けば泊まるところがあるからって、また敷香さ帰った人もかなりあったスな。わたしはその時、カガアは死んでいたし、子どもは豊原で一人立ちしてあったから身軽であったども、家族の多い人だばほんとうに難儀をしたスな。

知取にいた時に、ソ連兵がのり込んできてな、元にいたところさ帰れというわけだァ。いやだって言えば殺されるべしと思って、上敷香さ帰ったス。そこで、自分たちで火をつけた焼け跡を片づけだったァ。完全に残ってる建物はあまりないほど、焼いてあったスね。

それからまァ、戦争に敗けたのだども、わたしは一つ計画あったものな。日本が戦争さ勝てば、大陸の方さ行きたいという気持ちあったものな。シベリアの木を伐採してみたいという気持ちを、早くから持ってあったものな。んだども、敗けたのだから、そんなことにはならなかったァ。

戦争に敗けてから、一年半ばかり抑留されたども、はじめは上敷香にいたが、後になって息子のいる豊原さ来て、そこの食糧営団さ入って働いたス。ソ連兵は日本さ入って来たども、入る家がないわけだスよ。んだども、日本人の家は広いもんだから、一軒に一人とか二人とか入れたものだス。共産主義とはこういうもんだということを、日本人さ吹き込むつもりで、ああしたのでねがべかね。

その当時から、いろいろな宣伝があったものだスよ。日本の国だっきゃ、米国の連中が来て全部占領してしまって、日本さ帰っても食う物がねェと言うやズ。そんなことってあるものでねェ、日本は米のとれる国だから、米ないわけがないと思ってな、からかうのもいいかげんにしろと、口には出して言わねェども、内心では思ったスな。

戦争に敗けた翌年の一九四六年から、日本のカネはダメになって、みんなロシヤのカネになったものな。だから引揚げて来る時は、そのカネを持って来られなかったもの。日本さ持ってきた人もあったども、日本のカネとは交換してくれなかったスね。

日本さ帰る時は、真岡から船さ乗ったス。一緒に乗った人は、六〇〇人くらいだったと思うス。カネは持ってねェども、日本へ行けばなんとかなるべって乗ったもんだァ。それでも、船さ乗って日本の豆腐汁飲んだ時は、ほんとにうまかったな。あの時は函館に上陸して、国から五〇〇円だかもらったスよ。

家さ帰って来たのは、一九四六年の六月一三日だったス。わたしは樺太から出る時も、内地さは行かねェで、北海道で暮らすという気持ちであったども、函館さ来て親戚の人たちと会ったば、母の病気が悪いようだから行ってみれと言われて、帰って来たのだもの。帰ってみたば、案の定そうだったものな。それでしばらく家にいたども、どこさ行くたってカネねェば歩かれねェし、食うのもないしということで、開拓さ入植することになったわけだス。百姓やるったって、一人ではどうにもならねェと思っていた時に、いまの母さんが来てくれるというので、再婚したス。

開拓さ入っても、苦労ばっかりしたども、なんとかかんとか踏みとどまって、昨年は四町三反歩の田んぼに植え付けしたじゃ。（一九七六年一月）

2

凍った酒を切って売る

藤田 与五郎　秋田県能代市二ツ井町比井町

夜逃げをして

わたしの家の本家は濁川というところにあって、一里ばかり山を越えた田代というところに、八町歩ばかりの小作させてる田んぼがあったものだもの。その小作田を管理させるために、わたしの親父が田代さ分家に出されだったたね。当時はいまと違って、小作させてる田んぼがうんとあったども、なかなか小作米を納めねェんだものね。何とかして仲よくなって、義理人情でせめる具合にさねば、小作米を取れなかったのだもの。そのためにわたしの親父は田代さ別家になって、自分でも本家からもらった田んぼをやって、小作田を管理してあったのだァ。

わたしはその家の長男に生まれて、学校を終わった一五歳の時から農業をやったのだども、田んぼやるったっていまみたいに機械も何もない時代でよ。田代にはまだ馬耕もなくて、クワで田を耕したもんだス。わたしの家だけで二町五反ばかりあったども、女の人が一日がかりで五畝歩も耕せばよく働いたといわれる時代であったもの。忙しくて忙しくて、休んでる日はなかったね。

秋に稲を刈っても、旧正月前にこぎ上げれば上等な方であったスな。稲刈ると、田んぼの中さその稲を積んでおいて、豆とか大根とか秋の物をぜんぶ始末してから、稲こぎするんだものね。ソリで家さ引っぱってきてね。二月過ぎても、まだ稲が残ってる年もあったスよ。

生活は田んぼが多い方であったから、カネにはあまり困らねェ方であったべね。いまからくらべれば、どこの家でもそんなにいい生活はしてなかったからね。買い物だば、二ッ井の市日に出て来たものだス。二ッ井には一五日市っていうのがあって、半月ごとに市がたってあったものな。いっぱい店が並んでよ、魚から野菜から、雑貨類まで何でも売ってあったものだス。その市日の時に物買うに来て、次の市日まで間に合わせたわけだども、なんでも買っていったものだスよ。また、ニシンだのハタハタだのホッケだのは、一年食べるだけ漬けてあったものだからスね。

昔の人たちは、嫁なんかは小使いに使ったもんだス。そうでもさせねェば、仕事が間に合わねという せいもあったども、わたしも一九歳の時に嫁もらったのだもの。仕事忙しくてやっていかれねェから、早くもらうべェと親たちに言われてな。

わたしはその前から、百姓仕事が嫌いでよ。とにかく苦労は多いし、嫁もらえば人の目も考えねばダメだし、いいことがさっぱりねェんだものね。こんなことばかりやって、一代過ごすなんて、バカくさいなと思ってな、家から逃げることばかり考えたのだったァ。嫁もらってからもだスよ。なんとかして別の仕事を、自分の手でやりたいとばっかり考えていたのだもの。それからというものは、いつか機会を見て、樺太あたりにでも行こうと思っていだったァ。

あれは一九二二年のお盆の一三日であったども、夕方から親父が酒を飲みだしたのだもの。カネがねェば樺太さもどこさも行かれねェから、親父のサイフから盗むべェと思っていたからスな。親父が酒を飲んで喜んでるのを見て、いよいよ今晩だなと思ってしゃ、親父をうんともてなして酒飲ませて、わたしは飲まねェようにしたズ。

したば、親父は酔って寝てしまったので、親父のサイフからカネ取って、みんなが寝てから一人で家を出たやズ。家さ嬶《かかぁ》とこも置いてしまってね。ちょうど月夜でな、田代からトコトコ二ッ井まで三里ほど歩いて、二ッ井駅から朝一番の汽車さ乗ったズ。朝になってわたしが家にいねェもんだから、家の人たちはびっくりしたべども、わたしはわりとキモ玉が大っきい方だから、そんなことはまったく気にさねがったもの。

こうしてわたしは、はじめて樺太さ渡ったのだス。家の人から見れば、カガアも家さ投げて逃げたのだから、困った息子であったべね。

炭商売で失敗

この時は樺太に一年ばかりいて、あと家さ帰って来たもの。したば本家の父さんから、恥ずかしくて世間さ顔向けできねェから、そんなことさねでけれって泣きつかれてしまってね。困ったけな。人間、悪いことでなかったら、どんなことをしてもいいと思ってしゃべっても、そんなことは通らねったなァ。わたしも呆れてしまってね。

百姓やれって言われても、わたしは百姓は嫌いだと、ガンとはねつけたズ。そうしたら親父の兄だという人が、わたしの弟さついて炭商売の仕事をやれと、そういうことになったのだったァ。わたしもまた、親父さ親不幸ばかりかけて、親父を呆れさせていたものな。何でもいいから、好きなことをやらせるから、家から動かねでけれと言われて、わたしも負けて炭商売の仕事をやることになったズ。二一歳の時であったスな。

わたしの家のある田代は、山ばっかりのところであったものな。いまだばみんな木が伐られてしまって、ほとんど残ってねェどもスな。あの当時は山に木がいくらでもあったものだから、国有林からその木を払い下げて、炭を焼く人が三〇人以上もいてあったスよ。沢に入って、それぞれ炭ガマをつくって、炭を焼いているのだもの。わたしもはじめはなんの体験もねェものだから、その人たちと同じように、炭焼き仕事からはじめたズ。

炭焼き仕事を覚えてから、今度は炭焼きたちから炭を買って、東京さ送る仕事をやったズ。田代の人たちが焼く炭だけでは足りなくて、他の方からも集めて送ったものだスよ。わたしはもくろみが大っきくできてるものだから、普通の人がやることはやらねェんだもの。わたしくらい大量に送った人は、なかったスべね。

焼いて俵さつめた炭を買うと、山に小屋を建ててそこに入れで、冬は馬ソリで運んだもんだス。夏は馬さ五俵つけて、運んで来たもんだス。仕事もだんだんと順調になって、かなり儲かったものだスよ。

ところがだスな、あれはわたしが二八歳の時であったども、田植え過ぎに大雨があって、わたしが仕事している響川に架かってる橋が、みんな流されてしまったァ。わたしの持っている大きな炭小屋から仁鮒さ来るまで、七つの橋を渡らねばならなかったども、その橋がみんな流されてしまったのだものな。わたし一人の力ではどうすることもできなくて、炭を運んでくることが出来なくなってしまったズ。橋がみんな流されたために、小屋まで馬が行けなくなったわけスよ。

この年はまた、うんと雨の降る年であったから、小屋に積んである炭俵が腐ってくるわけだス。腐った俵では出せないし、炭もダメになるものだから、新しい俵につめかえたズ。それでも運ぶ馬が来ねェもんだから、また俵が腐ってしまうんだもの。何回つめかえしたかわからねェ。新しい俵買って、人を頼んでな。

ところがこの年はまた、炭を焼く人がいちばん多くてな、炭だけがなんぼでもたまるのだもの。しかも馬が来ないものだから、新しく小屋を建てても、すぐに一杯になってしまうズ。とうとう秋までに炭を運んで来れなくて、買った炭をみんな腐らしてダメにしてしまったズ。これでわたしは大損をしてしまって、倒産直前になったわけだスよ。あんなに買ってあった炭が、ぜんぶダメになったものだからスな。

これだば炭の商売やってもダメだなと思ったから、思いっきりよくやめてしまって、この年の秋からまた樺太さ渡ったわけでスよ。というのは、わたしの友だちが秋木に入っていて、たいした偉くなってあったもの。その人さ相談したら、お前さひと山まかせるから、秋田から人夫を連れて樺太に行けといぅわけだスよ。わたしも樺太には行きたいと思ってあったし、どれ、炭で損した分を樺太に渡って仕事をして、うんと儲けてやろうと思って、すぐその話さ乗ったわけだス。だからこの時は、はじめから人夫を頼んで、親方として渡ったわけだス。

この時には人夫たちを連れて、稚内から大泊さ上陸したス。

酒をハカリで売る

この年に仕事をしたところは、西海岸にある野田であったス。内地でいえば奥羽本線のようなところを、大泊から汽車で行ったのだども、野田には四年ばかりいたスな。野田はちょっとした大きな町でな、王子製紙も富士製紙もあったし、「カバコウ」っていう名で呼ばれているカラカバ工場もあったスな。こんなに工場があるものだから、わたしのような新規の親方にも、仕事がいくらでもまわってくらったもの。だから、四年の間も野田にいたったァ。

わたしは秋田から人夫を連れて行くと、会社の下にいる親方から下請けをしたわけだス。自分でひと沢をもらい、飯場を建ててそこさ人夫を入れて稼がせて、伐採した丸太を検知してから、会社さ渡したもんでス。下請けなために、うんと頑張れば自分さ儲けがいっぱいくるし、そのかわりに失敗すれば、親方にみんな取られたもんだス。

あの当時の樺太は、裕福だったから大きな事件もあまりなかったね。そのころの内地では、小作争議がどこでも起こっていたども、そんなのは一つもなかったスよ。

飯場の生活は、普通の一般生活とあまり変わらなかったス。大きな飯場だと、一棟さ五〇人も入って、若い者が入口の方に寝ていたものだスよ。その隣が食堂で、食堂にはツバ釜二つとおつゆ釜一つに、湯を沸かす釜を置いたもんだス。真ん中に飯を食べる長テーブルがあって、それに坐って食べたものだス。

わたしらの住む家は、飯場とは別に建てたもの。また、夫婦者も来てあったから、その人たちの家も、飯場のそばさ別棟にして建てたもんでス。大きな現場になれば、五〇人も入る飯場がいくつも建ったものだども、わたしはそう大きな山を下請けしたわけではないから、だいたいこんなものであったスよ。

樺太の食べ物は、内地よりよかったスよ。肉はあまりなかったども、魚が豊富だからね。魚はなんぼでもあるったもの。マス、タラ、カレイ、サメといった、魚って魚はなんぼでもあるったァ。冬の魚は、冷凍ではねェども、外さ置けば冷凍になってしまうために、外さ投げておいたもんだス。あんまり固く凍るために、マサカリではとても切れねェから、鋸でもって凍った魚を切ったもんだスよ。魚の身を、ゴリゴリとな。

樺太では、酒も凍ってしまうために、これもマサカリで切ったり、くだいたりしてから、ハカリにかけて売ったもんだス。五合とか一升っていうのではなく、目方にして酒を売ったもんだスよ。飲む人は今度、固まったのをドンブリに入れて飯場におくとすぐに溶けるから、それを飲んだもんだス。

冬になれば寒いども、飯場はちゃんとつくったから、ぜんぜん寒くないスよ。飯場は丸太を積み重ねて、その間に土をびんと込めたから、まるで土蔵みたいもんだからスな。飯場の大きなストーブさ火を焚くと、ストーブが真っ赤になるのだもの。そのストーブにあたってると、シャツとか涼衣一枚でよかったスよ。丹前なんか着てる人は、いなかったスな。そんなに暖かいために、凍った酒なんかでもすぐに溶けるわけだス。

昼の食事のおかずは、梅漬け、福神漬け、紅ショォガといったものから塩マスとか、塩タラそれから干したタラなどであったス。昼のおかずなんかは、こういったものをどんと出しておいて、好き勝手に持っていかせたもんでス。

晩飯の時は、その日によって違うども、お汁と、魚の煮つけが中心であったスな。足りないものっていえば、野菜くらいでな、あとは何でもあって、腹いっぱい食べたものだスよ。

わたしの場合はかなり秋田県から人夫を頼んで行ったども、足りない分は現地でも頼んだもの。頼む気になれば、人夫はかなりいたもんであったスな。いちばん多いのは、北海道の人で、それから青森、秋田、山形、岩手という順であったども、ほとんど日本国中から集まってあったね、樺太には。

仕事の工程からすれば、まず伐採してそれを長さ一二尺五寸の丸太に仕上げてから、馬で一か所に運んで巻き立てるのだもの。雪が積ると、こんどはソリで運んだス。馬ソリよりもバチを多く使ったもんだスね。馬ソリと違ってバチはこまわりが利くから、どんな奥からでも運ぶによかったからスな。

　春先になれば、山元に巻き立てた丸太を川で流送するのだもの。流送する人は、越中とか四国地方の人が多かったスね。あそこには大井川があって、あの川はもともと丸太を流送したところだから、それで流送の仕事を覚えた人が多かったスベね。

　流送の仕事は、いのちさ関わる仕事であったスよ。春の雪解け水を利用して、山奥に大きな水止めをつくり、それを一度にどんと放して丸太を流したり、イカダに組んで川口まで流したりしたものだども、流送人夫はトビ一丁持って、とんとんと丸太の上を渡ったり、丸太の上さ乗ったりして仕事をしたものだス。船さ乗るのと違って、流れる一本丸太さ乗っての仕事だから、たいした技術がなければできねったァ。その危険な仕事を、川の上でちょんちょんとやるものだから、たまげて見てあったものだスよ。はじめて流送人夫の仕事を見た内地の人たちはスな。

飯場をまぐる人

　飯場では、バクチと喧嘩はつきものであったし、樺太の名物であったスよ。喧嘩だば、まァまァよくあったもんだス。酒飲んで一杯機嫌になれば、冗談がホントになって、喧嘩がはじまるんだものな。付き合ってみれば、はじめてその人柄がわかって友だちになったり、兄弟分になったりするども、はじめのうちは付き合いがないものだから、いい人だか悪い人だかわからなくて、すぐに喧嘩にならったもの。

　その喧嘩もな、内地の人みたいにおとなしいものではなくて、そこらあたりにある金物だのトビだの持ってきたり、出刃包丁を持って来たりしてやり合ったものだス。頭さトビ刺さったり、包丁で腕を切ったりしてな、おっかなくてそばさ寄りつかれねェかったものだス。

わたしがやった飯場では、それでも喧嘩で死んだ人はなかったども、よその飯場ではよく死ぬ人があったようだスよ。大っきな喧嘩になれば、わたしどこさ止めてけれって、知らせるに来るったもの。わたしが飯場の親方だからスな。わたしだば体も小さくて、喧嘩も強くはなかったども、喧嘩してるところさ行って、やめれって言えば、たいていやめてくれたもんであったスね。親方の顔を立ててくれるわけだスな。ところがな、やめれって言えば、わざと暴れまわって喧嘩を大きくする人も、なかにはいてあったス。こういう人だばとても手に負えねェから、好きなように喧嘩をやらせたものだスよ。

バクチもよくやってあったスな。山さ行って仕事しないで、昼間からやってるんだもの。おもに花札だども、あっちの隅っこ、こっちの隅っこさと集まって、遊んでるんだもの。カネだっきゃ、なんぼ賭けてやったもんだかわからねェども、負けてしまってどうにもできなくて、まぐってしまう人もいるんだもの。まぐるってのは、布団とかそういうものを飯場さ置いたまま逃げてしまうわけだスよ。とてもとても、負けたカネを返せないほど、バクチで負けてしまうものだからスな。

山の飯場をまぐって帰る人が多いのは、春ニシンの漁がはじまる四月ころであったスな。春ニシンのころになれば、海の仕事が忙しくなってどこさでも入るにいいから、安心してまぐっていくんだスな。朝ごはんの仕度ができて、ごはんできたよって呼びに飯場さ行けば、布団だけあって、人が寝てねェんだもの。二人や三人で一緒にまぐることもあったスよ。

だいたいは、夜中にこっそり出て行くんだもの。ニシン漁がはじまればどこでも忙しいから、人手が足りないわけだス。どこさ行ったべと探しに行っても、ニシン漁の飯場では隠まうものだから、なかなか見つけられねったァ。まんず、あきらめてしまうよりなかったスな。

旅館の経営を

こうして野田で仕事をしているうちに、泊居というところから来てけれって言われて、今度は泊居さ行ったもの。泊居も大きいところでな、ここでは王子製紙の仕事をして、ここでもちょっと儲かったものね。そこで、泊居で店を開いたわけだス。雑貨屋で、干し物、罐詰、漬物、酒だの、何でも置いたズ。樺太では酒を置かねば、店の値いしなかったからね。この店でも、なんぼか儲かったわけだス。

泊居にも三年ばかりいて、今度はさらに北の名好さ行ったもの。ここでも王子製紙の仕事の下請けをして、少し儲かったもの。前から儲けたのを合わせると、かなりカネが貯まったわけだス。

この時に、わたしは考えたわけだス。いつも人に使われていたのではダメだから、わたしが今度は社長にならねばなんねェとな。こう思って、まず店を開くつもりであったんだよな。んだけれども、店に適当なところがないわけスよ。まわりまわりして歩いてるうちに、売りに出ている屋敷があったのだス。わたしはその屋敷を手に入れて、何かいいことをやれないかなと考えたわけスよ。そう思っているうちに、待てよ、わたしはいままでこの奥に飯場を建てて、何百人という人を相手に仕事をしてきたから、あの連中を相手にした仕事をしようと考えたわけだス。それだったら店よりも、旅館をやるかなという気持ちに固まったもの。

わたしの気持ちも決まったので、こんど家に帰って、家の人たちに話をしたズ。そしたら、失敗した時の借金も残ってあったから、田畑を売って整理して、爺さんも婆さんも行くって言うから、八人家族が全員で樺太に行くことに決まったズ。それでも田んぼが一町歩ばかり残ったども、それは残して行くことにしたズ。んだけれども、小作米とるっていう気持ちも、なんもねェんだスもの。わたしは内地の財産には、ひとつも未練なかったスな。樺太で新しくやる仕事にだけ、熱中してあったわけでスよ。

はじめて開いた旅館は、あまり大きくなくて、部屋数も八つくらいよりなかったスな。旅館の他に食堂も開いたども、この食堂もまたはやってくれたものな。旅館をやったからこそ、食堂も成り立ったのだどもね。

わたしはかなり覚えてる人があったものだから、その人たちが山から下りて名好さ来ると、わたしの旅館さ泊まりに来て、どんどんはやらせてくれたものな。勘定なれば山から町さ下って来て、一週間でも一〇日でも旅館さ泊まって、カネありったけ料理屋で飲んだり、女ゴ買って騒いで、一銭もなくなればまた山さのぼって行くんだス。宿銭なんか、自分では払わなかったス。親方に払ってもらうもんだためにね。親方さ請求すれば、みんな払ってくれたもんだスよ。親方もまた、そうして人夫をつかまえておったわけだス。

旅館ははやるし、だいぶ儲かったものだから、今度は新しい場所に旅館を買ったども、これは二七も部屋数がある大きなものであったス。名前も富士屋旅館とつけて、働く女ゴたちは普通は四人くらいと番頭を置いたども、引揚げてくる時だば、八人もいてあったスよ。

旅館で働く女ゴたちは、四人は二ッ井町から連れて行ったども、あとは樺太にいる奥さんたちとこ頼んだス。んだども、樺太にいた人を頼んだって、とにかく使いにくいわけスよ。気にいらなければ、すぐいなくなって、隣の旅館さ移っていくのだもの。名好にはちょうど一〇軒の旅館があったども、隣から隣と移って歩くために、あてにしていられねェんだァ。とにかく、足が早くてな。樺太の女ゴだば、好きな男をつかまえれば、もう働きに出て来ねったもの。あてにできるようであてにできねェのが樺太の女ゴだスな。同じ樺太の女ゴでも、農家から頼んでくる娘たちは、わりと長持ちしてあったスよ。

二ッ井から連れて行ったのは、農家の娘ではねェス。後家娘とか町の娘であったども、家に置いてやって親父を持たせて、かまどを持たせたのもあったども、戦争前に二人でどこかさ逃げたのもあったな。内地の娘にしたって、なかなか当てにならねェども、それでも樺太の女ゴよりはよかったスな。

いまだば旅行というのがはやってるども、あの当時の旅行は、みんな仕事であったスよ。わたしの旅館は、どうしても伐採人夫の泊まりが多かったども な。親方が人夫を連れて来ると、山さのぼるまでの二、三日を泊まったり、勘定もらった人夫たちが町さ遊びに来た時に泊まったりしたもんであったス。

そのほかには、ソ連との国境まで、名好からは四里半くらいのところであったから、兵隊たちもよく来てあったね。ほかには、炭鉱が二つばかりあったから、坑夫たちもよく来てあったスよ。山師たちも来てあったね。何しろ樺太はカネのある島だもんだから、なにかカネの儲かることねェべかと思ってな、内地からいろいろな人が来てあったスよ。名好あたりにも、よく来てあったからね。そういう人の泊まりも多かったス。

わたしが旅館をやったのは一九三五年だども、その時分の泊まり賃が一円五〇銭であったス。それで結構、間に合ってあったス。内地で働けば、一日の出面が七〇銭であったからね。樺太の出面は、二円五〇銭が普通であったスよ。

敗戦後に引揚げる

そうしてるうちに、戦争がはじまったスベ。戦争のことは、樺太にも聞こえてきてあったスよ。兵隊たちがわたしたちとこ集めて、みんなでこの島を守るべェということであったども、武器もなんもねェんだものな。

戦争に負けることになったば、ソ連の軍艦が来てあったスな。浜さあまり近づいて来ねェで、艦砲射撃をどんどんとやってあったども、町さぜんぜん当たらねェで、頭を越して奥の山さだけ当たるったもの。なんて下手なもんだべと当時は思っていたども、戦争が負けた後で考えたは、どうせ俺たちのものになるんだからといって、町は壊さないようにしたのだったたなァ。

敗戦になった一九四五年八月一五日は、樺太でも天皇の放送があったから、それで知ったス。その時は、このますぐに内地さ帰れるとは思わなかったスな。女ゴたちとか子どもは帰されるべども、働ける人は残されて、使われるべなという気持ちであったスよ。

ソ連兵が来てからは、面白いことしゃべってあったスよ。サハリンは明治の戦争の時に、日本が勝ったので日本に取られたども、今度はソ連が勝ったのだから、ソ連で取るのだってな。これからはソ連も日本も、仲良く暮らしていかねばなんねんだ、とよく言ってあったスな。んだども、あまり手荒なことはしなかったスよ。

ソ連兵が来てからも、名好ではわたしの旅館ともう一軒が、旅館として残されたものな。あとの旅館はみんな取られてしまったのに、わたしの家はどうして残されたのか、いまも不思議でわからねェス。だからわたしは、日本さ引揚げて来るまで、旅館の仕事をやったスよ。運がよかったのだべな。

日本さ引揚げてくることが決まった時に、東京にいたことがあるっていう日本語の達者なソ連の中尉が二人来て、この旅館を売ってけれというわけでスよ。わたしはもともと、ただ取られるのが残ったのだから、欲しい人であればくれてやってもいいと思っていたものな。なんぼで買うかって聞いたら、三〇〇〇円で売ってけれというので、ああいいよって売ったス。

樺太からは、一九四七年の七月に帰って来たス。その時は九人家族であったども、小さい子どもたちさもみんなリュックを背負わせて、食べる物を入れたス。戦争に敗けた時から、これは食べ物が不足するなと思ったもんだから、ミルクだの米だの麦粉だの集めてあったから、食べ物には不足しなかったスな。その食べ物を背負わせたのだス。

荷物持って行っても、みんな取られてしまうという噂があったものだから、仲のいいロスケ（ソ連人）たちさ、みんなくれたスよ。もったいない時計もあったども、それもやったスよ。タンスもいらねェからやったば、そのタンスの中さ靴をごろごろ入れてるんだもの。なんにも入れるものがなかったからスな。

名好からいったん真岡さ行って、真岡の高等学校さ三日ばかり泊まった。それから本斗さ行って、日本の船が迎えに来るのを待ったども、なかなか来ねェくてな。みんなで浜さ立って、待ったもんでス。日本さは、函館さ着いて、ＤＤＴを白くなるだけかけられて、一〇〇〇円もらったスな。わたしはそのカネで、食べる物ばかり買ったス。どうせ家さ帰れば、田んぼは一町歩あるんだし、親戚たちを頼っても食うにえがベェと思ってあったから、なんも心配しなかったァ。

二ッ井町さ帰って来たのは七月だから、田んぼもつくられねェし、営林署の山さ稼ぐに歩いたス。カネ持ってるって言ったって、物買いたいと思っても、売る人がいねェ時代であったからな。

（一九七六年二月）

3

極寒の山で働く

松橋 清左エ門　秋田県北秋田市合川町下杉

前借りをして

わたしの家は合川町三里にあってな、昔の計算でいえば田んぼだけで二町三反歩はあったから、当時は大きな百姓であったスな。わたしは長男であったから、高等二年を終わると、すぐに田んぼの仕事をやったスな。高等二年終われば一三歳あたりだから、農作業やるのはきつくないかといまの人だば思うべども、昔の人は、それがあたり前だと年寄りたちから習っているものだから、そういうもんだと思っていたわけでス。こうさねばならねェもんだと、自覚してあったものだスものな。

そのころだば、田んぼはぜんぶ人の手ばかりで耕してつくったもんだから、二町三反歩もつくっていれば、ヒマなんてねェもんであったね。田植えの時だけは共同して、今日はどこの家、明日はどこの家って、組んでやったもんだが、あとはみんな家族だけでやったものだス。少しでもヒマができれば、山さ草刈りに行ったものだァ。肥料にする草を刈りにな。いまのように、肥料ってものがなかったからスな。馬はいてあったが、馬耕ってのはまだなくて、馬は物を運んだり、馬に草を踏ませて肥料とるために、置いてあったもんでス。取り入れが終われば、道具の修繕やらねばならねェから、出稼ぎをするヒマなんてなかったね。

それから、いまみたいに米を出すってこともなかったスな。米を買う人が家に集まるので、売ったものでした。また、米内沢市というて、いまの森吉町米内沢に一〇日に一回の市が立ったものだから、その米内沢市まで米を運んで行って売ったもんでス。米を売ったカネで、今度は魚だの着物だのを買って、家に帰って来たもんだス。野菜などは、自分の家で食べるくらいは、みんな家でつくったものだスよ。

わたしは一九一六年に、二一歳の時に兵隊さ行ったども、その前は百姓仕事ばかりしてあったス。んだども、ちょっと都合があって、その田んぼを他人に仕込んで（渡して）しまったために、兵隊から帰ってからは、山さ稼ぎに歩くようになったわけだス。兵隊は弘前の野砲さ入って、三年目で帰ってきたものな。兵隊から帰ってからは、地元で木材関係の仕事をやったス。主に山から運ばれてきた丸太を、土場に巻き立てる仕事をやったスな。

樺太へはじめに渡ったのは、一九二一年の秋だったと思うども、はっきりしないスな。樺太に渡る時は、募集されて行ったわけだス。樺太の会社は王子製紙とか富士製紙という大きなところであったども、人夫を連れて行く人は、みんな下請けであったね。昔の下小阿仁を中心に、三〇人ばかりが一緒に行ったスな。

樺太へは一〇月末から二月ころにかけて行き、帰りは翌年の四月ごろであったス。仕事は冬山の伐採作業だから、みんな女房や子どもを置いて、単身で渡ったもんだスな。樺太さ出稼ぎに行く動機は、東京や大阪に行くいまの出稼ぎと同じでな。生活費を稼ぐためであったス。樺太に行く時は、家族さ置いて行くカネを、親方から前借りしたもんでス。その当時で五〇円が普通であったども、なんぼでも多く貸してくれるのが魅力で、前借りを多く渡してくれる親方の山を選んで行ったもんでした。

樺太へは、北海道の小樽から船に乗ったわけでス。樺太は港がいくつもあったので、稼ぎに行く場所に応じて、樺太の港に着いたものだス。船は少しばかりのシケがあっても、平気で行くもんであったから、かなり大きな船であったスな。

山の仕事だから、樺太に渡れば飯場に入るわけだスな。その当時はいくらでも仕事があったから、賃金の高い方さ、賃金の高い方さと、働く人たちの顔は向いたもんであったね。一つの飯場には、大きい小さいはあるが、だいたい四〇人くらい入ったもんだスよ。

一か所の現場には、その仕事の量によって、四〇人ぐらい入れる飯場がいくつも建ってあったもんだス。

飯場には、朝鮮から来た人たちから、北海道から来たジャコという人たちから、うんといてあったスな。ジャコたちは稼がねェで、ゼニをよこせどて、ごぼぐれる人が多かったね。ここの飯場がダメだば、ハイ次の飯場、そこもダメだば次ってというように、四日か五日くらいで飯場を渡って歩がったァ。同じ飯場で、一か月と稼ぐジャコはいなかったスな。ジャコたちは主に北海道あたりから来てあったども、九州あたりから流れてきたジャコもいてあったね。

んだども、わたしらの飯場さは、ジャコもアイヌも、ほとんど入れなかったスな。その人たちを入れると、すべての仕事が渉らねェからね。その点は、親方もしっかりしてあったスよ。そのために、おとなしい飯場であったァ。

山では一人仕事

山の飯場から、働く現場までは歩いたものだども、近いものであったスよ。普通は一〇分から一五分で、遠くても三〇分くらいで行けてあったス。んだども、飯場から町に出るのだば、遠い、遠い。冬の間は、飯場から町さ出るのは、個人ではとてもできねェスな。親方たちが町から飯場さ食べ物などあげるために、道路はいつもついてあるから、その点はほかの飯場にくらべるとよかったスね。雪の降る間は、飯場と町との間に、何か月も道路がつかないところだってあるからスな。

冬でも道路があったから、病人が出たり、怪我人が出たりしても、親方の方ですぐ連絡をとって、町の病院さ連れて行ってくれてあったもの。

病気ってのは風邪ひく程度であったども、怪我人はよく出たスな。自分で伐った木にハネられたり、丸太の下になったりするんだから、怪我は大きいわけだスよ。風邪だば薬でも飲んでいればいいたって、怪我だとそうはいかないからね。道路がなければ病院さ運ばれねェから、飯場で死ぬこともあるからスな。

わたしが初めて行ったところの山は、積るように雪は降らなかったね。パラパラした雪が、風さ乗って飛んでくるようなもんで、あんまり積らなかったス。そんなことで休んでれば仕事にならねェから、雪が降っても休むってことはほとんどなかったスな。しかも、樺太の仕事は共同の請負いではなく、一人請負いがほとんどだからね。伐るのも、運搬するのも。一人請負いだから、早く飯場から出て働く人もいるし、疲れれば休む人もいるし、勝手バラハラであったな。んだども、他人に負けたくないという気持ちは誰にもあるものだから、早く出て遅くまで働く、という人が多かったスね。

冬の樺太は、氷点下三〇度とか四〇度というのは、普通であったァ。山に持っていく昼飯なんかも、凍ると食われるもんでねェから、ちゃんと準備していったもんでス。弁当は毛布とかそういう物でびんびんとくるんで、現場に行くと雪穴を掘り、その中にガンピの皮を敷いて、その上さあげておくわけだス。こうしておけば、なんぼか冷たくはなっているども、食べられねほどではねえスよ。昼飯の時だば、どんどん火を焚いて食べるから、食ってるうちに凍るってことはないね。

飯場の食事だども、たいしたことはないスよ。野菜物と魚といったって、ろくな魚もなかったね。ただ、腹一杯にならねば働けねェから、食うことは食ったスな。なんぼでも食べだったはァ。肉なんてものは、一つもなくてね。みんな魚であったァ。野菜も、よく食わせてあったスよ。北海道物らしかったどもね。とくに、タマネギは多かったね。

飯場の経営は請負いで、夫婦連れでやってあったね。その人たちは、飯場をまわって、食べ物だけをまかせられてつくっているんだスね。そんな夫婦連れが樺太には多かったスね。飯場で女を見るのは、この夫婦連れの人だけであったスよ。あとは、女気は全然なかったス。

飯場の生活は、仕事終わってきて風呂に入り、酒飲んで飯を食べるわけだスな。別段に娯楽というものもないから、明日使う道具を調べて、マサカリ研いでみたり、鋸研いでみたりして、あとは寝るだけであったね。これの繰り返しで、毎日の生活は別にどうということはなかったスな。

内地の人たちばかり入ってる飯場だから、バクチというのはほとんどねェスね。ジャコたちが入ってる飯場だとバクチをやるども、同じところからだけ行ってる時は、やらなかったァ。わたしだば、飯場での喧嘩も見たことがねェ、何回も行ったどもね。北海道の人とか、九州人が入ってる飯場だと、バクチあったり、喧嘩あったりするども、そんなことは一つもない、落着いた飯場ばかり歩いたスな。自分で好きなだけ仕事はできるし、むずかしい騒ぎもないスね。わたしのようにいい飯場ばかり歩いた人も、少ないんではないスべかね。

それでも、家さ置いてきた家族のことが心配でな。家を空けて行くんだものな。いまごろどうしてるべがって、心配したもんだス。

賃金が高い樺太

樺太の山で伐採する木は、トドマツとエゾマツの二種類しかねェ。山さ持っていく道具は、鋸、マサカリ、鉈、それに矢とかトビであったス。木の倒し方は、風の強い時は強いなりに、弱い時は弱いなりにコツがあって、それは自分の腕次第であったァ。風の強い時は、風の吹いてる方さばかり倒すようにしたもんであったス。風上の横にいて切って、受け口を深く掘って倒さねば、木が裂けるんだものな。木が裂けると木がすたるばかりでなく、自分の体も危険だからスな。三尺裂ければ、三尺あとにさがったり、横さ転ぶものだものな。逃げおくれてその木の下になれば、死ぬような大怪我するから、これがいちばんおっかないスよ。

風のない時に倒す時は、ひっかからないように、空いてるところにどんと倒すやズ。樺太の木は、太いったってそれほどのこともねェ。太いので尺五寸もあれば、めずらしかったからね。特別に太い木はなくて、平均してそろってあったスね。

仕事に出る時間だども、夜が明けてからご飯食べて、現場さ行ったものな。そのころは、今みたいに機械もなくて、手挽きだけの仕事であったから、なんぼも伐れなかったァ。それも、倒して玉切りするだけではダメで、一〇石でも二〇石でもまとめておかないと、雪が降ればどこに丸太があるか、わからなくなるからスな。木を伐ったり運んだりを一人でやるわけだから、一日にいくらも伐ることが出来ないスよ。

賃金は、一石を伐って集めれば、いくらと決まってあったス。だから働く人の賃金は、その人の伐った石数で決まるんだども、一九二〇年の時で一日働けば、二円から三円にはなったスね。その当時、秋田の営林署で巻き立ての仕事をすると、一日の賃金が八〇銭であったから、樺太で働くと賃金は高かったわけだスよ。

冬の間家を空けて、どうして樺太に渡ったかといえば、稼ぎが高かったからだスよ。内地で稼ぐよりは、三倍から四倍は楽にとったからスな。内地の何倍も稼げたから、みんな樺太さ渡ったのだスよ。んだども、稼ぎは高かったども、実際はそれがみんな残ったわけではねェスよ。樺太までの行き帰りの経費だの、山仕度だのにいろいろかかるんだから、とるのはとったども、そんなに残るもんではなかったァ。

樺太の賃金が高かったのは、木をただで伐れたからではねェべがァ。内地だと、民有林だともすごく高いからね。ただの物を伐って、代金がいらないわけだから、業者は人夫に高い賃金を払っても、間に合ったのではねェスかね。樺太には天然林を好きなだけ伐るにえがったからね。樺太には王子製紙だの富士製紙だのが多くて、東京に本社があって、樺太には出張所があり、駐在員がいて、仕事してあったども、それでいて会社が儲けたのも、ただの木を伐ったからだべよ。ただの木を伐って、儲からないはずがないスベ。

樺太でええことは、賃金の不払いがなかったことだスな。ひと冬の間働いても、給料日ってのはなくて、冬山が終わって家に帰る時に、一回にまとめてもらったりしたものだス。行った時から帰る時まで、働いたカネは手さ入らねェズ。んだども、不払いということはなかったから、ぜんぜん心配はなかったスね。

ジャコのいない飯場にも、ときどきジャコが来ることもあったスよ。使ってけれどてね。ジャコたちが来る時は、布団も道具もろくに持たねで、飯場さ来るんだもの。親方から布団借りたり、道具もらったりしてから働きに出るわけだども、何日も働かねェで別の飯場さ逃げて行くんだものね。まず、四日か五日なれば、たいていいなくなってあったスよ。ひどいジャコだと、きょう飯場さ来て飯食ってると、次の日には別の飯場さ逃げて行くんだからスね。五日もいて働くジャコは、いい方であったァ。

わたしは日本人が経営する飯場にだけ入って、朝鮮人の経営する飯場には一度も入ったことはねェども、ジャコは朝鮮人のやってる飯場に多かったスな。そんなことして、飯場を渡り歩いても食べられたのだから、樺太ってのはいいところだったわけだスな。

ひと冬働いて、かなりまとまったカネを持って春に家さ帰っても、そのカネで秋までは食べれないからスな。家さ帰っても、すぐに働かねばならねがったァ。わたしだば、春先に家さもどってくると、地元の山の親方たちがまわってきて、次の日から働きに出てけれどて、営林署の山さ働きに行くんだもの。内地では、営林署の山でばかり働いたものだス。

炭鉱でも働く

樺太の仕事で印象に残っていることは、何といっても流送であったスな。流送するのは川であったども、あの時は西海岸の名寄さ行った時で、名寄川の奥で働いた時であったァ。名寄川っていったって、阿仁川より狭い沢の川であったものな。春の雪解け水が流れるようになっても、丸太を流すほどの水量はないのだものね。水の勢いがねェば、丸太だって流れねェスべ。

そのために、木を組み合わせて、水をせきとめるための堤をつくってしゃ、川の水をぴっちりと止めるんだもの。んだな、堤の高さは一三尺くらいもあったね。それさ雪解け水を一杯貯めて、その堤の下の川さ丸太を入れておくわけでスよ。水が一杯に貯まったところで、一度にどっと水を放して、その勢いで丸太を流すのだども、いや、その時はたいしたもんであったスよ。洪水みたいな勢いのなかを、丸太が転がり合って、浜辺まで流れていくのだものね。

この流送の仕事をやるのは、トビたちであったス。いろいろなところに引っかかっている丸太を、一本木さ乗って、足の裏を濡らした程度で、流して来るんだからスね。なんとなんと、とても上手であったもんだス。川に落ちたって、そんなに深くはないし、泳げばすぐ岸さは着けるども、川は丸太が流れているものだから、そりゃ危険であったスよ。とてもわたしたちでトビの仕事はやれるものではなかったス。

　こうして樺太の山さ働きに歩いたわけだども、樺太の炭鉱さも行ったことがあるスよ。炭坑夫の募集も、秋田さも時々来てあったども、あの時は東京の本社から樺太の塔路炭鉱に行ってる人が、直接に募集に来てあったものね。その人の話だと、朝鮮にも炭坑夫を募集に行って、人を連れて来たこともあると言っておったスな。その人の話を聞いて、どれ、炭鉱にも行ってみれと思って、妻と二人の子どもを連れて渡ったわけだス。あれはたしか、一九二五年のことだと思うどもね。

　わたしを募集していった人は、塔路炭鉱でもかなり上役の人の子分であったものね。今度は、炭鉱さついて何日か働いているうちに、その人はぽんと役が一つ昇格したんだもの。そのため、わたしの立場もかなりよくなって、朝鮮人を使ったりするようになったもの。このわたしがね。

　あの当時は、はじめて炭鉱で働く人は、一日が八分といって、一人前に認めなかったものだったスね。募集で行った人は三か月間だけは臨時で、一日の賃金が八五銭であったス。ところがわたしの場合は、一か月半で一人前となって、普通の人夫になったわけだス。そこではじめて、人を使うようになったのだもの。

　人を使うとはいっても、わたしが朝鮮人を頼んできて使ったのではなく、会社からこの人を使いなさいと当ててくるわけだス。わたしの仕事は支柱係だったので、そんなに多くの人数はいらないから、たいてい三人から四人を使ったわけだス。主に坑内の坑夫たちの歩く道路とか、トロッコ線路などの修繕をやったわけだスよ。

　朝鮮人は扱いにくいとか、使いにくいとか言うども、実際に一緒に働いてみると、そんなことはないスな。朝鮮人も日本人も、同じだス。なんも変わったところはねェ。ちゃんと仕事教えて、相手を一人前に扱って仕事をすれば、なんぼでも働くスよ。いい朝鮮人だったら、しこたまええスよ。わたしの使った朝鮮人も、みんないい朝鮮人ばかりで、わたしの家さもよく遊びに来たもんだっけね。悪いように扱うから、悪くなるわけだスね。

わたしはこの炭鉱に四年ばかりいて働いたども、危険なこともあったスよ。爆発があったり、落盤事故があったりして何人も人が死んだども、わたしは運がよくて、休みの時にかぎってそんな事故が起きてあったものな。だからわたしは、事故からまぬがれたわけだども、炭鉱の仕事は、山仕事よりも危険が大きいスね。

わたしは太平洋戦争がはじまるずうっと前に、樺太から日本さ帰って来たス。わたしも年をとってきて、働いているのが容易でなくなってきたし、家の親父もだんだんと弱くなってきて、離れていられなくなったもんだから、やめて帰って来たわけだス。父親はこっちにいて、田をつくっていたわけだども、その田も父親のかわりにつくらねばダメになったからスな。

また村さ帰ってからは、営林署の仕事をずうっとやったもの。ほとんど地元の営林署で働いたが、そのうちに長男も勤めに出るようになったために、わたしは営林署の仕事をやめて、田をつくることに専念したわけだス。田をつくっても、食うだけは米がとれてあったからスな。

（一九七六年二月）

4

死人は雪に埋めて

佐々木 計助　秋田県南秋田郡八郎潟町浦大町

内地不況で樺太に

わたしの家は兄弟が多くてな、一〇人もいて、わたしはその長男であったものな。家にだってそんなに田んぼとか、畑とか山とかあるわけでないから、家にいたって食われねものね。それであの当時だば、カネ取らねば、暮らしていけなかったズ。長男でも親父でも、みんな働きに歩いて食ったもんであったねェ。

それでもわたしは、二八歳ころまでは家の近くで働いだったァ。ここのあたりにある仕事っていえば、まず土方がほとんどであったね。ところが、世の中がだんだん不景気になってくると、その土方の仕事もなくなったやズ。たまに土方の仕事があっても、安くてな。一日働いても、五円かそのくらいにしかならなかったものね。不景気なものだから、働いたカネもなかなか払ってくれなかったもんであったァ。

そんなわけでなァ、内地にいても面白いことはないし、カネを取っても兄弟が多いもんだから、家に入れねばならねかったからね。心どおりにカネも使われねェから、家にいたってバカくせェスベ。このまま家にいたって面白くねェから、どれ、わたしも一つ、樺太さなり、北海道なりさ働きに行ってくるか、という気になったわけスよ。それが二八歳の時でな。もちろん嬶《かかあ》も子どももおったども、一人で出かけることにしたわけでス。

家には親たちだの、嬶だの、弟たちだのいっぱいいたから、田をつくる心配はなかったからスな。あの当時は馬耕の時代で、馬一頭あれば、田の仕事ができた時代だったから、家のことではあんまり心配しなくともよかったズ。馬と人がおれば、田畑はつくれてあったからね。

このあたりからも、樺太とか北海道には、多くの人が稼ぎに行ったもんであったァ。内地で働けば、仕事がねェもんだから、親方にペコペコ頭を下げたうえに、一日に五円くらいより取れねェんだものね。ところが、樺太だの北海道さ渡って働けば、千円は取るにいいという話であったものな。当時の千円っていえば、そりゃ大金であったもんだスよ。それに、仕事先もうんとあるというから、誰も内地にいねェで、樺太だの北海道さ行ったもんだス。

んだな、当時の出稼ぎはな、北海道は土方が多かったたな。たまに伐採の仕事もあったども、まんず土方が多かったね。そのかわり、樺太は伐採の仕事が多かったスな。このあたりの人だば、土方の仕事よりも伐採の仕事の方が馴れてるものだから、やっぱり樺太の伐採の仕事さ行く人がどうしても多かったスね。

樺太さ出稼ぎに出る人は、秋に行ってひと冬働いて、翌年の春に帰ってくるというのが多かったな。それから春にまた出て行って、秋になれば帰って来て、家に一か月ばかりいてまた出かけて行く、そういう人もあったどもね。なかには秋になっても帰って来ねェで、そのまま樺太にいる人もあったスよ。何年も帰って来ねェし、カネも送ってこねェし、生活に困っている家もあったァ。

わたしも、延べにすれば樺太に八年くらいいたども、あんまり家さは帰らねェし、カネも送らね方であったね。樺太に行った時だば、家の人たちから相手にされなかったスな。んだスベ、カネも家さ入れねェし、さっぱり家さは帰って来ねものだベェ。まァ、勘当きせらえだ（にされた）もんだァ。それから今度、樺太にいるのが飽きてくれば、家さ帰って来て、またふらっと行がったもの。家の人たちが相手にしねェのも、無理がねェスベな。それだけにわたしだば、心どおりのことをしたな、樺太でだば――。

スキーで現場へ

はじめて樺太さ行った時は、いつも樺太に人夫を頼んで行く人があってな、その人の組さ入って行ったもの。全員ここのあたりの人だども、二〇人くらいまとまって働きに行ったね。ここのあたりの人は、みんなこうして頼まれて樺太に渡ったもんでス。そのうちに馴れてくると、自分一人で行くこともあったどもね。

行ったところは、ソ連との国境の近くでな。それより奥に入ると、ソ連兵たちがいてな、パッとつかまるものだから、あまり近くさは行かなかったァ。その後も、だいたいその付近で働くことが多かったども、冬になると雪が多く降るところでね。ひと晩に人の背丈ほども降るんだもの。雪の日が毎日つづくと、積った雪が二丈にも四丈にもなってな。そんなところなもんだから、雪の盛りの時だば、仕事も何もならねェかった。三月さ入れば、別になってくるどもな。冬の間は、スキーがないと仕事にならねんだものね。なにせ雪の多い時は、人の体がかくれるもんだから、スキーをはかないと飯場から現場に行けないんだからスな。わたしだば、子どもの時からスキーをやったものだから、スキーをはいて働きに出たスな。

そこは町場から二〇里も山奥の現場だったども、たいした大きなところでな。飯場だけで七、八棟はあったスね。そのなかに、秋田衆だけが入ってる飯場があって、わたしどもはその飯場に入ったども、全部で一五〇人くらいの人夫がいてあったべね。あんまり人が多いもんだから、なかなか連絡がとれねェこともあったりでね。その奥にも、まだ飯場があるということだったども、わたしだば行くこともなかったスな。

そこのあたりはまた、熊の巣といわれるところでな、たいした熊の多いところだったど。んだども、わたしは一回も熊さは行き合わなかったスね。熊とぶつかって、怪我した人もあったどもスな。

なんといったって山奥の飯場だものだから、冬の前に、馬で食糧を運んでおくわけでスよ。ほとんどの物を馬で運んであったスな。主食は米だども、おかずは質素なものであったァ。ほとんどが、タラの干したものが常食であったな。ネギなんか、わずかより飯場に上がってこねェんだものね。

食べ物でいちばんつらかったのは、青物がなかったことだスな。青物ねえってのは、ほんとにつらいもんだでぇ。一一月に飯場さ入って、翌年の三月いっぱいは、ネギを少し食わせるだけですものな。飯場にアマグラってしゃな、雪の穴を掘った倉があるったもの。そこにネギなんかを入れてあるんだもの。あんまりつらくなれば、夜中にそのアマグラさ青物を盗むに行ったもんだァ。青物だば、草でも食ったもんだスよ。四月になれば、やっと青セリが飯場さくるども、その時のうまいことったら、なかったね。

おかずとか青物は不足だったども、酒だけはなんぼでもあったね。アマグラのなかさ、ぴっちり入ってらったァ。酒といっても、みんな焼酎であったどもな。清酒なんか、一本もなかったスよ。酒は親方から支給されたものだ。もちろん、自分のカネを出したどもね。ひと晩に、一升くらいは飲んだもんだスよ。樺太の冬は、寒いからスな。酒でも飲まねば、とても生きられるもんでなかったスよ。

外の温度が氷点下四〇度くらいあっても、四五度の焼酎を五合も飲めば、なんも寒くねスな。飯場のなかでは、裸でいることもできるものね。もちろん、外さは出られねェどもな。焼酎を体さ入れてれば、夜中でもなんともねがったスな。うんと寒い時だと、焼酎飲んで仕事やったもんだァ。ふぅ、ふぅってしながら、仕事をしたもんだもの。それでいて別に体は悪いことなかったから、まんず健康であったべっちゃな。

わたしたちは伐採の仕事をしたども、道具は昔からここらあたりで使っているものと同じもので間にあったスね。それに、わざわざ秋田から鋸だのトビだの持っていかなくとも、いったん町さ下がれば、鋸屋はいっぱいあったもんだァ。まァ、ひと冬に鋸が四枚ぐらいと、マサカリが一丁もあれば、十分に仕事することができたものね。

鋸の目立ては、自分でやったものだスよ。朝に現場さ行ってから、鋸の目立てしたり、研いだりしてから、仕事にかかったもんだァ。現場には、二〇人も入るような大っきな雪の穴を掘ったものだもの。自分たちでは掘らねェども、飯場のなかに、あんまり仕事のできねェ年寄りが何人もいるもんだから、その人たちがスコップを持って、雪の穴を掘る専門の人であったもの。穴ができれば、その穴さ集まる人たちがカネを出し合って、その人さ渡したもんだァ。んだね。普通の人の日当の半分くらいも出せば喜んで掘ったものだスよ。

朝も昼も、その穴のまんなかさ、火を焚くわけだス。たき木は沢山あるし、松だもんだためたに、のんのん音をたてて燃えるものな。穴さ入ってれば、風も吹いてこねェし、寒くなかったもんだァ。雪もどんどん溶けるたって、空から落ちてくる雪もたいしたもんだから、真冬のうちは減るということはないスな。

喧嘩の相手にも

一日の仕事が終わって、飯場さ帰って飯を食うと、あと寝るまでは、酒っこ好きな人は酒っこ飲んで、歌っこの好きな人は腹いっぱい大声で歌っこうたって、バクチやる人はバクチやって、また次の日さ越していくんだァ。あとは働くだけで、単調な生活なもんだス。

町場に近い飯場だと、たまに芸人も来るたってね、二〇里も離れてる冬の飯場には誰も来ねがったね。夏の飯場だと、これくらい離れていても、たまに来たりするどもな。冬の飯場だと、女気もなかったものね。夫婦で来てる人もいなかったから、男だけの世界だスベ。それもな、ひと冬もつづくものだから、どうしても気持ちが荒れていくんだスね。少しでも女気があれば飯場の空気もだいぶ違うもんだども、女のいない飯場ってのは、ほんとにバサバサしてるんだァ。飯焚くのだって、みんな男がやったもんだスよ。おかずをつくるのもな——。

はじめて入った時の飯場に、なんとなんと、たいした歌の上手な人がいてあったもの。んだども、ただでは唄わねェんだア。カネ出して唄ってもらわねばならねェヤズ。カネ出さねば唄わねェものだから、みんなでカネ出して唄ってもらったもんだ。歌も唄うし、芸者もやるつたもの。その人は、後で死んだという話を聞いたども、盲腸の悪い人でなァ。腹が痛くたって、死ぬたって唄わったア。カネを儲けるもんだからスな。どんな人もいてあったもんだっけね。

いま思い出したども、北秋の鷹巣町の若い人たちが、よく働きに来てあったスな。盛りの若い者ばかりで、よく働いたし、酒も飲んだね。わたしも酒は好きだったから、気を許してよく飲んだものであったス。飯場では、酒ばかり飲んだね。

喧嘩もよくあったね。親方と衝突するということはあまりなかったども、飯場に入っている人同士で、生がスの殺スのっていう喧嘩だば、しょっちゅうあったスな。喧嘩の理由は、やっぱりバクチや。カネのことで喧嘩がはじまるんだ。やっぱり、カネがいちばん優先するものな、ああいうところさ行けば。バクチやりながら酒を飲むものだから、ちょっと行き違いあれば、すぐ喧嘩になってしまうんだスね。

わたしたちをはじめて樺太に連れて行った親方は、たいした喧嘩士であったね。相撲の強い人で、三〇貫もあってね。毎日短刀を、背中さ背負って歩く人だったもの。朝鮮人が相手だろうが、ジャコが相手だろうが、売られた喧嘩はやってあったね。一回なんか、馬引っぱる連中が、組んで襲撃に来たことがあったども、つかまる前に相手を投げ飛ばしてしまうんだもの。なんと、たいした豪傑であったァ。そのかわり、わたしたちはよかったスね。どこの飯場さ行ってもカネ取れるし、あまり苦労しなくともよかったからスな。この人は、まだ若いうちに、死んであったね。ちょうど家さ帰った時に、ぽっくり死んだそうだが、四〇前であったね。毎日酒飲んで、喧嘩やってればええという人であったから、人生を太く短かく生きたのだったな。

　わたしは、喧嘩にはあまりはまったことがないども、だんだんと樺太の飯場生活が馴れてきてから、一回だけ大の喧嘩したことがある。わたしは喧嘩すれば、相手を殺してやるって言うものだから、たいていは喧嘩の途中で、相手が逃げていくんだもの。ところがその時は、わたしもかなり酔っていてな、相手の短刀で、頭を割られたものな。それでもわたしは、音《ね》っこ上げなかったスよ。

　わたしは、バクチよりも、酒っこが好きであったものな。バクチをやる時は、酒飲みながらやったども、あまり、バクチさは手を出さなかったもの。まァ、それでも、ちょこちょこやったどもね。それでも、休みの日なんか、バクチで飯場が興奮する時があるもんだもの。そういう時はもう、前後のみさかいもなく手を出して、だいたい負けることが多かったスね。バクチは真剣勝負であったスよ。樺太にはカネを取りに行っている人たちばかりだったから、バクチも真剣になるわけでスな。

　わたしは酒は飲むし、バクチはするし、いくら働いてもカネは残らなかったァ。わたしはどうしても家さ、カネを入れなければいけないというわけではなかったから、取ったカネはみんな使ったのだスな。わたしみたいにのん気な人も、樺太の飯場にはあまりいなかったね。

死人は雪穴に

　内地から樺太に稼ぎに行く人は、主に冬山が多かったが、夏山にも結構歩いたものであった。わたしは樺太へ専門に歩くようになってから、夏山でも働いたものね。家と樺太の間を、一年に一回くらい往復する程度で、樺太に残るようになったものな。内地にはあまり仕事がなくとも、樺太にはいくらでも仕事があったスね。働く気さえあればね。

　んだども、夏山は飽き飽きしたァ。冬山の方が、よっぽどよかったスな。樺太の山ってのはツンドラ地帯だものだから、こまかい蚊とか、アブがなんぼでもいるんだものね。蚊とアブにやられると、もう何ともならねがったァ。痒いほかに、刺されたところがぽんと腫れるんだものね。あれにはまったく弱ったスな。いまみたいに、アースのような薬もなかったからスな。

　体が腫れても、つける薬がないものだから、海まで下がって海に入り、体を洗ったりしたこともある。夏山の時だと海には、よく行ったものだスよ。魚を食べたくなれば海さ下って、漁師さ頼むわけでスよ。漁師らは今度、網を引っぱってくれるんだものね。魚だとなんぼいるもだやら、網がいっぱいになるほど入ってあったスね。したども、塩がねェもんだために、食べる以上はとられねェんだものね。保存ができないからスね。だから飯場にはあまり魚が上がってこないもんだために、食べたくなれば海に下るんだもの。夏の間だと、魚はよく食べたものだスよ。

　冬山だと立木を伐ったが、夏山では風倒木を伐ることが多かったスな。風で倒れた枯れた松の木が、敷きつめたようにあったものだものね。同じ方向に倒れているのを伐る時はいいども、違った方向さ倒れているのを伐る時は、網の結び目をほぐすように、難儀をしたものであったァ。松はもろい木だから、台風でも来るとバタバタと倒れるために、夏山の仕事っていえば風倒木が専門みたいなものであったスよ。

　夏山では風倒木の外に、伐った丸太の集材もやったものね。わたしらが伐った丸太は、ほとんどが王子製紙さ渡ってあったね。もちろんその中間さ、別の親方が入ってあったどもね。樺太の山仕事は、なんといっても王子製紙の仕事が多かったスよ。王子製紙さ渡ってから、製材したものが内地さ送られたり、丸太で送られたり、細い丸太はパルプ材になったようだスね。

ただな、中間さ入っている親方の中には、きたない人もあってね。王子製紙から出たカネをわたしたちに払う時に、ピンハネしたりするんだものな。カネの払いがきたなくて、喧嘩になることもしばしばであったスね。ほんとにきたない親方もいてあったものだスよ。

わたしも樺太さ続けて歩いているうちに、親方というわけではないども、人を使ってやったこともあるスよ。一つの現場をまかせられて、その仕事をやったわけだどもね。使った人は内地の人ではなくて、樺太にいる人たちだスよ。アイヌ系の人だの、ギリヤークの人たちだども、この人たちは日本人にくらべると、いじめられてあったスね。

たとえば、わたしらだったら、一日頑張って働けば一〇〇円にはなるところを、三〇円もやればどうっと人が来るものな。アイヌの人のほうで、使ってけれと言ってね。しかも、カネをやるのではなく、品物をやるったもの。酒っこの一本もやれば、一〇日くらいもいい気になって働いてあったものだスよ。それで使うによかったから、いいもんであったべなァ。まァ、アイヌの人たちは、品物を持ってなかったからスな。そんな人の使い方をしたから、一〇〇円も取るによかったんだどもね。あの当時の一〇〇円だば、大っきなカネであったものだスよ。そのかわり、働いたのもうんと働いたどもね。アイヌ人だのギリヤーク人だのは、樺太にかなりいてあったスな。

仕事が休みになっても、冬の間は町に下ることはできねェものね。飯場から町までは、たいてい一〇里から一五里も離れているし、冬の間はたいていのところは、飯場と町の間の交通がとぎれてしまうものな。降る雪が落ち着いて、生活物資をとどける人が、町から飯場に上がってくるまでね。飯場でも移動するのであれば別だども、あとは飯場から動くことはできねんだァ。そんなわけだから、冬の飯場でもし体が悪くなれば、死なねばならなかった。病気したり、怪我したりして、飯場で死ぬ人は多かったスよ。いちばん多いのは、何といっても中風だったね。ぽっくりあたって、そのまま死んでしまう人が何人もあったスよ。人が死んでも、医者にも警察にも知らせられねェし、町さも下げていくことができねェから、雪に穴を掘って、その中さ入れておくんだもの。凍ってしまうものだから、何か月たっても何ともならなかったスな。春先になって物資運んだ馬そりが飯場さ来ると、雪の穴から掘り出して町さ運んで行くようになってあったスね。死人のうんと出た冬は、はじめて飯場に来た馬そりが帰る時に、死体を五つも六つも積んで下って行ったスよ。

町に下っても、病院の看板は見かけるども、医者はいるもんだかいねェもんだか、見たことは一回もなかったね。とにかく、夏でも大きな病気したり、怪我したりすれば、死なねばならねったァ。そのかわり、富山の薬をうんと持って行くんだもの。自分個人でな。内地から樺太に持っていくのは、道具と薬であったスよ。風邪薬とか、腹病みをとめる薬であったども、ああいうところさ行けば、風邪もあんまりひかねェものであったね。あんなに寒いところだのにねェ。気持ちが張りつめてるせいだと思うども、かえって遊んでぶらぶらしてると風邪にやられるんだスね。腹病んでもよ、よけい食うな、薬のんで寝ておれというのが治療であったスよ。それより方法がなかったからスな。

一二歳の女郎も

樺太には仕事がいっぱいあったから、働きに入った飯場でも親方と気が合わなかったり、賃金が安かったりすると、すぐ飯場を変わったものだスよ。冬だとなかなか動けないから、我慢して飯場にいるども、夏だとすぐ変わったもんだスよ。んだな、うんと変わった時だと、ひと夏に三回ばかり移ったこともあるス。なあに、別の飯場さ使ってけれと行けば、どこでも働く人が足りないものだから、働いてけれって向こうから頼むもんであったからスね。

飯場を移るとか、ひと山終わって町に下った時は、何日も何日も、飲んで食って、飲んで食って暮らしたもんだァ。働いて取ってきたカネをみんな使うまで、飲んだり食ったりしたんだァ。所帯持ちではなく、若い者たちだどもスな。わたしなんかも所帯持ってあったが、若い者と同じに、みんな使ったものだス。嬶は家にいるから、樺太ではわたしも独身だどて、理屈にならねェこと言って飲んだものだァ。飲むのも食うのも飽き飽きしてから、また飯場さ入ったもんだが、その時はあんなに持ってきたカネを、一銭もなくしている時が多かったスな。なあに、飯場さ入ってしまうと、カネは一銭もいらねェからスな。

樺太では人の集まるところには、売春宿がどこにもあったスな。飲み屋に入れば、みんなそれであったから、いくらでもあったね。そういう売春宿とか飲み屋は、朝鮮人が開いているのが多かったね。ほとんど朝鮮人がやってあったような気がするスね。大泊のような大きな町に行けば、日本人が経営している大きな料理屋があったども、わたしらのような稼ぎ人は、そういう高いところには行かなかったからね。

当時は、女をひと晩買うっていえば、五円か六円あればよかったからね。みんな買ったもんだス。ああいうところにいる女は、どっちから連れてくるものかわからねェども、可哀想な女もいてあったもんだスよ。ひどいのでは、一二歳か一三歳になるような、まだ子どもみたいな女も一人前に客をとってることもあったね。どこから買ってきたものだかわからないが、朝鮮人たちはひどいことをされであったもんだスよ。あんな子どもまで引っぱってきて、客とらせるなんてな……。

その当時の出稼ぎは、いまみたいに関東とか関西に行く人はほとんどいなかったスね。土方仕事は北海道、伐採仕事は樺太というふうに、だいたい決まってあったものね。わたしは伐採仕事が主だったから、樺太にだけ行ってあったス。

樺太へ稼ぎに行かなくなったのは、一九四五年になってからだスな。そのころまでは、かなり行ってあったもんだスよ。だんだん戦争が激しくなって、一回は警察署が飛行機に爆撃されたことがあったものな。どこの飛行機だかわからなかったども、頭の上をぐるぐる回ってから、爆撃を加えてきてあったもの。それからだスね、樺太さ出稼ぎに行ってた男たちが次々と家に帰ってきたのは――。

これ以上戦争が激しくなれば、樺太にいて召集になるってことがわかってあったからスな。樺太で召集になって、ソ連とでも戦争がはじまれば、逃げるところがないから、死んでしまうということがわかってあったからスな。周りは海と、あとはソ連の国だから、逃げていくところがないものな。そういうことは飯場にいてもちゃんとわかってあったから、一九四五年になってからは次々と家にもどって来たわけだスな。それからは敗戦になって、樺太はソ連のものになってしまったから、稼ぎに行くことはできなくなったものな。だから、わたしたちより若い人は、樺太には稼ぎに行ってねェスな。まァ、いま六四歳から六五歳あたりの人が、最後ではないだろうか。

わたしも一九四五年の時に樺太から家さ帰り、戦争が負けるちょっと前に召集になったども、秋田にいるうちに敗戦になってしまったものな。なんのために召集になったものだかわからなかったども、戦争が終わってからは、今度は北海道さ出稼ぎに歩くようになったスな。伐採の仕事をする人たちも――。

（一九七六年二月）

5 喧嘩とバクチの中で

金野 留五郎　秋田県能代市二ツ井町鬼神

流送の仕事も

わたしの生まれた家は農家だったども、田ッこが四反歩くらいよりなかったものな、それで親父は、二ッ井町仁鮒にある金野組の山頭やってあったもの。そのころの金野組っていえば、たいした大っきな組であった。秋木の会社と同じくらいに大っきどて、わたしが一四歳のころは言ったもんでス。

わたしが学校を終わった一四歳の時だったども、今の能代市の東能代と又右衛門橋の間に、レンガ場があったものね。そのレンガ場の向こうに、丸十という製材工場があって、その工場で金野組が丸太の賃挽きをしてあったもの。その賃挽きの監督にわたしの親父が行ったものだから、わたしどこも能代さ連れていって、柾割りの弟子に入れたんだものね。そのころの能代は、柾割り職人がいっぱいいたものだし、仁鮒の山でも柾割りの仕事がかなりやられておったものだから、手さ職を持たせるというのが、親父の考え方であったのだね。

ところがそのわたしは、柾割りの仕事が性に合わねェというのか、この仕事をしたくなくてどうしようもねったァ。そうしているところに、製材工場で職工にならねェかという話があったもの。職工にはなってもいいなと思って親父さ頼んで職工の見習いになったもの。はじめての仕事だから、毎日怒られて、それでも一年ぐらいはその工場にいたスな。

ところが、正月とか盆で家さ帰って、友だちと一緒になったりすれば、みんなのふところには、そのころで五円だの一〇円だのっていうカネが入ってらったもの。山仕事に歩いている人か多かったども、工場の見習いをやっていると、なんにもカネもらわれねえんだものね。これだばやはりダメだ、稼ぐに歩がねばカネは手に入らねェと思って、職工の見習いをやめて山仕事に出るようになったのだス。

仕事は秋田杉を伐る、伐採の仕事だスな。みんな秋田杉だけであったが、県内だと市になってる以外のところは全部の郡を歩いたス。そうだ、平鹿郡内だけは働いていないども、あとは全部の郡で働いたね。内地で働いているうちに、伐採関係の仕事はほとんど全部覚えて、それから稼ぎに行ったのス。樺太さ――。

はじめて樺太さ行ったのは、一九二一年のことで、わたしは三五歳の時であった。それから毎年のように、樺太に出かけるようになったのだが、秋に出かけて行って春になると家さ帰り、また秋になると出かけて行くという生活をしたのだったァ。はじめのうちはだスな。

最初に行ったところは、長浜郡知床村弥満というところで、それからわたしらは川をのぼった山奥の飯場で、親方は中井という人で、王子製紙の請負をやっているところであったものね。社宅が弥満というところにあったものだから、家族を連れていた人はその社宅に家族を置いて、男たちだけが山奥の飯場に入ったものだス。内地から嬶《かかあ》や子どもを連れて行く人も、それりゃあったものだスよ。

この時は冬山でしたが、大きな飯場であったスね。伐採する人だけで六〇人くらいもおったス、馬追いも二〇人はいたものな。そのほかに雑役夫とか、飯場の仕事をする人とか事務所の人たちを入れると、一〇〇人は越してあったスね。

現場は、海岸から八里ばかり奥にあったども、樺太では近い方にあたるんでねえべがァ。あとでまた言うが、遠いところだと二〇里も離れているのが普通であったからね。話は前後するども、わたしらが伐った丸太は、八里ばかりの山奥から、川で海岸まで流送してくるんだものね。川口は米代川くらいもあったスな。たいしたいい川で、流送もわりと楽にできるという話を聞いたスね。わたしはこの川で流送の仕事もしたども、はじめてのことだから、ええ川だか悪い川だか、さっぱりわからなかったどもな。

多かった秋田衆

樺太の仕事は、内地での仕事と違って、ぜんぶ一人仕事だったおな。これまでやってきた内地の仕事だば、どんなに少なくとも二人か三人が組んで働いたものだども、樺太では全部が一人仕事だやズ。二人とか三人で組んで仕事をするなんてことは、全くなかったスね。

一人仕事だから、昼前に伐った丸太を、午後から一人で運ぶんだもの。夜中に雪でも降れば、どこにあるのかわからなくなるからスな。その人に当たった場所によって、バチで引っぱるところに当たるとバチで、ソリで引っぱるところに当たるとソリで、一人でバチやソリに積んで、引っぱったものだス。また、引っぱってきてから、土場に積むところに当たった人は、その日のうちに一人で巻き立てをしたし、馬そり道のそばまで引っぱるところに当たった人は、馬そり道のそばに運んで積んだものだス。どんな仕事も一人でやって、しかもその日の仕事は、その日のうちに片づけるというのが、樺太の冬山の仕事であったスな。はじめのうちは勝手が違ったところがあったども、馴れてくるとそれほどでもなくなったスね。

なんでも一人でやるものだから、昼前までに伐る丸太は、その日によっていくらか違うども、だいたい七、八石であったものな。その分を午後から運んで巻き立てをすると、だいたい一日に七、八円は取ったものだス。当時としては、かなりのいい稼ぎであったスね。

樺太での仕事の道具は、内地で使った道具とほとんど同じであったども、いくらか違ったのもあったスな。内地でもところによっては使ってあったども、ソリ引きのところでうんと早いところには、針金を何本も輪にしてつくったタガをソリにかけるんだものね。これをやるとソリの滑りが遅くなるから、かなり急な坂道でもソリを引くことができるのだものね。

ただ、樺太ではじめて見たのは、キカイバチというものであったスな。キカイバチがあるっていうのは聞いてあったども、内地では見ることがなかったものね。バチっていうのは、簡単にいえばソリの短かいもののことだスよ。ソリだとぜんぶ乗せるども、バチは丸太の片一方だけを乗せて、雪道を引っぱるのだもの。そのために、ソリで出してくることの出来ない急な坂道でも、バチだと丸太を積んで運んで来れるのだもの。ソリ引きはわりと平坦なところを、バチ引きは急なところに使うというようにだいたい決まってあったスね。

そのキカイバチっていうのを初めて見たども、普通のバチと同じなんだものね。ただ、五分の長さのボルトが三本ついていて、急な坂道にくると、その三本のボルトが雪につき刺さるようになっているんだものね。そのためにバチの速度も、かなり落ちるんだもの。こんど平坦なところさ来れば、そのボルトを上にあげるから、邪魔にならないように引っぱっていけるんだものね。内地で使ってるバチは、坂道にくるとタガを使っていたから、それと比べるとかなり便利で、しかも簡単にやれてあったね。これはいいものだな、と思ったもんでス。

その飯場にも、秋田衆がたいした多かったスね。おもに阿仁部あたりの人だったども、かなりの人がいてあったスな。樺太の飯場で働く内地衆は、どこさ行っても、秋田、青森、岩手の人たちが多かったスよ。

樺太の造材山の景気がよかったのは、一九一九年から翌年ころであったそうだども、わたしが行ったのは一九二一年だから最盛期は過ぎてあったども、それでもまだたいした景気であったスよ。一日働きに出れは、一四円から一五円だば軽く稼いだという話であったものね。そのころは家にいると、一日働いて七〇銭から八〇銭、請負い仕事をやっても、一円取れれば精一杯という時代だったからね。わたしが行った時でも、八円から一〇円だば稼いであったからね。いくら最高の景気が終わった後とはいいながら、たいした景気であったことは確かであったスね。

そのころの米の価格にくらべて見ればはっきりするども、四斗入れ一俵を二五円二〇銭ぐらい出せば買うによかったものね。そうすれば、まず二日と半日働けは、一俵を買うことができたわけだから、たいしたもんであったスよ。内地にいては考えられることでなかったァ。

そのために、造材山に働く連中の鼻息もたいしたもんであったスよ。まァ、全体に働く人が不足だったせいもあるども、いま働いている山から別の現場さ移るすべ。そして新しい親方に使われると、その場で三〇円なり五〇円なりの現金をすぐに借りることが出来るんだもの。それから道具だのもみんな親方から借りてしゃ、山さ入って働くスベェ。三日なり四日なり働いて、どうもこの造材山は気が食わないとなれば、道具をぜんぶ背負って、山を越えて隣の飯場さ移っても、親方だっきゃなんにもしゃべねったもの。そのころは、それくらい景気がよかったわけだスね。

飯場は喧嘩の巣

飯場代は、一日が四五銭から五五銭であった。一日の飯食ったり、泊まったりする代金だスな。飯場の食事だが、朝と夕飯は、タクアンが二きれか三きれに、味噌汁。開懇の人がやっている飯場になると、菜っ葉のようなものが入ってあったが、普通の飯場ではワカメが入っていたね。あとは切り干の煮つけのようなものと、アジのひらきを干したようなものであったスね。

　昼のおかずは、マスであったァ。どこの飯場さ行っても、マス一きれであったスね。はじめて飯場さのぼった一か月や二か月は、それでもなんとも思わねども、春先になって体が疲れてくれれば、そのマスを食いたくなくなってねェ。マス一きれでは、昼食が喉を落ちていかなくなるったものなァ。

　樺太では、肉類はめったに口さ入らなかったし、買うことも難しかったね。たまに買うことが出来れば豚肉で、ニワトリの肉なんてのは市街地に行ってもめったに手さ入らなかったから、山奥の飯場なんかでは、食うことがなかったスね。タマゴなんかは、開拓者が入植している沢に行った時は、買って食べるによかったどもね。春先になると、丸太を流送しながら川下さ下って来るんだもの。岸さ付いたり、岩にひっかかっている丸太を流したりして下るのだども、その時は開拓農家さ泊まるわけだスよ。その時は、菜っ葉だのタマゴだのを食べるによかったんだもの。その時だば、ほんとにうまかったスな。冬山で働いた時は、春先になって流送の時が来るのがいちばんの楽しみであったスね。

　そのかわり、飯場の事務所には酒がいくらでもあったものだから、飲みたい人は事務所に行って、帳面につけて酒を持ってくるわけでスよ。もちろん、この酒は親方が出すわけでなく、最後に働いたカネの中から引かれるのだどもね。親方が酒を出すのは、冬山がはじまった時くらいのもので、あとは自分で飲む分は自分で買って飲むったもの。わたしだば、酒も飲まないし、タバコも吸わなかったけどもね。

　飯場での喧嘩は、内地衆だけだばそんなになかったどもね。内地の人も方々から来てあったども、内地人同士の喧嘩ってのはあまりなかったものだスよ。ところが、ジャコたちが飯場に入るようになれば、やはり喧嘩が多くなるんだものね。伐採作業をやっているうちは、ジャコはあんまり飯場には入ってこないども、春先になって流送をするようになれば、ジャコたちがどんどん飯場さ入ってくるんだもの。流送の仕事になれば、どうしてもジャコたちがいないと、作業が渉らないものな。伐採をやっている人だけでは、流送はできるもんでねス。流送は、なんといったってジャコたちの腕だスよ。

そのジャコたちが飯場に入ってくるようになれば、どうしても喧嘩が多くなるスな。ジャコのなかには正直な人もいるども、やっぱり荒いもんだものね。それから主に、朝鮮人が入ってくるようになると、喧嘩は多くなるったものな。樺太には、ジャコと朝鮮人が多かったね。どこさ行っても、溢れるようにいてあったスよ。

あれは何回目に樺太に渡った時だか忘れてしまったども、敷香の近くの山さ入った時であったス。飯場さ入って伐採の仕事に入った時は、内地から一緒に行った人が六人ばかりいてあったからよかったども、春になって流送の季節になった時に、わたしらだばとても流送の仕事はやれないからと、その山をきり上げて別の飯場さ移ったわけでスよ。その時は、あとの四人は内地に帰ったので、残ったのは二人だけであったものね。ところがその飯場に行ってみると、まるで朝鮮人とジャコたちばかりで、素人衆みたいなのは二人だけであったものな。あの時だば、大っきい喧嘩ばかり毎日あって、とても生きた気持ちがしなかったスね。

あの時は、敷香から奥地さ大きな道路が建設されている時で、愛田組という土方専門の組が入ってあたもの。その道路をつくる土方には朝鮮人がうんと来ていて、道路一本を隔てて、その朝鮮人の入っている飯場が建ってあったもの。そしてこっちの方には、ジャコたちがうんと入っている飯場があったわけだスべ。まァ、喧嘩の条件も、そろっていたわけだスな。

　喧嘩のもとは、だいたい、バクチであったスな。まず、土方なり、こっちの飯場なりで、バクチがはじまるスべェ。そうすれば、バクチ打ちがどっさり集まって来るんだもの。バクチ打ちたちは、ただバクチをするのではなく、酒を飲みながらやるんだもの。そのうちにだんだん酔ってくるし、威勢もよくなってくるわけだスな。また、バクチもやっているうちに、だんだんと勝ち負けの差がついてくるスべ。そうなればなるほど、バクチには熱が入ってくるのだもの。それだために、わずかなことで喧嘩になってしまわったもの。

　一回なんか、ひどい喧嘩であったスよ、朝鮮人とジャコが二組にわかれて、束になって喧嘩をするのだもの。わたしらだばあまりにもおっかなくて、飯場から出で、窓っこからその喧嘩を見てあったども、どっちが朝鮮人で、どっちがジャコだか、わからなかったスな。入り乱れてしまってな。あの時は、一人の朝鮮人が、川さなげられてしまったものな。朝鮮人に叩かれたのだか、ジャコに叩かれたのかわからねども。あの人だっきゃ、死んだものだか、生きたものだか、さっぱりわからねったァ。それだけ、おっかねェ喧嘩であったスね。

　んだども、朝鮮人は朝鮮人でかだまるんだスね。一人が喧嘩をすればそこのあたりにいる人たちがみな集まって、その人をかばうんだスな。そして今度、みんなで相手を叩きのめしてしまえば、さっさと逃げていって、隠れてしまうんだね。もうどこにも朝鮮人はいないわけでスよ。朝鮮人のいるところは、ほんとにおっかねかったスな。

　その点、日本人のジャコはよ、一匹狼みたいなものであったスね。たまにかだまって朝鮮人とこ叩いても、そこから逃げていかねェものだから、またやってくる朝鮮人にやられてしまうんだスね。日本人って、ほんとにかだまることの出来ない人間だスな。

そういえば、能代の鶴形出身だというジャコと飯場で一緒になったこともあるな。小林という人であったども、この人は、バクチはやらねェども、いつも酒っこ飲まったァ。飲む人は、カネを持てば飲まったものな。正気な時は、もうひと稼ぎしてから帰るって言うたって、稼いでカネ入れば、また飲んでしまわったァ。持てば飲むために、家さだっきゃ帰られねったね。飲み潰してしまって、帰るカネがないんだもの。そういうジャコが多かったスな。

樺太で伐採の仕事をやっていて、賃金を不払いにされたこともあったス。なんと、ひと冬働いたカネを、ぜんぜん貰えねェのだからスな。その時は、親方を殺さねばダメだと息まく人もいてあったァ。わたしもそういう気持ちになるほど、残念であったスな。

もう一回、樺太でひどい目にあったのは、社宅に入っていた時に、朝鮮人に放火されて、焼け出されてしまった時だス。同じ社宅に入っている人の嬶が、前に敷香の旅館にいる時に好きになった朝鮮人があったども、別れて来てあったのだと。今度その親父が、樺太の代表的な病気である脚気にかかって、大泊の病院さ入院したのだったァ。そこさその朝鮮人が来て、留守してるカガアと一緒になったりしてあったども、それがどうしたことかわからねども悋気《りんき》おこして、社宅さ石油かけて火をつけだったもの。あの時だば社宅みんな焼けて、家具も何もみんな焼いてしまって、布団を出したきりであったス。

製材の職工に

いちばん最初に樺太に行った時だば、北海道の小樽から真岡さ行ったったァ。帰る時は、本斗から稚内さ連絡なってあったから、それで帰ってきたァ。その次から行く時は、稚内から船さ乗ったたども、あのあたりだばほんとに便利が悪かったスね。大泊さ渡ってから、湾内を発動機で一日もかかって、行くんだものね。弥満さ行った時なんかは、大泊さ来るに一日、大泊から帰るのに一日かかってあったスな。大泊さ来てもシケた時は船が出ないものだから、シケがおさまるまで二日でも三日でも待たねばダメであったスな。あとになってからは、大泊から弥満の方まで、バスが通ってあったども ね。それからは、便利になってあったスな。

樺太の天気だが、もちろん場所によって違ってあったども、雪なんかは内地みたいには降らねェ。いや、同じくらい降るべども、風が強いものだから、吹き飛ばされてしまうんだものね、海岸地帯だばスな。山さ入れば雪はあるども、海岸だと寒いたって、山のなかだとそう寒くはないと思ったスね。

んだども、寒さはやはり強かったスな。夜になって寝ておれば、息っこしたところが真っ白になるんだものな。そのために、すっぽりと床の中さもぐって寝たものであったス。雪は一〇月に降りはじめて、翌年の三月になれば消えはじめてきたから、内地にいる時とそう大きな変わりはなかったども、凍りと風は強かったね。

話は前後するども、こうして何年もつづけて樺太さ出稼ぎに行っているうちに、同じ町の出身者が親方をしているところへ行くようになったもの。その人のところへはわたしだけでなく、同じ町の人たちも何人も行ってあったスな。わたしも何年もつづけて、その人のところへ行くようになったズ。

ところがその人が、あれはたしか一九二九年の秋だったと思うども、漁場の前さ自分のカネで木工所を建てたんだスよ。その人はまた何さでも手を出していく人で、漁場もやってあったものな。そこで漁があればそれを入れる箱か必要だし、樺太には木材はいくらでもあるからというわけで、木工所をつくったんだスな。

その冬もわたしは飯場で働いて、冬山が終わったものだから下ってきて、その人の家さ勘定をもらうに寄ったのだもの。そうしたら木工所を建てではあったども、その木工所をまわす人かいねんだものね。ニシン漁がはじまる前に木工所をまわして、材料をうんとつくって溜めておかねばならねえんだものね。なんといっても、ニシン漁の時にいちばん使うのだからスな。ところがスな、漁場だの山の仕事だの、高いカネの取れる働き先がいっぱいあるものだから、木工所で働くって人がいなくて、春先になっても全然まわっていないわけですよ。

それで今度、勘定とりに寄ったわたしことつかまえて、

「なんとかして、一か月でええから、助けてけれ」

と言うわけだスな。

わたしもそう言われて、考えたものな。これから家さ帰って秋まで働いても、一日一円も稼げばええ方であったからスな。木工所にいて働けば、二円五〇銭はくれるという約束だったから、どれ、樺太にいて働いてみるかなといいという気になったわけだス。親方もなんとかいてけれと頼むからスな。

それから木工所で働くことになって、木工所さ行ってみたども、越中から来たという職工が一人だけ製材をやれて、あとの人はみんな素人なんだものな。製材なんか一度もやったことがねェという人たちばかりなんだものだもな。仕事も何も、ぜんぜん捗らねんだァ。それだばダメだから、わたしに製材のハナ取りをやれというわけだス。学校終わってすぐに、一年ばかり製材工場の見習いはしたことがあるども、あの時は製材に手をかけたこともなかったものね。それでもいいからお前

がやれということで、わたしがハナ取りをやったわけだス。

ハナ取りというのは、丸鋸《まるのこ》の台に丸太を上げて、鋸で挽くわけだスな。その時に鋸にかかってきたのを引っぱる役だども、これが下手だと、挽いた板がでこぼこになったりして、売物にならねェものができるわけだスな。お前はいくらかやったことがあるからということで、そのハナ取りをやったわけだども、馴れるまでは大変であったスよ。

はじめは一か月いてけれというのが三か月になり、半年になり、とうとう秋までその木工所にいたんだもの。冬山に行こうとしても、お前にハナ取りをやめられると、木工所を休みにしなければいけないからいてけれというので、それからは職工になって、一年いっぱい樺太にいるようになったもの。

わたしは二五歳の時に嫁をもらい、本家から屋敷をもらって、家も建ててもらってあったもの。樺太に年中いるようになった時は、嬶のほかに子どもも一人あったども、年がら年中いるのだったら、樺太さ連れて来いということになったァ。借家賃はいらねし、焚き物も木工所の皮板をたけばタダになるということで、樺太さ連れていったわけだス。家を空にしてな。

それからずうっと職工の仕事をやってあったども、四年目の秋だったと思うども、その親方がカマドけしてしまったんだァ。倒産したわけだスよ。親方の会社は三人の共同であったども、ニシンがなんにも獲れないのが三年ばかりつづいて、それが原因でとうとうダメになり、全部が親方の弟のものになってしまったわけだス。

そうしたら、人間は誰でもみんな欲なもので、今度は焚き物にしていた皮板からもカネを取るし、家賃も取られることになったものな。それでは一日二円五〇銭の稼ぎをしていたのでは、食ったほかにはなんにも残らないわけだス。いくら働いても、一銭も残らないのはバカくさいというので、わたしは四年目でその木工所をやめてしまったわけだス。

樺太で敗戦に

木工所をやめたのは秋であったから、その冬は多蘭内の奥の山で働いて、春になって多蘭内さ下ってきたもの。ひと冬働いたあとだと思ってぶらぶらしていると、石炭を積む船が港に入ってきて、荷物の積み降ろしを手伝ってくれというわけだスよ。どうせ遊んでいるのだからと思って、その仕事を手伝って終わったば、炭鉱さ働きに行かないかという話がきてあったものな。炭鉱の仕事はしたことがないが、カネになるというので、カガアや子どもを連れて炭鉱さ働きに行ったズ。素人だから掘る仕事は出来ねェから、坑内で掘った石炭を運んでくる仕事をやったもの。それを一年半ばかりやったべかな。

そしたら今度、その炭鉱から倉庫係をやってくれないか、という話がきてあったもの。というのは、これまでの倉庫係は悪いことばかりやって、倉庫の中の物を盗んだり、横流しなどやって、二人もクビにしてあったんだと。それで、誰か信用のおける人がいねェべかと思って、探してあったんだスな。そこにわたしが、

「あれは酒も飲まねェし、タバコも吸わねェし、あの男にやらせたらどうだべェ」

ということになったんだスな。

んだども、労務の仕事をしているとカネは高いたって、倉庫番の仕事は安いのだものな。どうせ働くのだば、カネの高い方がええと思って、わたしはイヤだと言ったわけだス。やってけれと言われても、いやだと突っぱねていると、とうとう所長に呼ばれて頼まれて、倉庫番をやることになったのだもの。倉庫番といっても、配給物も扱う仕事もやってあったから、結構忙しかったスな。こ

の仕事を、八年ばかりやったべかねェ。

この仕事をやってるうちに、日本が戦争に敗けてしまったったなァ。敗けたのは、一九四五年の八月一五日であったスな。日本が戦争に敗けたといっても、特別の感想もなかったが、日本が敗けるのではねェかなということは、感じがしてあったス。というのは、労務主任が炭鉱の倉庫に入ってる米を、トラックで三台ばかり運んだものな。会社には無断でな。トラック一台には、五〇俵ばかりつくども、そのほかにもだいぶヤミで流したものな。わたしはそれを見ていて、戦争に敗ける日が近づいてきたな、と感じたったァ。ヤミに流れたのは、食い物に限られてあったス。

ところが今度、そのことを密告した人がいて、わたしも警察さ呼ばられて、売ったカネはどうしたかと聞かれたども、わたしは全然関係なかったからね。そうしたらその主任が、前の主任で、もう戦地さ行ってる人に責任をかぶせてしまってな、自分だけ儲けた悪い人であったスよ。中川という人であったども、よくねェことばかりしてあったなァ。

ああ、戦争は終わったことだし、これで日本さ帰れるなと思ったら、男の人は樺太に残れというのが、ソ連の命令であったものな。わたしの家では、わたしと長男が残らねばならなかったども、お前はまだ学校だから帰れといって、一九四五年のうちに家内たちは樺太から日本に帰り、わたしだけが樺太に残ったわけだス。

樺太に残されたって、はじめのうちは仕事がないものだから、ぶらぶら遊んでいるんだスおな。そうすれば、ソ連兵に連れていかれて、働かせられるわけでスよ。あまり手荒いことはしなかったども、働いたってカネ払うわけではなく、食うだけであったスな。それでも、一九四八年まで樺太に残されたものな。

ソ連兵にええ物はみんな取られて、きれから

〈用にたたない物〉だけ残ったものな。それでもその中から、なんぼかいいものだけ持って、家さ帰ってきたのは五月の二二日だったと思うスな。

家さ帰って来ると、家の人たちがまるで皮小屋みたいなところに入ってるんだものな。これがわたしの家だべかと思ったら、涙が出てきてあったァ。わたしがいない間に、三人もこの小屋にいて、まァ、よく暮らしたもんだと思ってなァ――。

それでもわたしに会ったら、みんな喜んでね、喜んで喜んで、どうにもなんねェがったァ。

（一九七六年二月）

6

女のジャコと働く

安部 金助　秋田県山本郡藤里町大野岱開拓地

一六歳で出稼ぎに

わたしは二人の兄弟であったども、上が兄でその下がこのわたしというように、男だけの兄弟であったものな。家は小さい農家で、田んぼは食うくらいしかなかったし、財産というものもあまりなかったども、家庭的にはたいさ恵まれてあったァ。親たちは元気だったし、爺さんも婆さんも働いていたから、貧乏な家だったども、あまり貧乏しては育たねがったね。わたしたち兄弟だば、子守りつけてもらって育ったからスな。そのころだば、かなりの金持ちでないと、子守りつきで育てるものでなかったものね。

そのころは粕毛村だったから、米田小学校出ると、粕毛の本村の高等科に、二年歩いたわけでス。わたしらの粕毛村は田舎であったから、高等科二年を卒業して、いまの高校だスな、昔の中等学校に行く人は、村全体で年に一人か二人しかいない状態であったス。わたしも高等科出ると、その年は秋まで百姓をしたスな。その年の秋に、わたしは父親のあとついて、樺太さ稼ぎに渡ったのだから、一六歳の時であったわけでス。そのころの村の人たち、みんな北海道とか樺太に稼ぎにあるいたもんでしたな。

最初に樺太に行ったところは、落合というところでね、大泊に船が着いて、それから汽車で一時間ばかり乗ったところにあったァ。父親と一緒に行ったども、まだ一六歳の若僧だから、仕事そのものは全然できないが、体格そのものはよかったでスな。わたしは今の人にすれば小さいども、高等二年の時で五尺三寸あったから、わりに体格はいい方であったスよ。なんたって、兵隊に現役で行ったからね。背丈が五尺三寸以上なければ、兵隊には行けなかったからね。

最初は、丸太を切る仕事をやったども、鋸《のこぎり》研ぎもぜんぜんできなくてな。まァ、ぜんぶ親父に研いでもらった鋸で、木を切ったスな。なにもかもはじめての仕事だから、なかなか捗らなくてよ。木はほとんどが、エゾマツとトドマツで、そのなかにシラカバだの、ダケカンバなどの木が混ざってあったね。

その次にやった仕事は、切った丸太をバチで運搬することであった。出し方をやったわけだス。父親が切った丸太を、わたしがバチに積んで、運んだわけでスな。大きい道路は、父親と一緒につくったども、その道路から切った丸太があるところに行く道は、自分でつくったもんだス。バチ引きもはじめての仕事だったから、父親が切った丸太を運ぶだけで、精一杯であったわけでスよ。

樺太の山では、父親と二人だけで働いたもんだから、父親は木を切るのが専門で、バチ引きはわたしが一人でやったもんでス。父親は自分の仕事があるから、わたしのバチ引きにはかまってくれねがらね。どんなに大きな丸太でも、一人でバチさ積んで、運ばねばならなかったス。一人でバチさあげれない丸太は、道路さ転ばして、こんどスコップで丸太の下の雪を掘って、バチを入れて結んだわけでス。それからトビで丸太を出して、ちょうど宙吊りみたいになった時に、引っぱりだしたわけでス。この方法でやれば、たいていの丸太は、一人で運ぶことができたね。

父親は一日に三〇石は切るから、その日に切った丸太は、その日のうちに全部運んで、巻き立てておくわけでス。いつ、どんなことがあるかわからねがらね。ひと晩のうちにどっと雪降ったりすれば、切った丸太をさがすのがたいへんなわけだスよ。うんと雪が降ると、どこに丸太があるか、わからなくなってしまうものな。そのために、その日の仕事は、その日のうちにやってしまったもんだァ。

朝は夜明け前から飯食って、飯場から出て働き、晩はもう暗くなるまで、バチ引きをするわけでスね。こんどは暗くなってから、土場に運んできた丸太を、巻き立てるわけだス。暗くなってからだば、バチ引きはとてもできねども、土場巻きはできるからね。これも巻き立てておいて、晩に雪でも降られると、こんどは雪投げてから巻き立てするから、手間がうんとかかるために、どんなに遅くなっても、その日に切った丸太はみんな運び、巻き立てをしたもんでス。そんなわけで、晩の八時とか九時ころでないと、仕事は終わらなかったスな。一日に一二時間から、多い時は一三時間くらいも働いたもんでス。

この時の山は、ほとんどが王子製紙に行くパルプ材であったものな。丸太の長さは、場所によって違うども、一二尺であったね。マツの木の長さは、一二尺にして四本から六本ぐらいも取れるのもあったし、山の場所が悪いと、三本くらいしか取れないこともあったね。木の太さだども、普通は最初に一二尺に切った末口が、七寸から一尺二、三寸であったが、太いのだと二尺くらいもあった。まァ、内地の杉からくらべると、あまり太くはなかったども、太さの揃ったマツ林が多かったね。

飯も凍る冬

朝に飯場から現場さ働きに行く時は、弁当持っていったものな。弁当といっても、おにぎりだどもね。樺太は寒いから、普通のものさ入れでいっても、すぐに凍ってしまうわけでスよ。んだから、おにぎりを持っていくわけだスな。

わたしね、いまでも憶えているども、ソ連と日本の国境のある浅瀬というところの山で働いた時は、ひどかったスよ。あそこは特に寒いところで、わたしの記憶でだば、零下四五度になった時が、ひと冬に三回だか四回ばかりあったね。零下三六度とか三七度ってのは、冬では毎日だったもの。四五度くらいになるというとね、ずうっと火を焚いてあたっていなければなんねェほど、寒かったスよ。その火もな、マツの木をぼんぼん燃やすんだども、あんまり寒くてな、火は燃えているんだども、熱くならねんだものね。昔の人は、小便をすれば棒になるというけど、そうじゃないけど、やっぱり寒がったね。

おにぎりは、昼の分を一食だけ、山さ持っていったもんでス。大っきいおにぎり一つ持っていったども、んだなァ、子どもの頭くらいは大きかったな。昼になると、火をぼんぼん燃やして、その火の傍さ、大きな串にそのおにぎりを刺して立てるわけでスよ。おにぎりは凍って、真っ白になっているわけだス。火にあてると、だんだん凍ったのがとけて、暖かくなっていくので、暖かくなったところを順々に手で取って、食うわけでス。

おかずはおかず入れに入れていくども、これは前の晩にだしておくと、つめてくれるわけでス。おかずの中身は、いろいろでした。樺太は魚が豊富であったから、魚が多かったスね。わたしはとくに魚が好きで、野菜とかそういうものはあまり好きでなかったから、ちょうどよかったね。魚のほかには、オシンコがいっぱいあるんで、それをガバッと持って、山さ行ったもんでス。

おかず入れは、マゲワッパを持っていったァ。マゲワッパって、たいしたいいものでな。樺太のような寒いとこでも、雪の中に穴を掘って、そのなかにマゲワッパを入れてびんと埋めておくと、ご飯が暖かくなっているわけでスよ。雪の穴の中って、暖かいんだスよ。ただね、雪の中から出して、食っているうちに凍ってしまうために、それでおにぎりにして持っていがったもの。

樺太のなかでも、西海岸よりも、東海岸の方がわりと寒くないものな。そのかわりに、東海岸さ雪が降るどもね。一回はね、北海道の小樽から船に乗て、樺太の真岡さ行ったわけでス。ニシン漁の盛りの時だったども。その真岡から、また船に乗って泊居というところへ行ってね、そこで上陸して、名寄まで歩いていったわけでス。名寄あたりはあんまり寒くないかわりに、毎日のように雪が降るのだものね。ものすごい雪だったァ。朝、飯場の戸なんか、開けられなくなったりしてね。飯場の戸こわして、内側へ引っぱって、雪かいて出たこともあるス。名寄の高い山さ夜にあがるとね、沿海州といってな、いまの大陸が向いに見えるのだっけェ。

その名寄に行った時は、ニシンの盛りであったから、毎日のおかずがニシンであったわけでス。毎食のように、ニシンが一本あたるわけでスよ。ほしければ、もっと持っていってもいいわけでね。ただ、はじめのうちはうまくて食べるども、馴れてくればそんなに食われるもんでないからね。

はじめて樺太さ渡った時の飯場は、朝鮮人が経営してあったども、樺太には朝鮮人が多かったスな。飯場を経営している人も朝鮮人が多かったし、働いてる人も、朝鮮人が多かったね。んだども、わたしら日本人と朝鮮人は、感覚的にかなり違うスな。喧嘩なんかになれば、すぐに朝鮮人はかだまらったね。そのかだまる力は、たいしたもんであったスな。

わたしが名寄の飯場に行った時のことだども、朝鮮人の飯場の親父が、大きなストーブさ使うデレッキだから、太い鉄の棒だスな、その太いデレッキで日本人にぶんなぐられたのを見てるどもね。その日本人もたいしたおとなしい人で、わたしと一緒にバチ引っぱったこともあるども、なしてああなったのか判らねが、朝鮮人の親父を叩いだったね。なんでも、親父の方が悪かったようだども、その親父のカガアが間さ入って、「ごめんしてけれ」って謝まって、止めであったどもね。この時も、朝鮮人がかだまってな、もっと長くやってると、日本人の方が半殺しになってあったべね。

日本人は一匹一本で、なんもまとまりがないども、朝鮮人は何か事が起きると、すぐにかだまるからね。日本人だと、朝鮮人と日本人が喧嘩してでも、知らねふりしてるども、朝鮮人は朝鮮語でしゃべってかだまり、朝鮮人を助けるものな。朝鮮人とは、喧嘩されねもんであったス。

飯場の生活

はじめて父親と一緒に樺太に行った時は、ひと冬働いて、翌年の春に家へ帰ったわけでス。その次からは父親から離れて、よその人と一緒になって行ったな。そのころは、村の人で、樺太に人を頼んで行く人が、何人もおったものだものね。はじめは冬期間だけだったが、夏期も働くようになったものな。

最初の二年ばかりは、こっちで仕事先を決めてから樺太さ行ったども、その後は一匹一本みたいなもんで、樺太さ渡ってから、仕事現場を探して決めた。なんせ樺太には、働く気になれば、仕事はいくらでもあるからね。

樺太には、全部で四回渡ったね。昔は兵隊に行かなければならないもんだために、兵隊に行く前に、わたしは樺太さ歩いたわけだス。わたしは一九五四年の二〇歳の時に召集になったから、樺太に行ったのは、一六歳から二〇歳の時までであったわけでス。はじめはひと冬だけ行ってあったども、最後の時には、ずうっと樺太にいたね。この時は飯場も、五、六回ばかり変わったども、その間にいろんなことがあったな。

樺太の飯場は、大きな飯場で八〇人から一〇〇人くらい入ってあったね。真ん中が食堂と通路で、寝るところは両方に分かれているわけでス。小さいのでは、五〇人くらいの飯場さ行ったこともあるスな。こんな飯場が、その山の事業の規模によって、何棟も建っているわけだスよ。

勘定は、その山によっていろいろであったな。割り当てられた一つの沢の木を伐って、土場さ巻き立てをすれば、その現場は終わりになるわけだスな。そうすると、検収してくれと、事務所に交渉するわけでス。検収ってのは、巻き立てた丸太の寸径をはかって、何石を伐って搬出したかを計算して、なんぼ稼いだかをまとめるわけだス。だからひと冬のうちに、何回もやるわけだスな。ひと冬に、いくつもの現場をこなすわけだからね。

このほかには、一つの現場が終わらなくとも、定期的に、たとえば一六日とか二六日とかいうように、決まった日に検収してくれる場合もあったわけでス。んだども、カネの勘定だけは、飯場から出る時に、ひと冬分なり、ひと夏分なりを、一回にまとめて渡したもんでス。検収が終わるたびに、カネを払うなんてことはなかったね。

天気が悪くて仕事ができなかったり、仕事がつづいて休みになっても、飯場にいたっきりだスよ。夏なんかは町に出ることもあったども、それもあまりなかったね。町に出たって、知ってるところもないから、面白くないしね。だから、飯場におるっきりでス。冬なんかは、とても出ていけるものではないからね。仕事終わってからは、将棋やったりするくらいのもんでス。

ただ、どこの飯場に行った時であったか、そこには蓄音機があって、よく浪花節かけて聞いたりしたね。歌謡曲もあったども、どんな歌が流行していたかは、忘れてしまった。酒飲んだ時は、よくその出身地の民謡だの、唄ってあったスね。

いまだばもう時効になったべから、しゃべっともね、よくバクチや喧嘩はやったもんだスよ。休みになっても退屈だから、バクチをやったり、酒飲んだりするよりなかったからスな。ただ、一人で疲れて休む時だば、朝から寝ているわけでスよ。んだども、雨とか吹雪とかで休むと、飯場の人たちがみんないるわけだから、退屈で仕方ねスべ。こんど、花札やったり、サイコロやったりするわけだス、カネを賭けてな。だども、わたしはまだ若いもんだから、やっても全然ダメでしゃ、勝てるものではなかったァ。んだども、たった一回だけ、しこたま儲けたことあったな。バクチではないどもな。

話が前後するども、このことはあとで話するどもな、浅瀬で働いておって逃げた時に、ちょうど同じ村の人がいるのを見つけて、そこで働いたもの。その現場は町から近いものだから、飯場を建てないで、旅館さ泊まって働きに歩いだったスな。旅館の名前も、何ていったか忘れてしまったども、その旅館は一軒が全部、わたしが働いた組で借りてあったね。そこの旅館では、みんなが休みといえば、花札やってあったな。

ここの花札は、五回くらいもやれば、新しい札に取り替えてあったものね。それだけ技術のある人だけでやっているものだから、とてもわたしらだっきゃ、入ってやれなかったァ。その当時のカネでな、一〇円札とか五円札を、手でつかんで張ってあったからスね。股の間さ沢山カネ入れて、手づかみでやるものだから、なんぼ張ってるかわからねくらいの大バクチをやるところであったもの。

その旅館の母さんが、わたしさ、

「安部、酒売りせェ」

と言うわげスよ。バクチやる人たちは、坐ったまだから、そこに酒を一升ビンで持っていって、売れというわげスよ。

その当時は、清酒一升は、内地では六〇銭くらいであったものな。それが樺太まで運ばれて、敷香あたりからポンポン蒸気で運ばれていくものだから、二円ばかりになっていた。ところが、大バクチをやるジャコたちは、札やりながら坐っていて、

「おい、安部君、酒!」

と言うわけだスな。すると、ご飯食べる茶碗に、清酒を冷やで出せば、

「おいッ」

と言って、五円札くれるわけでス。それがひと晩に、二升も三升も飲むもんだから、ひと晩に七〇円も八〇円も入ってくるもんだもの。酒は旅館の母さんから借りて、みんな売れると、一升分として五円払ったわけでス。旅館でもまた、いいわけだスな。そこをやめて家に来る時は、七〇〇円くらいもカネが溜まってあったなァ。当時の七〇〇円といえば、そりゃ大金であったスよ。

女性のジャコ

こんな大バクチをするのは、ジャコたちであったスな。普通の人は、こんな大きなバクチはやらなかったァ。樺太には、ジャコが相当入っておったからね。ジャコはなんたって、おっかないスよ。したども、非常に人がよくて、あっさりしているところはあったな。

ただ、わたしみたいに仕事のよく判らねェ、若い人には親切であったス。ひと冬くらい父親さついて働いたって、そんたに仕事を覚えるわけかないからね。鋸だってよく研げないし、曲がっても

直せないわけでスよ。どうしょうもなくしている と、ジャコが見て、

「誰々さん、その若いのを面倒見てやってくれ」

と言うわけでスな。するとその人が、上手に直してくれるわけでス。わたしなんか若かったから、よく面倒みてもらったね。んだために、ジャコっていいものだと、思ったもんでス、ジャコはまた、仕事のできる人が多いからスな。

んだども、酒を飲むと、人が変わるわけでス。ジャコ同士の喧嘩になると、短刀やマサカリが飛んでな、おっかない時もあるわけでス。わたしたちのような素人には、そんなことしなかったどもね。

大きな事業現場になれば、一つの飯場にジャコ連中だけ入れてあったものな。内地から頼まれていく人は、そういう人とはべつの飯場に入るわけでス。んだども、小さい現場になれば、飯場は何棟もないから、ジャコもわたしたちと同じ飯場さ入ったどもね。


わたしは樺太の山で、木を伐る仕事ばかりやったども、ひと冬だけ、三か月くらいのあいだども、木を伐る仕事やめて、土場で巻き立ての仕事やったものな。樺太の山は深いものだから、一本の沢にでも、業者が何組も入って仕事やっているわけでス。沢の奥で伐ってまとめてある丸太を、こんどは馬そりで運んできて、浜辺の土場にその丸太を積むわけだス。一本の沢からでも、何万石という丸太が出てくるわけだから、その土場もたいした大きいもんであったスよ。一つの巻き立てにも、何千石って丸太が積まれたもんでス。

沢の奥から、馬追いが馬そりに丸太を積んで土場にくると、この馬そりは何号の土場、その馬そりは何号の土場に丸太をおろすように、事務所の人から言われるわけでス。一つの巻き立て土場は、二人ずつが組になって、馬そりから丸太をおろして、きれいに揃えて巻き立てるわけでス。わたしは三四、五歳になる、髪をオールバックにし

た人と一緒に組んで、その巻き立ての仕事やったのだども、その人はトビ使いの名人のような人でな、なんともうまいもんであったス。

馬そりから、丸太を敷いたリンボウの上におろした丸太を、リンボウの上を転がして、それを高いところからおろして巻き立てるんだもの。わたしらだば落としてやると、落とし方が下手なもんだから、ベロッと出ばったりひっこんだりするために、下さおりていって、それをいちいち直さねばなんねスベ。その人がやると、上からどの間隔で落とせばいいと判ってるものだから、まんずピタッ、ピタッと揃ってしまうんだものな。

それから今度、その人が巻き立ての途中にいて、丸太を落としてよこせと言うんだもの。わたしは、丸太の下になるんでねェかと思って、危ねェして下さ落としてやれねズ。んだども、落としてよこせというから、落としてやると、危なくなれば転がって落ちていく丸太を渡って、上さあがってくるのだものね。いや、びっくりしたァ。ほんとに、身が軽いんだね。

何万石って丸太を巻いてきた人だから、トビの使い方も上手であったな。わたしらだば、両手でやっても全然動かせねェ太い丸太を、あの人はトビでちょっとやると、それで終わりなんだものね。それだために、わたしはもっぱら、リンボウの上を丸太を転がしてその人さつづけたわけだス。

その人はまた、酒が強くてな、がっぽ、がっぽと焼酎を飲まったおな。わたしは兵隊さ行く前は、酒って全然飲まなかったからね。その人だば、がっぽ、がっぽと飲んでもたいして酔わねがったな。それでも酔ってくると、

「なんだァ、てめえらは……」

って、啖呵を切ることもあったな。

ところがな、樺太の春は五月頃だからで、春になって冬山も終わり、別れる時にな、自分で、

「俺は女だ」

って、わたしに知らせるんだもの。あの時だば、ほんとにびっくりした。顔は男みたいだし、焼酎は飲むし、仕事は出来るし、喧嘩してジャコと渡り合っても、後さ引く人でなかったものな。わたしだば、全然男だと思っていたもの。その人は、わたしの隣に寝てあったからね。あとで考えてみれば、小便するのを一回も見たことがなかったものな。わたしも、ああいう人って、はじめて見たね。同じ仕事をしている飯場の人だって、あの人は女だってことは、だれも知らなかったはずだァ。んだども、わたしにはたいしたよくしてくれてあったたな。

飯場の喧嘩

浅瀬の飯場で働いておった時に、四〇歳近い人で、非常に酒ぐせの悪い人が飯場にいてな、働く場所がわたしのすぐ隣であったものね。仕事を一緒にしたわけではないども、いつも伐った丸太の検収を受けると、素人のわたしに負けるんだもの。その人は働きざかりの年ごろであったども、あまり働く気がねェものだから、いつも負けるわけだスな。それでも、負ければ誰だって面白くねェスベ。毎晩のように酒を飲んでは、グチるんだものね、よその人さ。同じ飯場にいる人は、みんな嫌がっておったものな。

わたしも、こんな飯場にいたってしょうがないと思って、その時にやっていた山が終われば、よそへ行くという気がしてあったわけでスよ。あれは三月ごろだと思うども、ひと山終わったので検収してもらい、事務所へ行ってそれまで稼いだカネを全部もらって、飯場さ戻って来たんだもの。そしたらその人がいて、朝から酒飲んでグチっていてな、こんどわたしに食ってかかるわけでスよ。

伐採の飯場では土方と違って、坐って飯を食うわけだども、飯台は高いわけで、飯台の上にはタ方になるといつでも飯が上がっているわけでスよ。いつ帰ってくる人もあって、飯台がいっぱいになって食べるということは、めったにないわけでス。その飯台の下に、ストーブに焚く薪をいっぱい押しこんであるわけでス。わたしはあんまり腹立ったものだから、そこから薪を一本抜いて、いきなりその人をポッカリ叩いだったァ。そしたらその人、でんぐり返ったたおね。起きてから、

「この野郎!」

ってとっかがってきたども、向こうは酔っているし、わたしは正気だから、また殴ったら倒れたものな。相手になるものではなかったス。んだども、

〈待てよ、相手が酔ってるから勝てたども、正気になった時にかかってこられると、大変なことになる〉

と考えて、わたしはその飯場から逃げることに決めたもの。ゼニはみんなもらってあるし、使っていた道具とか寝具だのを持てば、とても逃げられないと思って飯場において、からだ一つで逃げたもの。

その日は浅瀬から散頃まで逃げ、その晩はその町の旅館さ泊まったもの。次の朝に早く起きて、そこからまた逃げたったァ。逃げる途中に大きな飯場さ寄ってみると、なんとそこに同じ村の人が兄弟二人で働いているんだもの。偶然だったァ。

「どこさ行くったがァ」

と聞かれて、こういう事情で、どこさも行く先がないと言ったら、

「したらここで働け」

って、三人で伐採の仕事やったわけでス。

ところがその飯場に、わたしの父親の実家の兄の嫁の兄弟が、働いていたったものな。実は、わたしは家を出てから二年ばかり樺太にいて、家さ連絡もしなかったものだから、親たちが心配して、わたしとこ見つけたら連れて来てけれと頼んであったらしいんだったおね。そして、その親戚の兄弟につかまってしまったわけでス。

その山が終わったら、一緒に家へ帰ろうという

わけでス。二人に監視されてはどうもならねェから、一緒に大泊まで来たものな。ところがわたしの頭の髪はぼうぼうと伸びて、長靴をはいてあったもの。床屋さ行こうと思ってると、船がすぐに出るというものだから、すぐに桟橋を渡ったわけでス。海につき出た、長い長い桟橋でね。その桟橋に、検門所があるんでス。いまの警察の派出所みたいなところだスな。

ちょうどそのころ、日本とロシアとの間でいろいろな関係があって、スパイの調査をきびしくやっていだものな。ところが、わたしの風態がよくないものだから、わたしは検門所のなかに連れていかれたわけでス。んだども、わたしは証明になるものを持っていたものだから、それを見せたらすぐ判ってくれて、釈放されたものね。

わたしはなんとかして、二人をまいて逃げようと考えていたので、検門所にもう少し長くいればば逃げるによかったのに、すぐ出たものだからまた二人につかまったものな。大泊から船に乗って北海道に着いだども、二人に監視されているものだから、とうとうまくことが出来なくてな、家さ帰ってきたもの。

その年の春に、わたしは二〇歳になったものだから、兵隊検査を受けたわけでス。合格したどもすぐに行かなくてもよかったために、その年の夏は家の近くで働いたもの。これでわたしの樺太の出稼ぎは、終わりになったわけでス。

開拓地に入植

わたしは二〇歳の秋に兵隊にとられたども、入隊先はなんと関東部隊の野戦重砲であったもの。東北からはわたし一人だけで、大阪に行ったわけでス。そこで訓練を受けてから、南京へ行ったわけでス。南京には連合軍指令部があったためにね。それから機械科部隊として大陸のなかをあるいたども、中支ではわたしたちの部隊がいちばん大きかったスな。転々としているうちに敗戦になって、一九四六年六月に家に帰ってきたわけでス。ところが、帰ってすぐマラリヤになったので、東京さ出たいなと思ったども、出られないため、家で養生したスな。そのうちに県庁に入る話があったども、からだの調子がなかなかよくならないものだから、その話もダメになってしまったもの。わたしの兄はまた、からだの弱い人だったものだから、

「あんまり遠くさ行がねで、この近くにいてけれ」

というし、わたしもまた人に使われるのがイヤなものだから、一匹一本でやっていきたいと考えて、一九四七年六月にここの大野岱開拓地に入植したわけでス。畑に開懇して、大豆、小豆、ジャガイモなどを植えたが、その後もいろいろなことがあったなァ。二ッ井町と藤里町の開拓地が合併して、二ッ井町に事務所を持った時は初代の組合長になったり、県の開拓農協連の理事やったりしたども、開拓だけでは食えなくて、出稼ぎにも随分と歩いたもんでス。

んだども、子どもが五人にもなり、年をとってくるにつれて、出稼ぎだけはもう行きたくないと考えたわけでス。しかし、ここの畑だけでは食っていけないものだから、一九五六年の年から畑をだんだんと田んぼにしていったのでス。ところが田んぼにしたども、田んぼにする計画をたてて、昔からやっている田んぼでないものだから、ますます地力がなくなっていくわけでス。これだと肥料をうんと入れないと、田んぼは成功しないと考えて、牛を導入したわけでス。

この大野岱開拓地も、最高の時は二七戸も入植してあったども、だんだんと開拓地を下っていく人が多くなり、いまではわたしと隣の家の二軒だけでス、残っているのは。それで、いまは二人で共同経営をやっているス。田んぼは一五ヘクタールばかりあるども、休耕になっているのもあるので、去年は七ヘクタールほどに植えたが、これか

らもぼつぼつ田んぼは増やしていくつもりでス、牛はいま、八〇頭ばかりいるスな。
なんとか人並みの生活ができるようになったのは、最近のことだスよ。

（一九七六年二月）

7 ロウソクの飯場暮らし

伊藤 勝治郎　秋田県能代市常盤

鉱山で働く

わたしらが学校に歩いたころは、家の親たちが帰るのを待っていて、カバンを置くのももどかしくてな、はい草刈ってこい、はい田さ手伝え、はい馬さ草つけれ、はい子守りすれどてはァ、働いたものだス。子守りして子どもを背負うと、小便たれるんだもの。あのころはおしめもないし、カッパみたいなものもないころだったから、背中がみんなびしょびしょに濡れらったもの、まず、よく働いたものだス。

わたしは尋常六年まで学校さ歩いて、親たちは高等科さ入れるってあったども、わたしは毎日そんなに働かねばならねのだば、学校さ行く必要はねェと思ったズ。そしてはァ、自分から学校やめてしまったのだもの。昔だっきゃ、高等科さ入る人ってのは、不足であったものだス。六年まで入るのでも、精いっぱいであったのだスよ。四年生で学校終わって、働きに出る人もあったス。学校さ行がねったって、来いって迎いにこなかったし、べつに先生も怒らなかったスな。そのころは、学校っていっても、そういうのもであったス。

それでわたしもはァ、六年で学校やめて、わたしから先になって、村の奥にある太良鉱山さ稼ぎに行ったス。この鉱山は、いまだばなくなったども、そのころは大きな鉱山でな、働く人も多かったものだスよ。鉱山はカネ取りがいいというものだから、鉱山さ行ったわけだス。

　太良鉱山では穴の中さ入ってな、いまの一輪車みたいなものさ、掘ったカネとかジリだの積んで、トロッコまで運ぶ仕事をしたったァ。一輪車さ積んできたのをザァッとあければ、下に大きなじょうごかあって、トロッコさ積まさるようになってあったものな、尋常六年終わってすぐだから、一二歳か一三歳ころであったスべ。それでも大人の中さ混じって働いたものだス。

　太良鉱山には何か月おったかな、小さなカンテラ一個と、稼いだカネを五円持って、家さ帰ってきたズ。いまだと五円なんてのは、子どもも貰わねたって、その当時の五円とか一〇円というのは、たいした価のあるカネであったスよ。そのカネをみんな家さやったば、どうしたわけだか親父が顔しかめるんだもの。それ見てばかくさくなって、家を飛び出してしゃ、県北の小坂鉱山さ行ったズ。太良で働いたものだから、鉱山の仕事だばわたしに向くと思って、鉱山さ行ったのだもの。

　小坂鉱山も、大っきなヤマだスよ。わたしは鉱山で、鉱石を焼いた真っ黒なカスを運ぶ仕事をやったス。一日いくら稼いだか忘れてしまったども、鉱山の景気はたいしたよかったスな。この鉱山で、一年ばかり働いたと思うス。

　話は変わるども、わたしの姉の親父は、木挽きであったものな。ずうっと能代にいて、木挽きの仕事をしてあったども、製材機械がどんどん入ってきたものだから、木挽きの仕事がなくなったんだな。それで今度、能代にいても暮らしていけなくなったので、山さ入って伐採の仕事をするようになったのだったァ。わたしが小坂鉱山で働いていた時は、小坂鉱山と大館の間に、長木沢というところがあって、その山で伐採の仕事をしていたのだもの。いまはなんも木がなくなったども、そのころの長木沢は天然秋田杉の宝庫って言われたところでな、昼でも暗いくらいに天然秋田杉があったものだス。
その姉の親父が、小坂鉱山にいるわたしのところさ来て、鉱山で働くのは危ないから、わたしと一緒に山で働かねえが、と誘いに来てあったものな。わたしも別に、鉱山で一生働くなんてことは考えてなかったから、それだったら山さ行くべということになったのス。というのはな、姉の親父は木挽きなもんだから、鋸を研ぐのは上手なわけだスな。それでどんどん木は切るども、かなり年をとっていて身のこなしがきかなくなっていたものだから、わたしに丸太の運材に来いというのだスよ。

鉱山から伐採の飯場さ移ってからは、伐採の仕事を手伝ったり、ソリさ丸太を積んで引っぱったりしたス。飯場には何十人も泊まり込んで、働いてあったね。冬山だと、急な坂道を下ってくるものだから、ワラで編んだグミを雪道さ敷いて下ってきたものだスよ。

あのころの飯場の食事だば、いまとはくらべられねェほど悪かったスな。朝飯の時にお汁がでるスベェ。そのお汁をどんぶりさすくった時に、その中さヤキボシが入ってあれば、わたしさヤキボシ入ってきたどて、喜んでしゃべったものだス。いまだば、お汁の中さ入ってるヤキボシだと、猫さ持っていっても食わねべども、昔はそういうもんであったァ。そのヤキボシだって、お汁の中さいくらも入ってねえんだスよ。

長木沢で働いているうちに、姉の親父が樺太さ行くことになったズ。樺太はカネ取りがたいしたええという話が、方々から聞こえてきてあったからスな。ところが樺太の山は、丸太に切っただけではダメで、川ふちまで出して来ねば、カネにならねったものな。伐採した丸太を運ぶ人が、どうしても必要なわけスよ。それを今度、わたしさも樺太さ一緒に行こうということになったのが、樺太さ出かけるきっかけであったわけだス。

驚いた犬ゾリ

樺太さ行くことにして家さ帰って、親父さ、今度カネじっぱし取って送ってよこすからなんて、冗談してしゃべったものだァ。親父はまた、お前なんかオンジ（弟）だから、一か月に一〇円送れるならばたいしたもんだって、そう言ったもんだァ。働いた中からカネを家さ送って、家の人たちはそのカネを貯めておいてな、兵隊検査さ行く時に、そのカネで袴や羽織を買ったもんだス。昔だば、兵隊検査さ行くってせば、袴や羽織を着て行ったものだスものな。その袴とか羽織を自分の働いたカネで買うのが、あのころの若い者には自慢であったもの。わたしの親父は、カネは送るっていうし、姉の親父と一緒に行くものだから心配はねェし、まず喜んで樺太さ行かせてくれたァ。

その当時は、樺太さ稼ぎ人を頼んでいく人が、何人もいてあったものだスよ。そしてしゃ、何十人も頼んで行ってあったものだス。姉の親父も人を頼んで行くことになったのだども、仕事はできる方だから、連れて行ってけれどて、かなり来てあったなァ。からだは小さかったども、もともと木挽きをした人だために、鋸を研がせれば上手だし、丸太を切るのも早かったもの。姉の親父だば、いったん鋸さ手をかければ、その丸太がもげるまで手を休めなかったものな。その点、おれの場合はまだ若いたって、休み休みして木を切るものだから、伐採の仕事だばとてもかなわなかったス。

樺太には、稚内から大泊さ渡ったわけだども、それがなんと小さい船でなァ、梯子をのぼって乗ったものだス。海が少しシケてくれば、船が出ねェのだものな。シケがおさまるまで、二日も三日も稚内さ泊まったもんだス。

はじめに行った時は、稚内から大泊さ渡って、それから真岡の在の山で働いたども、真岡でいちばん思い出すのは、なんといってもカニ工場であったスな。罐詰にしたあとのカニの殻が、トロッコさ積んで海さ投げられて、山をなしてるんだものな。大きいカニだっきゃ、とても一人では食いきれねりったア。そのカニ工場が、ずっぱり並んでいるのだものな。あれにだば、ほんとにびっくりしたスな。

仕事先は、真岡に流れてきている川の奥であったス。そんなに大きな川ではなかったども、流送はできるくらいの川であったス。飯場は現場の中の沢に建ってあって、そこだけに四棟も五棟もあったァ。飯場には内地から行った人が、地域ごとに分かれて、別々に入れてあったス。まァ、一棟の飯場には、二〇人から三〇人もの人が入ったス。わたしたちは姉の親父が連れて行った人が、三〇人ばかり同じ飯場さ入って稼いだわけだス。

樺太の木は、ほとんどがトドマツとエゾマツであったス。その木を伐採する時は、二人とか三人がひと組になって、伐採したり運んだりして川の傍さ巻き立てて、それが全部終われば尺度あてて測ってもらうったァ。そして、何石切ったから、何んぼの稼ぎをしたというのがわかって、また別の現場をもらって働くというようになってあったス。

はじめて樺太の山さ入って、オオッと思ったのはスな、犬にソリを引っぱらせて、見たこともないような厚くてもっくもっくしたのを着て、乗ってるのだもの。いまだば、誰もあんなのは着ねェどもな。犬二頭が引っぱるソリさ、人が一人乗ってな、道路でも雪の中でも、どんどんと走るのだものな。まだ、その早いことといったら、なかったス。樺太の人って、たいしたもんだと思ったスな。

それから面白かったのは、馬であったスな。丸太を運ぶために、馬がいっぱい飯場さ来てるのだものな。その馬が沢さ落ちたり、ソリの下になったりして、怪我したり死んだりするのだもの。そうすればその馬を、勝手に食ってしまったって、誰も怒る人もないし、しゃべる人もいねったァ。生きてる丈夫な馬を、殺して食ったこともあったスよ。冬になれば食うものもあまりないし、みんな喜んで馬の肉を食ったものだス。

仕事は、王子製紙の下請けであったス。飯場は、日本人が経営してあったスな。あそこあたりの飯場は、みんな日本人が経営してあったスよ。飯場さ入って稼ぐ人も、日本人だけであったスからな。

飯場の中は裸で

わたしの行った飯場は面白いところで、飯場で飯をつくってくれるということがなかったものな。気心が合った人が、五人とか六人とか組をつくって、自分たちで食べる分は自分たちでつくるったもの。朝だったら当番を決めておいて、その人が早く起きて、飯を炊いたりお汁をつくったりしたのだったァ。

昼食は現場が近かったものだから、飯場さもどって食べたものだス。晩飯は、誰かが早く帰ってきた人がつくったものであったァ。誰かとはいっても、その日の割り当ての仕事を早くすませた人が帰って、つくったものであったス。姉の親父だば、いつも自分の決めた仕事量を早くこなしてあったから、たいてい早く帰って、みんなの飯の仕度をしてあったスな。

その飯場は、真岡から七里ばかり山奥にあったから、冬になれば雪が降って大変であったども、山を請負っている親方が、物資を定期的に飯場さ届けてあったから、不足するなんてことはなかったスな。ほかの物資はあまりなかったども、魚はなんぼでもあったス。魚ばっかりあったといってもいいくらいに、魚はうんとあったな。ただ、手紙とかのやりとりは、まずほとんどなかったスな。

樺太の飯場だば、まだよく出来てあったスな。木が豊富なもんだから、丸太を四角に積みあげて、トドマツとかエゾマツにコケが生えてるから、そのコケを取ってきて、丸太と丸太の間の隙間さ狭めるズ。そしてところどころさ、ガラスを入れた窓をつくらズ。空気だの光だのをその窓からとったものだスな。ガラスをはめこんだまわりには、ロウソクを溶かしてつけたものだから、風も雪も入ってくるものでなかったス。屋根さはマツの葉を敷いて、その上さ土を上げるのだもの。雪が積ればびっしり押されるものだから、飯場の中は暑くて暑くて、裸になって寝てるによかったスよ。大きなストーブさ、木をいっぱいくべて焚くものだからスな。そのころだば、夜はランプでなく、ロウソクをつけたものだス。

仕事時間だども、朝は早く仕事に出て、終わって帰るのはわりと早かったスな。予定しているだけの丸太を切ると、もう帰って来らったものなァ。わたしなんかはあまり切れなかったものだから、雪道つくったり、バチ引きを主にやったス。だいたい午後三時ころまでやれば、あとは一か所に集める仕事をするんだもの。夜中に雪が降れば、切った丸太が見えなくなってしまうからスな。

丸太集めが終われば、そこから下の土場まで雪を踏み固めて、雪道をつくったもんだス。前の日に雪を踏んで固めておかないと、樺太の雪は凍ってぼさぼさしているものだから、その日になって踏んでも、さっぱり固まらなくて、バチを引っぱれないのだもの。そのために、前の日に雪道をつくったものだス。

土場は何か所にも置いたものだが、どの土場も川の岸につくったものだス。流送をする時に都合よくする場合に、どうしても川岸がいいのだものな。川岸さ丸太を巻き上げた土場が、並ぶようにつくられてあったものだス、春先になればスな。

丸太に切ったのを集めたり、雪道をつくったりして、一日分の仕事を終わるとなると、暗くなってあったス。早い人は帰って飯の仕度をするども、わたしなどが飯場さ帰る時は、たいてい暗くなってからだスな。

真岡の山奥は、冬でもそんなに風は強くなかったども、雪と氷はひどかったスな。ときどきだが、悪天候で仕事を休むっていう時もあったスよ。とくに、あんまり吹雪いた時は休んだものだス。

わたしは休みになれば、川さ魚を釣りに行がったもの。まあまあ魚はなんぼいるものだやら、飯つぶをつけた針を川さおろしてやれば釣れてきてあったスな。釣った魚は、上さあげておけば、もう凍ってしまうったもの。

川は全部が凍っているども、飯炊きや飲み水に使うものだから、何か所かを割っておいたものだス。水はみんな川から汲んだものだスよ。飲み水も、飯炊き水もな。その割っておいた穴から、魚を釣ったのだスよ。真岡から飯場さあがってくるのは、ニシンだとかタラであったども、川から釣れる魚はそういうものではなかったス。名前は聞いたども、忘れてしまったスな。

下から上がってきた魚でも、釣った魚でも、雪さ埋めておくと絶対に腐らねったァ。馬が死んだ時なんかでも、一頭のままで買ってくると、雪さ埋めておくんだもの。食べる時に、マサカリで肉を削ったものだスよ。馬一頭あれば、かなり食べるによかったからスな。肉っていえは、豚とかニワトリは全然なくて、馬肉だけであったね。

多かった女郎

仕事の道具だども、内地から持っていったのは鋸を四枚ぐらいと、あとはヤスリくらいのものであったス。マサカリとかトビ、カケ矢とかスコップなどは、みな親方から借りて使ったものだス。鋸だけは、やはり自分で使い馴れた、いいものでないとダメだったから、持っていったものだスよ。重くたってな。

履物だども、いまのようなゴム製の長靴はなかったものだから、消防で使うホースのようなごわごわとした厚い布でつくったものを履いたもんでス。足には布きれを巻いたものだども、これでも凍りが強い時は、足先が死んだようになったスな。雪がわりと深いものだから、カンジキは履いたままで働いたァ。

寒いものだから、着物はジャケツ、ズボン下を三枚も四枚も重ねてはいて、寒さがしみ通ってこないようにした。樺太は寒いために、内地のように濡れ雪が降るということはなかったから、その点の心配はあまりなかったども、やはり樺太は寒いスよ。内地とは、くらべたってわかるもんでねェ。んだども、いったん飯場の中さ入ってしまえば、暑くて暑くて、裸になってしまうくらいであったから、その点ではよかったスな。

同じところから行った人だけが、同じ飯場さ入ってるものだから、喧嘩とかバクチはまず全然なかったス。ジャコとか、他県の人でも入っておれば、喧嘩もバクチもあったどもな。いかにして一石でも二石でも多く出してくるかに、気持ちが向いてあったものだからね。

仕事終わって飯場さ帰れば、飯食べたり、酒こ飲んだりして、あとは寝るだけであったス。仕事休みの日になれば、あっちの飯場さ遊びに行ったり、こっちの飯場さ遊びに行ったりしたども、酒飲むか話するだけであったから、退屈であったな。なんも遊ぶものがねェというのも、ダメなものだスな。

それでも真岡さ行けば、どんなものもあらったァ。飯場にだけいると退屈なものだから、二日も三日も休んだり、正月だので休みになると、真岡さ行ったものだァ。

真岡さ行けば、若い者はみんな女郎買いに行って、そして遊んで来らったァもの。女郎は、ほとんどが朝鮮の人であったス。日本人の女郎は、何人もいなかったスな。朝鮮の女郎は言葉が通じねェから、困ることもあらったァ。そこの一角さ行けば、なんにもねェ。女郎ばかりいらったもの。女買うのも酒飲むのも飽きてくれば、映画館もあったものだから、映画見たりして帰ってきたものだス。

仕事のほうは、賃金は普通でも一日に一〇円以上はとったから、一か月に一〇〇円はとったス。ある年の冬なんか、姉の親父は一回に二〇〇円も家に送ったことがある。当時のカネで二〇〇円といえば、そりゃ大金であったものだスよ。伐採して、運んでから積んで、親方さ渡してからカネ貰ったのだども、仕事をなんぼしたかによって、貰うカネも違ってあったス。姉の親父たちからくらべれば、わたしの稼ぎなんてのは、少ないものであったスな。

わたしは樺太で、冬山の仕事だけをしたス。冬山が終わる四月ころ家さ帰って、夏の間は田畑の仕事を手伝って、一〇月とか一一月ころになって冬山がはじまるのに合わせて、また樺太さ渡って行くわけだス。ここのあたりから行った人は、ほとんどそうでしたスな。一年を通して樺太で働く人は、あんまりいなかったス。そういう人はもう、家族をみんな樺太さ連れていってあったスな。

次の冬に行った場所も、同じ飯場であったス。この時も、冬山の生活はほとんど同じであったスな。伐採した丸太は、ほとんどがチップやパルプ用材になってあったス。この時はどうしたわけか、わたしらの飯場にもジャコたちが入ってあったども、あまり大きな事件は起こらなかったスよ。

わたしは仕事もあんまり出来る方ではなかったから、月に一〇円も家さ送れば、いい方であったスな。どうしても鉱山の仕事で馴れたものだから、山仕事の方は得手でなかったス。鉱山の方さ行きてェという気持ちばかりあってな。

菓子屋になる

わたしは二年つづけて樺太へ稼ぎに行き、二〇歳の時に徴兵検査を受けたス。これがなければ、樺太さつづけて稼ぎに行ってあったべどもスな。徴兵検査さ行く時は、家さ送っておいたカネで袴と羽織を買ったども、あまり家さカネを入れなかったものだから、支度を揃えたら二〇円ばかりしか残らなかったァ。その二〇円を持って、徴兵検査さ行ったス。
検査さ合格して、入隊したのは弘前であったス。わたしは何もやれねェからというので、部隊にいて休みの時には、あけびのツルで、バスケットをつくっているカゴ屋のところさ、カゴのつくり方を習いに歩いたズ。兵隊から帰ったら、カゴ屋になるかなと考えてな。

ところがしゃな、兵隊からもどって家さ帰ったば、家を継いでいる兄が、家にいて田の伝いをしてけれと言うんだよな。そうすれば、家も建ててやるし、馬こも田こもやるからというので、その気になっていたば、除隊して一か月ばかりしたら、また召集になったのだものな。その時は出征軍人だために、役場さ呼び出されたり、村会議員の家さ呼び出されたりして、たいした名誉であったス。ところが、シベリアに行くことになってあったども、わたしはどうしたわけだか留守部隊に入れられて、家さ帰ってきたのは二四歳の時であったスな。

家さ帰ってきて、兄の言うとおりに百姓の仕事をしたども、どうしたって生活されねえんだものな。それで今度、いちばん上の姉の親父が大工やってあったから、わたしも大工になると思って、弟子についたズ。んだども、年とってから弟子に入っても、仕事が難しくてなかなか覚えられねェのだものな。そして今度、大工の仕事もやめたズ。

それからどうするかなと思っていると、下駄屋になるかなと思ったわけスよ。わたしは、バカで大工はダメであったども、下駄屋ならやれると思ってな。そして今度、能代さ来て、畠町で下駄屋さ習いに行ったス。これは自分の気持ちで決めだったァ。家さも誰さも相談さねかったス。

下駄屋になると思ってたば、大工をやってる姉の親父が来て、それよりなら菓子屋になれと言って、今度また菓子屋の弟子に入ったやズ。菓子屋さ入った最初は、カゴさ花菓子を入れて、門かけをして売りに歩いたのだもの。んだども、兵隊で号令かけるのだばなんともねェたって、「花菓子っこ買ってけねがぇ」て、入口さ立って叫んで歩くのは、実に恥ずかしくてな。覚えている人がいたり、同じ年ごろの若い娘がいたりしてな。

菓子屋の弟子は、最初は藤琴の町（現在の藤里町藤琴）、それから大館さ行ったり、秋田さ行ったりしてようやく一人前になって、能代市の常盤でいまも菓子づくりの仕事をやっているス。

（一九七六年九月）

⑧

樺太まで片道一週間

鈴木 金作　秋田県北秋田市打当

樺太出稼ぎが多かった

一九二五年二月二五日、秋田県北秋田市打当に生まれた。わたしの父は柴田豊治、母の名前はなんであったっけ。忘れてしまったな。百姓やってる家であったス。上から二人が女で、わたしは三番目の男であったものな。このあたりでは昔は、姉がいると後に生まれた長男は、よその家に呉られたものであったものな。そうでない時は姉に婿をとって暮し、長男が一人前になると姉夫婦を分家にしてあったス。そして長男に跡を取らせたのだスな。

学校は中村小学校で、高等科は比立内小学校まで二年間歩いたス。遠かったが、子どもの時は苦にならなかったね。学校を終ると親に言われて、この奥にある打当鉱山で働いだス。いまは掘った穴は見えないども、ジリを投げた跡は残っているスよ。銅とか鉛を含んだ鉱石を掘っていたが、掘っても鉱石は下の鉱山に売ってなかったスな。わたしが働きに行く前は掘った鉱石は下げて売ったりしたらしいんだが、それはやめておったス。あっちこっちと試験掘りばかりやっていたス。試験掘りをやっていい鉱脈にあたると売るらしいんだスな。

うちの親は「鉱山に行けば大学をでた人が現場の責任者でいるから、そごへ行って勉強を習え」と言って、最初は事務所に入れて貰ったス。だが、「俺は勉強がイヤだから、飯場さ行きたい」と言ったら飯場に移してくれたので、皆と一緒に暮したスよ。飯場には十数人がいたスな。それからなんぼもしないうちに、ダイナマイトを持たされて仕事をやったね。高等科を上がりたてで、一日四五銭貰ったものだス。

鉱山でひと夏働き、秋になって地元の営林署の山に行ったス。小倉沢の奥に伐採現場があり、そこから橇《そり》で比立内の土場まで丸太を運んでいたので、その仕事をしたのだスよ。女の人が何十人も働いていたが、橇の道が坂で一人で引っぱれない所は、女の人が何人もカギ引きをしてくれたもだス。丸太は雑木で、ブナとかナラが多く、七尺に玉切りしていたね。製材したり、丸太のままトラックで下げたりしていたが、どこに運んでいったのかわからないスね。

それから営林署の山で働き、一八歳の秋に樺太へ行くことになったのだス。わたしの姉の夫が、樺太へ人夫を頼んでいる人であったものな。一回に一〇人くらい頼んでいたス。あのころは阿仁からも、沢山の人が樺太さ働きに行っていたものな。阿仁だけではなく、仙北とか男鹿の人たちも行ったおったスな。阿仁の山で働くと一日二円五〇銭の時に、樺太に行くと常用で五円と倍のカネが取れるというので、樺太にはどんどん働きに行ったのだス。

樺太に行く時にわたしたちは汽車で青森まで行き、連絡船で北海道に渡り、それからまた汽車に乗ったが、途中で旅館に泊まったス。それから稚内に行って船に乗り、大泊まではハ時間かかってあったね。もう戦争をしている時だったので、大泊では夜にたいした長い栈橋に降りたが、電気がついていなかったので危なかったね。大泊から豊原に行き、それから敷香に行ったが、ここには大きなパルプ工場があったね。敷香から多来加湾内を船で行ったが、天気が悪いと船は何日も出なかったス。なんという所に上陸したか忘れてしまったが、そこからは歩き、途中でひと晩泊まり、次の日に飯場へ着いたのだス。家を出てから飯場に着いて稼ぐまで一週間もかがったがら、遠かったスな。

氷点下四〇度になることも

飯場は丸太を積み上げてつくっていたが、丸太と丸太の間にはコケをつめてから上に土を盛っておったね。飯場の内側には丸太を割った板を貼ってあったが、樺太は寒い所だから内地とは飯場のつくりがまるで違っておったス。冬になると夜通し寝ないで、飯場を歩きながら火を焚く人がいるのにはビックリしたな。焚いている薪はマツではなく、ガンビだったス。マツだと火が長保ちしないし、火力も強くないものな。その点ガンビだと火力があるし、火も長保ちするがらスな。

樺太の山は少し高い所は、ガンビの林なんだスよ。ガンビの木で山は真っ白になっていたね。それを伐って薪にしてたんでスよ。だから薪はいくらでもあるのだス。

樺太ではひと冬に一回か二回、氷点下四〇度くらいになるんだス。こんな日は焚火の煙りも高く上がれねんだな。家の屋根くらいに上がると、あとは平らになって上にあがれないのだス。皆はがんがんと火を焚いてあだり、誰も稼がないスよ。なんと下手すれば鼻が凍傷にかがったり、手足が凍傷になったりするのだスものな。なんぼが凍りがさめでくれば、働きに行ったものだス。

　飯場にはジャコがいて、「春の流送の時に稼ぐから」と、なんもしないで飲んで食って寝で、気にくわなければ文句言って歩いているものであったス。

　若いジャコはいなくて、だいぶ年を取ってる人たちだったね。飯場の親方たちも飯場からぼってやったり（追い出したり）しないで、あらがわねもんであったス。わたしらは春の流送がはじまる前に家さ帰ったがら、ジャコたちが働くのは見ねがったスな。

　飯場に泊って働いているのは、若い人が多がったねェ。あまり年を取ってる人はえねがったス。飯場では皆な早く起きで稼いだス。なんせ請け負いだものだから、競争して稼いだものだス。早い人は五時ごろに起きでいたスね。飯場のご飯炊きは夫婦で稼いでいたが、娘や子どもを連れで行ってる人もおったス。昼は仕事がないので寝でいるがら、朝飯は夜中に起きでご飯を炊ぐので、なんぼ早く起きでも食べられるんだスよ。

　飯場でよく出たおかずは、切り干し大根の煮たのとか、魚はカンカイだったスな。カンカイは刺身にして食べたりしたス。肉はたまにしかでなかったね。夕食にウドンがでる時もあったスよ。コメが十分にないようで、どんぶりに盛りきりの時もあったスな。ところがジャコたちは酒を飲むと飯を食べないので、それをわたしらにくれるから、腹一杯食べれであったス。

丸太を犬橇でも運ぶ

　あの当時は内地から人夫を連れて行くと、パルプ会社ではその人に請け負いをさせたのだス。人夫が不足になってあったんだスな。そんなわけで姉の夫も、樺太で請け負いをしたのだス。パルプ材を伐ったり、運んだりする作業をやったのだスな。樺太の山では木がよく伸びておったスな。一本の立木から一二尺の丸太が一二本も取れるのもあったので、それだけ伐採ははかどったのだス。

わたしたちは一一月のはじめに樺太に行き、年を越して四月の末になれば樺太も雪が解けはじめて、馬車道をどんどん水が流れであったスな。樺太では一二月一二日あだりに、ひと晩にどんと二尺とか三尺ぐらいも雪が積もるんだスよ。びっくりしたね。その雪をはねて馬車道をつくり、水をまいて凍らせるんだス。そのカンカンに凍った雪道を、たいした丸太を積んだ馬橇が走っていくんだものな。馬橇の後に人が乗り、手ずなで馬を操縦しているのだス。夏に伐って皮を剥いだ丸太だと、五〇石近く積んでいるんだスよ。丸太の山のような馬橇が氷の道を、汽車よりも早ぐ滑っていくんだから、はじめて見た時はびっくりしたスな。内地では見られねことだス。

馬橇のほかには、丸太を積んだ橇を二~三匹の犬に引っぱらせ、自分でも引いている人もおったスな。丸太の量が少ない山から運んで来る時は、ほとんど犬橇でやってあったね。樺太では冬に飯場へ荷物を運んで来る時は、十数匹もの犬に荷物を積んだ橇を引っぱらせていたが、犬の操縦は素晴らしいものんであったスよ。

最初に樺太さ行った時は常用で、丸太に極印を打ち仕事をやったス。馬橇や犬橇で運んできた丸太を何千石も巻き立てたのに、一本ごとに極印を打っていくのだが、んかく（嫌に）なって早く止めて帰ると、「何故早く止めてきた」と怒られだりしたスな。はじめの年は一日五円だったが、二年目は七~八円は貰ったス。一〇円は貰わなかった気がするな。

丸太を積んだ奥に大きな堤をつくり、春になって水が満々と溜った時に、一度にどっと堰を切って海に流すのだス。これを流送というんだが、丸太がぶつかって流れる音が何里も先まで聞こえたというんだスな。海に流れた丸太を船で集め、陸に揚げるんだそうだが、わたしらは流送の仕事をやれないので、流送がはじまる前に家に帰ったから、流送は見たことがないスね。

戦時中も物資は豊富

樺太に行ったのは二年間でしたが、戦争がはじまって配給制になり、内地ではキップがあっても品物が不足して買えない時代になっていたス。ところが樺太ではキップがなくとも、なんでも買うことができただスな。品物はなんでもあったス。打当に帰って稼ぐ時は、地元の人が草鞋をはいて稼いでいる時に、わたしら樺太帰りはゴムの長靴をはいで稼いだものだスよ。

樺太には二年行っただけで、あとは夏も冬も地元の営林署の山で働らいだス。それから兵隊検査を受けて合格し、兵隊に行ったスな。志願で行った人は、皆な戦争で死んだス。

戦争が終って兵隊から帰ると、大野岱の開拓に入るつもりで、一か月ばかり姉の所にいたス。ところが、借金して土地を買わないと入植できないことがわかり、借金して苦労するのだばやめた方がいいと、大野岱に入るのを諦めたのだス。

それでまだ山で稼いでだば、うちの親たちが同じ打当の鈴木の家に婿にけると言うんだ。わたしの家とは近いし、相手の娘のことも知ってるが、あの当時は若い男女が話をするということがなかったス。わたしも家にいることがあまりなかったがら、よく娘のことは知らないのだスよ。「婿には行かね」と言ってもダメで、祝儀の日に迎えに来た時はハリ（屋根裏）にかくれだが見つかり、とうとう婿に来たのだス。あれは二三歳の時でしたが、それがいまも一緒にえるんだから、不思議なものだスよ。

鈴木家の人になってからも山仕事に歩いたが、二五歳の時は薬の行商もやったス。秋田製薬から仕入れたのと、自分でつくった漢方薬を持って北海道の利尻・礼文までも行ったスよ。北見や帯広あたりにもよぐ行ったが、まあまあ売れであったね。ところが、行商は冬分はいいが夏は売れないので、出稼ぎに歩いたス。山形にも行ったスな。二九歳の時は冬山越えて仙北に行き、働いたス。この時は打当から二〇人も頼んで行ったス。一軒から三人も行った家もあって、あの当時としてはええ稼ぎをしたものだス。仕事は山の伐採と搬出であったスな。岩手県の山にも行ったが、多い時で四〇人近くも連れて行ったスな。わたしは連れて行った人から頭をはねるということをしなかったので、信用されたんだスよ。そこでは会社に入れと言われて入ったが、稼ぐより安いんだものな。三年ばかりいでやめると打当に帰り、家の近くの営林署の山で働いだス。

その後は東京へ出稼ぎに行ったス。下水道掘りの仕事をやったが、誰もやりたがらない仕事だからカネにはなったスな。それから七〇歳まで土方仕事をしたス。まあ、よく働いだ一生だと思うスな。

（二〇〇九年一二月）

聞き書き❷――樺太の漁業

樺太の近海は世界の三大漁場の一つといわれるほど、昔から漁介海藻などの水産物が非常に豊富なところであった。しかし、樺太の気候や風土が厳しいうえに、北辺にあるので消費地と大きく離れているため、多額の運賃と労力を必要とした。とくに加工の技術があまり発達していなかった時代には、この三大漁場もそれほど活発に利用されるということはなかった。

樺太の漁業が、いつごろから日本人の手でおこなわれるようになったかは、はっきりしていない。推測としては、小規模ながらかなり以前から手がつけられていたものだろうが、史実に残っているのでは、一七五一（宝暦元）年に松前一二世の資慶が家臣に樺太の漁場の調査を命じ、翌年に藩がクシュンコタンほか二か所に漁場を開いてから、漁業を目的に渡る人が多くなった。

さらに一七九五（寛政七）年になると、伊達林右衛門と栖原小右衛門の二人が、漁場請負人として樺太の遠淵に渡り、漁業をはじめている。史実として明確なのでは、これが日本人の手による出稼ぎ漁業のはじまりとされている。それから樺太の漁業は一八六八（明治元年）にいたるまで、伊達と栖原の共同経営に委ねられてきた。

その後、一八六九（明治二）年になると函館に開拓使を置いて樺太はその管轄となったが、幾多の変遷を経て一八七五（明治五）年になると樺太支庁が置かれ、樺太南部が管理された。この年に栄浜・東白浦・西白浦・鵜城の四か所に官営の漁場を開き、出稼ぎ者たちに漁場を出願させて漁をさせた。しかし、一八七四〜五（明治七〜八）年の間に官営漁場は廃止になり、樺太の漁場はすべてが民間出稼ぎ者の漁場となった。その当時、漁場としてもっとも知られていたのは、楠渓・チベサニ・遠淵・富内・栄浜・白浦・輪荒・敷香・留多加・雨竜・利屋泊・自主・真岡、西白浦・鵜城の一五か所で、とくに真岡は伊達と栖原の漁業経営の中心地として栄えた。

ところが一八七五（明治八）年五月に、樺太全島をロシア領とし、ウルップ島以北のロシア領千島（クリル列島）を日本領とするが、樺太では日本人の漁業権を認めるという、樺太・千島交換条約が結ばれた。樺太がロシア領になった翌年には、漁業家二人、漁夫五三〇人が樺太へ出稼ぎして漁業をつづけたが、出稼ぎ者の数は年ごとに増大していった。その後、ロシアでは一方的に日本人の出漁を禁止したり、重税を課したりしてきたが、その度に交渉を重ねて旧に復するという繰り返しがつづけられてきた。その後はこうしたことも少なくなり、漁業はいっそう栄えていったが、一九〇三（明治三六）年をみると日本人漁場主三〇人、漁場九九か所、使用漁夫三九三一人、漁獲高は計一〇万九五五〇石となっている。また、ロシア人の漁場主三三人、漁場七九か所、使用日本人漁夫三三五一人、漁獲高は計一一万七一三二石というように、この時代が樺太南部漁業の最盛期といわれた。

一九〇五（明治三八）年に日露戦争後のポーツマス条約によって、北緯五〇度以南が日本領となった。漁業は樺太の基幹産業の一つなので、とくに主要魚族であるニシン・マス・サケの漁利を保持するために、建網制度が実施された。漁場はロシア領時代に設けられた漁区をそのまま引き継ぎ、領有前に漁業家が経営していた漁場は優先的に許し、その他の魚場は競争入札をして許可した。優先的に漁場を得たのは三三人、漁場は一〇八か所、競争入札にされた漁場は一一二か所におよんだ。

また、ニシン・マス・サケ以外の魚を獲る漁業は、これらの魚の保護を妨げない範囲で一般に許可した。その数は二五六三人に達したというが、これによって雑魚の生産も大幅に伸びた。しかし、その収入はニシン・マス・サケを扱う人にくらべるとあまりにも低く、生活にも困る人が出て来たために、一九〇八（明治四一）年になると全島の漁業者に漁業組合を組織させ、組合にニシン・マス・サケの建網漁業を免許し、その漁場を賃貸してその収益を分配させる方法をとった。しかし、これにも満足しない建網漁業者以外の一般雑漁業者は、漁制改革刺網漁業期成同盟会を組織して運動を重ね、一九一五（大正四）年にいたって漁業法規が改正されることになった。漁業組合にたいしてはじめてニシン・マス・サケの専用漁場を免許し、組合員は一般漁業に従事するかたわら、専用漁場の区域内でニシンは刺網、マス・サケは引き網によって漁をすることが出来るようになった。その後も何度か漁業制度は改正されながらも、「宝の島」樺太の漁業はつづけられた。

樺太の漁場は、西海岸・亜庭湾・東海岸の三つに大別されるが、その地形や海流などの違いによって、それぞれ特色を持っていた。その中でもとくに豊かな漁場は西海岸で、海岸線の延長は約五二〇キロ、その南部には周囲一三キロの海馬島がある。また、寒・暖二流の影響を受けているため、水族が非常に豊富である。亜庭湾は海岸線約二八〇キロ、東海岸は約八〇〇キロに達しており、その北部には周囲約二キロの海豹島がある。この両海岸は西海岸のように暖流の影響をあまり受けなかったが、それでも水族は豊かであった。亜庭湾ではニシン・コンブ・貝類が多かったし、遠淵湖で産する伊谷草は寒天の原料としてよく知られていた。東海岸はマスやサケのほかにカニが多く獲れたが、とくに海豹の膃肭獣はもっとも有名であった。

樺太で獲れる数多い水産物の中で、首位を占めたのは何といってもニシンであった。その年によって豊凶の差はあったが、だいたい三〇万～六〇万石の漁獲があり、生産価格は六〇〇万円から一〇〇〇万円に達するというように、樺太の総漁獲生産額の半分近くを占めていた。そのうちの七〇％前後が搾粕などの魚肥につくられたが、残りの二〇％は身欠きニシン・カズノコ、塩ニシンなどで、さらに残りの一〇％は搾粕製造の副産物として採取されるニシン油と、生売りニシンであった。昭和に入ってから貯蔵技術の進歩と輸送機関の発達によって、生売りニシンの量が次第に多くなっていった。

マス漁はニシンに次ぐ重要な漁業であるが、マス漁は日本人がもっとも早くから着手したもので、一八九五（明治二八）年以前は樺太の最大の漁業であった。その後はニシンが首位を占めるようになるが、ニシン漁は西海岸が多かったのにくらべて、マス漁は東海岸での漁が多かった。マスは昔から漁業者の手によってその大部分が塩マスにされ、卵は筋子につくられた。一九一四（大正三）年ごろの大豊漁の年には、マス粕にされたこともあった。マス缶詰は一九三三（昭和八）年に樺太共同漁業株式会社が島内の二か所の工場に優秀な機械を設備してから盛んになり、その後は缶詰の製造が大幅に伸びた。またニシンと同様に、貯蔵技術や輸送機関の発達によって、生マスのまま冷蔵輸送されるも量も伸びていった。

サケは夏と秋の二期に漁があり、前者を夏サケとか時しらずと言ったし、後者は秋アジと呼んだ。サケはマスと同様に主に塩サケにされ、卵は筋子としてとくに珍重された。缶詰は夏サケでつくられたが、量的にはそれほど多くはなかった。このほか、生サケとしてかなりの量が島外に冷蔵輸送された。

カニの主なものはタラバガニとアブラカニで、花咲カニやズワイガニはそれほど量は多くなかった。カニは小量が食用として生売りされたほかは、その全部が水煮缶詰にされた。花咲カニやズワイガニは漁獲数量が少なかったので、タラバガニやアブラカニほどには缶詰の生産が少なかった。しかし、カニ缶詰は高価なので、毎年のように樺太の輸出水産物の首位を占めるほどの重要な産業であった。また、缶詰工場から出るカニの甲殻は、カニ殻として肥料がつくられた。

タラは、夏期は主に搾粕・棒タラ、開きタラなどがつくられ、その副産物として肝油がつくられた。冬期は塩タラに加工されたが、特異なものとしては、一九一七年から一九（大正六〜八）年にかけて、欧米輸出向として「ストックフィッシュ」が盛んにつくられ、最盛期には二五万貫も生産された。しかし、一九二〇（大正九）年以降になると欧米市場の変動もあって買付けが中止となっている。

コンブは樺太の沿岸に広く分布しているが、主産地は西海岸と亜庭湾で、豊凶は隔年であった。コンブはその種類や品質により、反コンブ・花折コンブ・トロロコンブ・島田コンブなどにし、食用にならないものは沃度原料として「ケルプ」をつくった。

伊谷草は亜庭湾内の遠淵湖にだけ生える、無根の藻類である。この伊谷草を原料として、一九一六（大正五）年にはじめて「樺太寒天」として発売された。品質が非常によく、しかも伊谷草が資源的にも豊かだったので、その後は大量の樺太寒天がつくられた。

このほかに、樺太では多くの水族が獲れた。雑魚や貝類なども多かったが、ホタテ貝が缶詰加工されたり、カンカイ（コマイ）が干物として加工されたほかは、主に樺太に住む人たちの食用となった。

このように、海産物の宝庫であった樺太の漁業を支えてきたのは、北海道や内地からの出稼ぎ労働者だったのである。とくに樺太には、少数の原住民と旧ロシア人が居住しているだけで、しかも夏季におこなわれる作業が多いために、一時的に多くの労働者を必要とした。その労働者を樺太に定住した人からだけ集めることは至難なので、どうしても大量の出稼ぎ労働者が必要だった。

一九三五（昭和一〇）年に漁夫として樺太で働いた人は、六月末：三三四九人、一二月末：二三八七人となっているが、おそらくこの漁夫の半数は出稼ぎ者だと推定されている。しかも、事業主が自ら労働者を募集することは容易でないため、出稼ぎ者一人に対する報酬をいくらと決めて、周旋屋に請負募集をさせる場合が多かった。周旋屋はただ頭数を揃えることだけを考え、甘言でつって樺太に渡らせたり、労賃などもデタラメを言って行かせる場合が多かった。そのために条件の違う現場を逃げ出す労働者も多くなり、タコ部屋問題や酷使虐待などで世間を騒がせたことも多かったし、賃金不払いなども多く発生している。そしてその被害をもろにかぶるのは、いつの時代もそうであるように、いちばん立場の弱い労働者たちである。宝の島樺太では、このようなことが日常茶飯事のようにおこなわれていたことを、わたしたちは忘れはならい。宝の島が宝の島であり得たのも、こうした名のない人たちの力に支えられたからある。

1

ニシンの大半は肥料に

中塚 源吉　秋田県潟上市飯田川町飯田

生家が倒産する

わたしの生まれた家は漁業をやっていたが、四人兄弟だったども男はわたし一人で、姉一人と妹が二人だったたから、わたしは仲塚家の長男であったたわけだスな。家ではマグロをとる大謀網を共同でやっていて、船も二隻持っていたが、いまあれぐらいの装備をするとすれば、何億円もかかるんでないべかね。そのころはマグロがよく獲れであったたから、生活は北浦でもいい方であったたスよ。

わたしの家は海のそばにあったたが、マグロが獲れる時期になれば、家のすぐ前から、四キロばかり沖までの間で獲れであったたスな。一匹が四〇貫も五〇貫もあるマグロが、眼の前でどんどん獲れてる時は、たいしたものであったたスよ。マグロが盛りのころは、わたしの家で雇っている漁師だけで、四〇人もいであったたスな。わたしの家に雇いを売りにくる人は、ほとんどが岩手県の人たちであったたスな。マグロ漁は六月ころからはじまったと思うども、三陸沿岸の漁が暇な時に、日本海へ稼ぐに来たのだべね。

一隻の船に二〇人ばかり乗って、両方から攻め寄せて来るのだども、船が沈むほどマグロ積んで、港さもどって来てあったたもんだス。北浦のマグロっていえば、とてもとでも大っきくて、浜は賑わったたもんだスよ。マグロのほかに、サバとかイワシもうんといたが、マグロとる網目が大きかったたもんだから、引っかからなかったたスな。サバとかイワシも、うんといてあったたもんだス。

あれは確かわたしが一〇歳のことだと思うが、うちの本家の父さんが、イワシの流し網をやったものな。船も網も、みな新しくあつらえで、五人ばかり人を雇ってな。そのころはイワシもうんといたものだから、北浦にはイワシを専門に取る人もうんといで、儲けであったものだから、本家の父さんも手を出したんだな。

ところがその年は、イワシ漁の真っ盛りの時に、北浦の沖に何十隻という船が出て漁をしていたら、急に海がシケで船がひっくり返り、二〇〇人以上もの人が死んで、大騒ぎになったことがあったものね。ところが運よく、本家の家では、一人も死ななかったわけだス。どうしてがっていえば、船がひっくり返った時、その中さ入ったので、船さつかまったまま陸さ打ち上げられだったな。わたしの父親まだ、浜を警戒しながら歩いてると、確かに打ち上げられているのは、本家の船なんだど。浜に伏せた形で打ち上げられている中から、人の声がするんだとよ。近くの家からマサカリ借りて来て、船の底を破ると、その中に本家の人たちがいるのだど。まア、奇跡的に助かったんだな。二〇〇人も死ぬってことはなかったが、海ではちょくちょく事故が起きたものだったス。

わたしは高等二年を出てから、秋田中学さ入るために、試験受けに行ったわけだス。わたしらの小学校の時のクラスは四〇人ばかりだったが、その中から高等科に進む人は一〇人くらい、秋田中学に行く人は、何年に一人というくらいだったものね。秋田中学っていえば、大変な名門校だったからな。ところが試験は合格したが、進学は断念しなければならなかったス。

というのは、二年もつづけてマグロが大変な不漁で、何んにもとれないわけだスよ。その不漁がたたって、カマドがひっくり返ってしまい、家と屋敷だけ残して、田も畑も山林も、全部売ってしまったわけだス。その当時、仲塚家には一八人の家族が居てあったが、カマドがつぶれたもんだから、三つに分かれてしまったのだス。皆がてんでんばらばらになってしまったわげスよ。口惜しいども、家が破産の状態では、合格はしたが、とても行けるものではなかったものな。

家が破産になったものだから、中学どころではなく、わたしも働かなければならなくなったものな。ところが当時は、どうしたものか魚がぜんぜん獲れないので、地元で働きたいと思っても、まったく仕事がなかったものね。土方の仕事もなかったものな。その当時は、よほどカネのある家でないと、小学校を六年で終わると、女は売られて東京など関東の紡績工場さ行ったものだし、男はニシン漁の出稼ぎさ行ったもんだス。

わたしも家がひっくり返ったものだから、カムチャッカへ出稼ぎに行くことになったわけだス。戸賀村に親方がおって、その人に募集されで、父親も一緒に行ったものな。この親方は、ニシン獲る時に向こうに行って、漁が終われば戸賀村に帰って来てあったものな。漁場は自分のものだから、漁期だけ行ってもよかったわけだスね。カムチャツカには二年行ったが、この間に母が亡くなったス。産後の状態が悪く、子どもも死んだス。カムチャツカにいるものだから、父もわたしも、死に際には会えなかったスな。

その後の二年は、北海道の留萌の沖の方にある、天売島さ行ったス。やはりニシン獲りに行ったが、よく獲れであったスな。ニシン漁は三月末から、六月一杯まであったス。天売島には、二年つづけて行ったスな。天売島にも、父親と一緒に行ったわけだス。

樺太で運転手を

天売島でニシン漁が終わったので、家に帰ろうかなと思ってたら、親方が樺太へ働きに行かないかというんだね。給料は一か月七〇円くれるというから、いい条件であったスな。父親は家へ帰ったらいいのではと言うんだが、北浦の人が三人も一緒に行くというものだから、行く気になったのだス。一九歳の時だったスな。

天売島から秋田に帰らないで、真っすぐに樺太さ渡ったス。稚内から本斗まで連絡船で行き、それから真岡に行ったものね。真岡には、製紙工場が一杯あるんだものね。ニシン漁よりは、製紙工場で働いた方が楽だという話を聞いて、製紙工場に願書出したものス。願書は自分で書かないとダメだったから、上手ではなかったが、自分で書いて出したス。あの当時は、ハガキも筆書きであったからね。願書渡したら、会社の偉い人が見て、

「これ、誰書いたのだが」

と言うから、

「うん、俺が書いた」

と言ったら、

「お前は字が上手だから、採用になったら事務所にまわすがらな」

と言うわけだス。

その当時は、願書出して入社しても、三か月間は臨時なんだものね。工場の中で土方の仕事したども、はじめから体が痛んで、何回も逃げるかなと思ったス。馴れない仕事だったからね。

それでも、三か月たったら正式に採用されて、事務の方に廻してくれであったス。事務といったって、はじめは出勤簿調べだったスな。従業員が一二〇〇人もいたから、大変であったスよ。ときどき役場とか、郵便局とか、支庁に使われて歩くんだね。

ある時、支庁から郵便局へ廻わり、三〇〇円為替する用事を言いつけられたわげだス。あのころは自動車はほとんどなくて、冬は馬橇《ばそり》に乗って用足しに歩いたものだものね。支庁で用事足して、郵便局に向かったものな。そこは急な坂道で、カーブになっているところに来ると、馬橇が登って来るのが見えたわげスな。「あッ」と思って馬橇を遠廻わりさせたら、女の人が水を汲んでかついできたのに、わたしの馬橇がぶつかってしまったんだをな。その人は、旅館の女中であったものね。

女の人が悲鳴をあげたものだから、旅館の主人が飛んで出て来たものな。馬橇が来たので、避けようとして跳ねてしまったのだと弁解したが、聞いてもらえなくて、とうとう旅館の台所の板の間に、一時間半も坐らせられてしまったものな。膝を折ってな。時計を見たら、三時になるところだスベ。カネを為替しなければならないし、その事情を話したらそこの主人が会社さ、本当だか嘘だか電話したんだな。そしたらわたしが嘘を言っていないことが判って、

「早くカネを為替して、真っすぐにここに来い」と言うので、カネを為替してもどって来たものな。

そしたら主人がまた会社に電話を入れたりして、「会社から人が行くから、本人を帰してくれ」ということになり、夕方に会社さ帰ったス。いや、あの時は困ってあったね。年も若かったが、ショックであったスな。こんなことがあってから、事務の方に居たくなぐなってね。

何がべつの仕事につくかなと考えてる時、会社のお抱え運転手のことが眼についたわげスよ。会社の工場長が乗る自動車を運転している人で、工場長といつも一緒で、工場長が用を足している時は、運転手は寝ているんだものな。これだと思い運転手の免許をとるかという気になって、学校に入って免許をとったもの。その当時は、運転手の免許を持ってる人は、少なかったものだスよ。

そうしているうちにこんど、ガソリンカーというのが流行したものね。構内で物を運搬する車なんだが、その運転手がちょうどいながったものね。お抱え運転手を知ってあったから話したら、俺がとりついでやるということになったわけだス。だども、前に事故を起こしたものだから、いろいろと問題があったようだども、

「それじゃ、ガソリンカーの助手になれ」

というので、助手になったわけだス。

助手になって三か月ばかりたってから、こん

ど、責任を持って自分がやるようになったものな。そしてこの仕事を三年ばかりやったが、免許をとっていなかったので、ちゃんととらねばと思って、豊原さ行ったたね。構内を運転して機械のことはだいたい判ってたから、二回目で試験に合格したたス。それから一年ほど勤めて、会社をやめたス。何故やめたかというと、まず樺太っていうところは、一一月になると雪のために、外をガソリンカーは走ることが出来なくなるんだものね。翌年の四月までは、仕事にならないわけだスよ。

会社をやめて、豊原でハイヤーの運転手をしたものな。そのころは、ハイヤーの数は少なかったスよ。真岡には一台もなかったし、豊原に四〜五台あったきりだス。アメリカ製のシボレーという車だったが、そうしているうちにフォードが入ってくるようになり、車がだんだんと増えていったわけだス。ところが、修理工場というのが全然なかったものだから、故障が起きれば、自分で修理しなくちゃならなかったスな。部品がなければ内地の方へ頼んで取り寄せたが、ない時は自分でつくったものだス。

ハイヤーの運転手をやっているうちに、大橋組という土木の親方に好きになられて、いつも乗せてあるいたス。でも、退屈でな。親方が一杯飲んでたりすると、その間、待っていなくちゃならないでしょ。そうしていると勝手口の方で、「運転手、一杯やりなさい」と、まアこうなるわけでさ。そうすれば、俺は飲む口だものね。一杯飲むわけさ。「もう少しやりなさい」とすすめ上手で、また少しやる。そうしているうちにある時、酔って運転して、もう少しで人を轢くところであったものねェ。こんなことをしてると、人を殺してしまうし、運転手もやめなくちゃならねェと、考えたもんだス。

運転手やめるかな、どうするかなと考えているうちに、大橋組でこんど、鉄道工事の土木工事を請負ったものね。それで親方が、どうしても俺に来いというものだから、四月になってハイヤーの運転ができるようになったら帰るという約束で、わたしもその工事現場さ行ったわけだス。

工事現場は本斗から内幌までの五里で、その間に川が何本も流れているんだものね。その川の中に、鉄橋を支えるのを建てないとダメなわけだス。わたしはその工事の機関士の仕事をさせられたのだが、まず七寸厚さの板で四角にびしっと組むわけだス。その上に線路を何本もあげて固定すると、その中に人が何人も入って、泥や水をウインチで汲み揚げるのだが、わたしはそのウインチ操作の仕事をしたわけだス。

親方はこんだ、四月になってハイヤーが運転できるようになっても、わたしを離さないのだものね。川の仕事まだ次々とあるし、とうとう秋までその仕事をやったものな。機械を使う土木の仕事は、一〇月末で終わってしまい、仕事がなくなってしまったわけだス。しかし、冬でも道路工事の仕事はあったものな。わたしも仕事が中途半端になってしまったし、仕方ないから、道路工事の仕事の方さ行ったものな。

それから大橋組では、多勢の朝鮮人を使ってあったスな。どこからどう入ってくるものであったかね。日本人にくらべると賃金も安く、こき使われているという感じであったスな。

漁業で独立する

わたしが働いた土方の事務所の隣の家に、娘がおったものな、大橋組の帳場の人たちが、「あれはいい娘だから、お前が貰え」と、さかんにわたしをおだてるんだものね。そこの家はニシン獲りをしている家であったが、そんな話は出たども、わたしは一銭なしでしょう。若い時だから、働いた分では足りなくて、事務所から借りては飲んでいるような状態だったものな。だけど、向こうの親の方ではいいというものだから、結婚したのだス。カネは何んにもないから、結局は嬶《かかあ》の方で、みんな祝儀支度をしてくれたのだズ。嬶はいちばんの姉娘で、その下に二人の弟がいであったものな。でも、肩身はせまがったスよ。

嬶にはもらったども、住む家がないものだから、嬶の家にいて、ニシン漁に歩いたものな。あくる年の夏に、嬶の親父が小さい家を買ってくれたものね。当時は建ててから三年の家で、四〇円で買っておったね。そこで、嬶の家から引っ越したわけだス。

その当時の樺太には、同じ場所に二年間定住しなければ、漁業権はあたえないという条件があったものね。わたしは一年より住んでないから、漁業権をとる資格がないわげだス。だが、食っていかないといけないので、漁業権をとるまでの一年は、密漁をやったスよ。暗い夜に船を出して、小さい網で獲ったスな。それでも、魚はたいした獲れであったもんだスよ。ずうっと奥まった場所で獲っていたし、組合でも調べに来ることもなかったスよ。魚は獲っても獲っても、獲り尽せないほどいたからかもしれないけどね。漁法は、密漁の時はサシ網一本であったスよ。

密漁してきた魚は、漁業組合さ卸したス。漁業組合でも大目に見てくれて、文句なんか言わなかったスよ。卸す時も自分の名儀でやったが、家族が食っていけるくらいは獲れだもんだス。ニシン漁から昆布、それからサケ・マス漁となっていくのだか、ニシンの漁業権とサケの漁業権は違っていたスな。あそこではサケ・マスはあまり漁がないので、漁業権をとっても間に合わないからと、ほとんどが密漁でしたな。サケ・マスの漁業権をとった人でも、二〜三年で止める人が多かったスね。漁がないものだから、赤字になるわけでスよ。

こうして一年は密漁をやったが、二年目になっても、ニシンの漁業権を得られないわけだスよ。だが、漁業組合にうまいこと話をしてもらって、何んとか魚をとれるようにしてもらったのだス。

わたしは本斗から少し北寄りの麻内というところにいたが、この年にはわたしもニシンの建網をやったものな。すぐ隣は大きな建網をやってる家で、人を二〇人も雇って漁をしてあったものね。その家で新しい建網をそろえたものだから、いらなくなった古いのを借りてやったわけだス。船も大きいのを借りだスよ。借賃は、獲ったニシンの三割をその家にやり、残りの七割が自分のものだったス。

ニシンは大量に獲れるものだから、肥料にしたスな。いったん釜で煮てから干して、六斗というから二四貫入る俵につめて売ったものだス。ニシンは、ほとんどが肥料でしたな。そのほかには、身欠きニシンも少しやったが、これは自分で加工してから、漁業組合に出荷したわけだス。だが、手間がかかるものだから、あまり多くはやれなかったスな。

ニシンの漁期は三月末から三か月間だったが、この時は人を四人ばかり頼んだスよ。ニシンを獲るのも大変だったが、煮たりするのも大変な仕事でな。とても一人や二人ではやれないわげスよ。わたしのところで使った人も、やっぱり秋田からの出稼ぎ者であったスな。中間に入って、専門に出稼ぎ者を斡旋する人がおってね、その人に何人欲しいと頼むわけだス。すると、この人とこの人という具合に知らせてくるので、その人に世話してもらった礼金を出したものだス。

このころは、出稼ぎ者は三か月で三〇円だったものな。その三〇円は前渡金として、本人に直接送ったものだス。不漁の時は、その三〇円で終わりなわげスよ。三〇円で三か月奉仕しなくっちゃ、ダメだったわけだスな。そのかわり漁がある時は、歩合というのがあるわげだスな。だいたい三割くらいを、若い者たちにやったスな。若い者たちはその三割を、頭割りをして配分してあったスよ。

わたしの嬶の実家でも、秋田の人はよく働くというので、男鹿とか南秋から来てあったスな。この人たちはニシン漁が終わると、大泊の方さ移って行ってあったス。そこでは、サケを獲っていたようだったス。大泊では、サケがかなり獲れたんだスね。この人たちは、冬になればかならず秋田に帰ってあったスな。そして三月のニシン漁になれば、来てあったスな。

そうしてるうちに、二〇〇〇円もの大金を貸してくれるという人が出てきてあったものな。わたしの仕事ぶりを見込んでしゃな。わたしもこれはいい機会だと思って、本格的に漁業をやる決心をしたわけだス。そしたら嬶や舅が、それは失敗するから、絶対にやめれって、たいした反対するんだものね。もしも不漁にでもなったら、大変だと言ってな。あの当時の二〇〇〇円は、いまの何千万円くらいの値うちがあったものね。新しく、網もロープも錨も船も、全部まかなえるだけのカネなわけだス。

皆が反対するものだからわたしも頭にきて、外で一杯ひっかけできた機嫌で、「お前たちがああだこうだと反対しても、俺はやるんだ」と、文句を言う嬶どこぶん殴ったもの。したら二歳になった子ども抱いで、はだしで実家さ逃げで帰ってしまったものね。そのまま、三日も家にもどって来ながったものな。だども、わたしも迎えに行かながったもの。そしたらむこうの母親が、嬶と子どもを連れて来てあったものな。

その時は二〇〇〇円借りて、わたしは本格的に漁業をやったものな。そしたらこれがあだってね、借金はその年のうちに返してしまったスよ。あんなにうまくいくとは、わたしも思っていながったスな。

兵隊にとられる

それがら大きく漁業をやっていたが、一九三七年七月七日に支那事変が勃発したものな。新聞とからラジオで知ってしゃべっていると、秋田の実家にいるわたしの妹が、父に言いつけられだといって、わたしに家に帰って来いと樺太まで言いに来てあったものな。何か、予感のようなものしたのだべね。ところがそのころは、樺太はコンブ獲りの最中だわげスよ。ニシン漁が終われば、コンブ獲りに入るわけだからスな。迎えに来た妹に、コンブ獲り終われば帰るがらって話して帰してがら、一〇日もたったべがね。

さかんにコンブ獲りしていると、仲塚とか何がって、大きい声で叫ぶ声がするものね。何んだろうと思って見ると、秋田の親父がニシン獲る船さ一人乗って来たものね。

「兄ッ、困ったごどになったじゃ」って。

「何したど。誰が死んだがア」

「召集令状が来たじゃ」って、こう言うんだものね。

三一歳の時であったがら、わたしもびっくりしたものね。召集日まで二日間より余裕がないものだから、集落の人たちは来る、消防団の人たちは来る、婦人会の人は来るで、そして一杯飲むのだからスな。それがら床屋さも行かず、秋田さ来て入隊したものな。召集されてから二年半、北支・中支・上海とまわって、兵役解除になったものね。

召集になった時、家族は樺太においできたス。嬶の実家が近くだったのでね。この時は、漁具は全部そのままにしておいてきたのだス。解除になって帰れば、またニシンやコンブを獲るつもりでいたからね。嬶は漁業組合にかなりの貯金してあったから、それで食いつないでいたのだス。子どもは四人おったども、一九四五年一月に末っ子が生まれだスな。

樺太に帰ってからは、またニシン漁やコンブ獲りをやったス。戦争中は男の人が召集されていないものだから、獲れた魚はよく売れであったスな。

ところが、一九四五年二月二六日に、再召集になったわけだス。こんどは船舶兵として、宮城県の石巻に入隊すると、そこに五日ばかりいだスな。その間に、自分の特殊な経験を書けというもんだから、わたしは支那事変に行った時のことを正直に書いたわげスよ。上海にいた時は、水揚げポンプの監督をやったし、自動車の運転が出来ることもね。わたしらの部隊は一五〇〇人ばかりいたが、その中から二三人だけが、広島へ機械教育に行くようにと言われたものね。正直に書かないと、そうはならなかったでしょうがね。

広島に夜の一〇時ころに着くと、そのまま小さい船に乗せられて、どっかへ連れて行かれたものね。夜中だし、行き先も教えてくれないし、どこに行くのかさっぱり判らながったスな。夜中の一二時ごろに着き、晩飯たべてから寝て、朝起きたら海がすぐそこにあるわげスよ。島名は判らないが、小さい島でしたな。島の港には、魚雷とか潜水艦、トラックなどがうんとあるんだものね。それ見てびっくりしたものな。これは、とんでもないところへ来たもんだと思ったス。その日は一日何んにもしないで過ごして、次の日からこんだ、機械教育を受けたわげスよ。教官は二三歳の少尉だったが、わたしらは機械の組立てや分解も判っているから、あまり難儀をしなかったスな。

ところがその島には、一七〜八歳の兄ちゃん方で、階級が上等兵とか兵長というのが沢山いるんでスよ。変な兵隊がいるな、おがしなと思ったスな。一緒に来た人が集まって話してると、誰だか聞いて来て、その若い者どは特攻隊だってことが判ったのだス。それからすぐハチ巻きして、マニラの方に行き、そのまま帰って来なかったスな。

特攻隊の乗る船は、長さが二メートルもない小さなものだったス。トヨタの高速エンジンをつけていだスな。爆雷二つ積んで、敵の軍艦に向かって行ったきりなわけだス。わたしらは船舶兵だから、その船を運んで行く役なんだスな。

山口県に萩ってところがあるスベ。そこから外地に行くことになり、萩に行ったものな。次の日が八月一五日で、前の晩の点呼の時に上官から、明日は天皇陛下の話があるから皆が聞けと言われたが、そのラジオの放送が、敗戦の知らせだったわけだスな。わたしはまあ、あぶないところで助かったのだスな。

敗戦後は出稼ぎを

兵隊からは帰ったものの、樺太の状況がぜんぜん判らないわけだスな。もちろん、樺太に帰ることは出来ないものな。南秋田郡飯田川町にわたしの伯母がいたので、軍隊からもらってきた米一斗と味噌をおいて、一週間ばかりやっかいになったわけだス。しかし、家族のことが心配なものだから、北海道に行こうと思って汽車に乗り、函館さ上陸したわけだス。そしたら函館には、樺太から引揚げて来た人たちが、何万人といるんだものね。それで引揚げ人名簿見たら判るだろうと思って、三日間探したども、まったく家の者の名前が見あたらないわげスよ。

函館にはいないようだから、稚内に行こうと考えたわけでスよ。稚内にも、何万という引揚げ者がいるという話だからスな。だが、もう一度探してみれと思って、わたしが樺太にいる時に頼んだ人もあったもんだから、四か所ばかりに電報打ったものな。そしたらわたしの家の者が、そこにいると教えてくれた人がいたんだものな。そこに行ってみたら、小さな旅館を借りて、嬶の親戚たち十何人が一緒におったものな。

それで、家族を連れて、飯田川町の伯母のところさ来たものな。伯母の家は農家なので手伝ったり、近くに日雇いの仕事出たりして働いたものな。そのうちに、近くにある造り酒屋で、夜警の仕事をやらないかというので入社したが、給料が安くて、家族を養うのが大変だったスよ。一九四六年の一月に嬶を亡くして、子ども四人とわたしは、小屋を借りて暮らしたども、とっても暮らしていけなぐなってね。

わたしの姉が利尻島にいるものだから、連絡とってみたら、条件のいい仕事があるっていうんだスよ。ニシン漁だったが、子どもだけを置いて、出稼ぎに行ったスよ。そしたら結果がよくて、あの当時でわずか四〇日ばかり働いて、六万円のカネを持ってくることが出来たものな。わたしの給料が月一二〇円の時代だったから、大した金額だったわけだスよ。これでやっと、ひと息ついだスな。

それからも、夏は造り酒屋で働き、春先にはニシン漁をするに北海道へ出稼ぎに行ったものな。だが、一九四八年から北海道でも、ニシンがばったりと獲れなくなったので、わたしも出稼ぎをやめて、造り酒屋で働くようになったス。あとは、出稼ぎには出ながったス。

（一九七八年二月）

② 樺太で漁師に嫁ぐ

青山テツ　秋田県にかほ市金浦

一四歳で子守りに

わたしなんか、頭ができない方でしょう。それで兄に、上の学校さは行かなくともいいって言われて、一四歳で尋常科を卒業すると、高等科には上がらなかったス。その当時は、普通の家の女たちは、ほとんど尋常で終わりであったスよ。父親はわたしが二歳の時に、北海道のニシン場さ出稼ぎに行って死に、兄が家計をきりもりしていたス。

わたしの兄は、底引き網でカレイとかいろんな魚を獲って、それで暮らしてあったものな。わたしが尋常を卒業する前に、兄が機械に足をはさまれで、折ってしまったのだスもの。足が不自由になってあったものな。働ける人はいないし、女でたいしたカネはとれないども、出稼ぎしなければ食っていけないようになってあったものな。生きるためには働いて、家を助けなければならなかったのだスね。象潟地方にいても、いい仕事はなかったものな。百姓の田仕事に行ったたって、たいした稼ぎではなかったがら、樺太へ渡らなければ、まとまったカネなど稼げなかったものだス。それでどの人も、樺太に渡って行ったんだスな。

わたしも尋常科を卒業したし、どこにか行って働かなければと思ってた時、佐藤さんという人がら、

「子守りかだがた、樺太へ行がねがい」

って誘われたわけだス。

佐藤さんという人は金浦の人で、樺太の大泊で海産物を商っている人であったものね。自分は一一月になれば金浦の方さ帰って、翌年の春先になれば、三月から四月にかけて樺太さ行くんだもの。その間は海産物はあまり獲れないものだから、店をたたんでしまうんだスな。その後は息子夫婦が樺太に残って、留守をしてあったものな。その息子夫婦に子どももあったがら、その子守りに行かないかということであったわげス。

佐藤さんははじめに、わたしの母親に頼んだのだスな。そしたら母親は、「本人次第だ」と言ったらしくて、わたしに樺太に行かないかと聞くんだものな。その時は、わたしも考えたスよ。家にいても兄が不具になっているし、自分のことは自分でしなければいけないとね。家にいても着物一枚着せてもらえるはずもないし、それより他の家に行って働き、着物一枚でも着せてもらった方が得だと思って、わたしは行ぐってすぐ返事をしたのだス。母親はあまり樺太へはやりたくなかったようだけど、

「本人が渡るっていうのであれば仕方ねェ。借してやる」

って、行くことになったのだス。

親戚の人には、たいしたきかない女だどて言われだス。そんなに遠くさ行がねっても、この辺と

か、酒田とかに子守りに行けばいいのでないがってよぐ言われたども、わたしは自分の考えで、佐藤さんに連れられて四月に樺太に渡ったス。母親もあとで、ご飯炊きに頼まれで、一年樺太さ来てあったスな。わたしが働いているものだから、心配で来たのだスべね。

佐藤さんの家では大泊で、問屋のような仕事してあったものな。漁師たちに仕込みしては、仕込みというのはカネを借したり、道具を借したりするわけだス。道具はニシン漁に使う大きな網がら、貝などを獲る小さな物まで何んでもあって、それを漁師に仕込んであったスな。漁師たちは魚とか貝が獲れた時にカネを借りた分だけとか、道具を借りた分だけを、貝柱とかホッキ貝とかニシンとかを、佐藤さんの家に持ってくるわけだスな。佐藤さんの家では仲買の人を通して、その魚をあっちこっちに売ったり、卸したりして商売するわげだス。

佐藤さんの家では一六歳まで子守りをして、あとは女中みたいな仕事をやったス。ご飯炊いたり、掃く拭くの仕事をしたり、お客があればお茶だしたり、何んでもやったス。わたしは佐藤さんの家に足かけ六年いたが、給料は一銭ももらわなかったス。佐藤さんがわたしの母親さ、着物着せるっていう約束をしたようだが、佐藤さんがらは一枚も着物は着せてもらわながったスな。ただ、あねさん（息子の嫁）がらは、五〜六枚着せてもらったス。

そうしてるうちに、佐藤さんでは店をたたんで、金浦さ帰ることになったものな。わたしが二〇歳になった秋のことだス。佐藤さんが樺太の店をたたんだのは、あねさんが胸を患っていたものね。それで、神奈川県の茅ヶ崎というところさ、養生にやったわげだスな。ところがその後、あねさんがいなくなってがら、とうさん（息子）が毎晩のように出て歩ぐったものね。料理屋の女のところさ、歩いたらしいものな。わたしは直接に知らないども、そのことが佐藤さんの耳に入ったったな。いくら海産物の商売やったり、ニシン場を経営したりしてても、料理屋の女さ注ぎ込むようになればどうにもならないということで、金浦さ一家が引揚げることになったったスな。

佐藤さんの隣とか近所に、旅館とか料理屋があったものな。旅館の人がわたしのところに来ると、そういうことで秋田の方さ帰るのであれば、家で働いてくれぬかと言ってくれてあったども、佐藤さんは、

「自分が母親から借りてきたのだから、あんたの母親さ返す。その後であんたがまた樺太さ来たがったら、いったん金浦さもどってからにしてけれ」って言うものな。

そういうことで、わたしも佐藤さんの一家と一緒に、秋田さ引揚げて来たのだス。一四歳で樺太に渡って、二〇歳の時にもどって来たのだス。

タラ釣りの出稼ぎに

こうして金浦の家さ来たども、家で遊んでいられる訳でもないし、働かないとどうしようもないのだスな。また、母親も兄も、もう少し家さ手伝ってくれというものだから、わたしもその気になったのだスな。

そしている時、樺太の北本斗さ、タラ釣りの仕事に行かないがって誘われたものな。金浦からは前々から、タラ釣りの仕事にかなりの人が出稼ぎに渡っていたものな。男も女もね。その人たちから、一緒に行かないかと言われたのス。わたしは男たちが沢山いる仕事場で働くのは嫌だったども、家さ手伝わなければならないという気持ちでいたものだから、行く気になったわけだス。家には何日もいないで、またすぐ樺太さ渡ったのだス。行ったところは、北本斗の山岸という番屋だったたス。

タラ釣りの仕事は寒い時期のもので、一〇月

あたりからはじまり、三月いっぱいまでだったスな。北本斗はタラ釣りの専門のところで、番屋は海辺近くに並んで建ってあったものな。山岸で親方が持っていた番屋は一軒であったが、その番屋さ寝泊まりして働いたものだス。

山岸番屋には、陸仕事をする男が三〜四人と、女の人が五人ぐらいがいつもいであったスな。仕事がはじまれば、夜中の一時ころになると起きて、それから船が入港して置いていったタラを、処理するわけだス。わたしらの仕事は腹しぼりと言って、タラの腹をたち割って、子っこは子っこ、ダダメはダダメにより分けることをやったわけだス。そのより分けた子っことかダダメは、どっかにだかまとめて売ってやるものであったス。樺太のしばれる冬の、しかも夜中に水仕事をするものだから、そりゃもう大変な仕事でしたスよ。タラ漁の時は、朝の八時まで毎日働いたものだス。

男の人たちはタラの頭を切りとると、それを鍋で煮てあったスな。暖くなるとその頭を吊して、干乾してから砕いて俵につめるのだスな。これはタラ粕といって肥料にするのだが、一俵に何貫つめていたか忘れたけど、相当に大きなものだったスね。

山岸の飯場には、タラ釣りが一隻と、底引きが一隻の、全部で二隻あったものね。タラは遠海州の方に出かけて行き、一週間くらい漁をしてから帰ってきてあったス。とにかく、二〇〇枚の網を持っていったとすれば、夜も昼もその網を流して、それがなくなった時に引揚げて来るんだものね。船員たちは交替で休むようだが、船頭さんなんかはいったん船が出ると、ほとんど眠られないそうだスよ。船に乗るのは六〜七人でした。これもほとんどの人が出稼ぎ者で、酒田方面とか秋田から来ていたスね。それで、毎年のように来る人もあれば、一回きりの人もあったスな。また、たまに家に帰る人もいたし、帰らないで越年し、ほかの仕事をするいたりで、さまざまであったスよ。

海がシケた時でも、船は毎日出て行くものだから、シケた時は沖さ停泊して、何日も入港しないでいるんだものな。船の入らない日は網くりしたり、矢まるきしたりして、いつ船が来てまた出航しようとしても、文句をいわれないようにちゃんと準備をしておかないとダメだったからね。

こうして忙しいばっかりで、家のことをあれこれと考えることとは、あまりなかったスね。樺太での自分の仕事や生活だけで、手いっぱいだったス。とくに船の入った日は、一二時間以上も働いたものだもの。夕飯は五時ころに食べた。その後は、疲れてすぐいびきかく人もいれば、話っこして九時ころまで起きている人もいた。夜の一二時ころに船が入るのが事前に判っている時は、飯を食ったらすぐ寝るように言われることもあったス。なかなかきつかったでスよ。

番屋では男が二階に、女は一階に寝たものだス。女の人たちは下の部屋に入ると、入口の戸をちゃんと閉めて、男の人が絶対入って来れないように、いろいろと工夫したものだス。わたしがたは部屋の戸を閉めたあとに、男ど来ると困るから、大っきな風呂敷包みをかって、戸が開かないように工夫して寝たものだス。しかし、女の人たちと一緒にそうやっておいても、男がしのび込んで来て騒ぐということは、よくあったスね。やっぱり好きだから、わざと男が来た時に、戸があけられるようにしておいたのだべな。男と一緒に番屋で寝たという話は、めずらしくなかったでスよ。

山岸番屋にいる時だと、山岸さんの婆ちゃんがいるものだから、その婆ちゃんによく注意されだスね。

「テッちゃ。寝る時はちゃんと戸を閉めて、戸をあけられないように、中にいっぱい物をかって寝なさい」

って、よく言われだス。

婆ちゃんは中風で動けないし、家の中には風呂がないものだから、町の風呂屋まで行かなければならなかったものな。少し時間があったり、夕食までにちょっと時間があった時は、よく婆さんを風呂屋さ連れて行ったものだス。婆ちゃんによく、

「テッちゃに風呂さ連れていってもらって、よがったな」

と言われだども、わたしも婆ちゃんと一緒に風呂に入れたから、よがったスよ。

離れてはいるが、自分にも親がいるものだから、そういう親孝行みたいなことが出来たのでしょうね。

番屋で働いている時は、切り上げ勘定だったものな。その間に自分で使うカネは、いくらか親方から借りて使ったものだス。そこを切り上げて家に帰る時は、働きを書いた明細とカネの入った袋の封を切らないで、全部兄に渡したものだス。だからわたしは、いったい何んぼ稼いだのか、何んぼ持ってきたのか、自分で判らなかったものな。家計を手伝わなくともいい人も中にはいて、稼いだカネを好き勝手に使っていた人もいたが、わたしの場合はそのようなことはなかったス。家計を手伝わないとダメだったからスな。

山岸番屋に二年ばかり働いて、ヒマをもらって金浦の家さもどって来たス。家にいて少し休んでいたら、知り合いの金浦の人が、樺太のこばとの番屋さ行ってもらえないがと言ってきてあったもの。こばとというのは屋号で、わたしらはただ、こばとの番屋って呼んいたいたスな。どう書くのか、判らないスな。わたしもはじめは、「行かねェ」と言っていたんだけども、なんとしてでも樺太さ渡ってけれと来るものだから、「もう一年行って来るがァ」って、また樺太さ行ったわけだスよ。

そこも北本斗でした。こばとの番屋では、タラ場と底引き網をやっていたものね。冬はタラ釣り、夏は底引きをやり、その間にニシンが来ると、地場の若い人たちを頼んでべつの番屋に入

れ、ニシンをとったもんだス。夏冬ときれること
なく商売がやれであったものな。
　しかしわたしはニシンに関係なく、タラ釣り専
門だったス。タラ釣りの外廻わりをしたり、仕事
が交替になってご飯仕度したり、そんなことをし
てきたス。こばとの飯場では一年ばかり働いて、
また家さ帰ったものな。

樺太で嫁ぐ

　家の仕事を手伝ったりして少しぶらぶらしてい
ると、同じ金浦の人で石塚さんという人が、樺太
の真岡の荒貝というところで、スケソウ工場を
やっていたものな。その人はわたしの爺さんと親
戚だったものだから、人手が足りなくて困ってい
るという便りがあったので、わたしが一人で行く
ことになったわけだス。二三歳の春先であったス
な。そこでもやはり、番屋に泊まってスケソウの
加工の仕事をやったス。
　わたしには姉がいて、わたしと同じように樺太
さ出稼ぎに歩いてあったものな。そして、家計を
助けてあったわけだス。どうしたものか、わたし
と同じところで働いたことは、一回もなかったス
な。この年も、わたしよりも早く樺太に渡って来
て、知取でタラ釣りの仕事をしてあったものね。
　荒貝に行って一か月ぐらいしてから、姉と一緒
に働いている人が、
「兄がお前を嫁にくれるというので、迎えに来た
ス」
　と言って、突然来たわけだス。
　この時は、わたしもほんとにびっくりしたス
な。わたしが家から出稼ぎに出る時に、兄にこう
言ったものな。
「わたしも年だから、いいところがあったら嫁さ
行くども……」
　とはな。
　だども本心は、まだまだ嫁さはいがれね、もっ
と一生懸命仕事して、家を助ける考えであったも

のな。それが急に、お前とこ嫁にもらうに来たというものだから、わたしもびっくりしたのだス。その前にも、嫁に来てけれという話は何回かあったが、わたしはまだ早いからと、断わってあったわけだス。それなのに、わたしになんの相談もしないで、嫁にやると決めるとはひどいもんだと、わたしも内心は怒ったスな。その人にわたしは、「家の玄関から出稼ぎに来る時は。まだ嫁に行く気はないからと、兄さはっきり断ってきたのだども」

と言ったども、

「いや、兄が嫁にやってもいいと、言ってるスよ」と言うわげスよ。

そこでわたしも、考えたわげスよ。わたしもいつかは家を出なければいけない身だし、嫁にもならないとダメなんだから、兄が承諾してしまったのであれば仕方ない、行かねばならないと思って、決心したわけだス。どういう風の吹きまわしだったか、主人とわたしの知らない間に、くれるの、もらうのということで、話が決まってしまったのだスな。

決心はしたども、わたしの主人になる人はどんな人かぜんぜん知らなかったし、また主人の方も、相手がどういう女なのか、ぜんぜん判らなかったのだと。後で聞いた話だが、主人の兄が知取にいであって、そこへ主人も出稼ぎに行っていたのだスな。それで、主人の兄が弟にも嫁をもらおうと探したわけで、主人もなんにも知らされでいなかったのだったたな。そこで、姉からわたしのことを聞いて、同じところで働いてる人が迎いに来たったな。ひどい話だよね。

ところがな、わたしを迎えに来たという人というのが、石塚さんがよく知ってる人だったのだものな。そんなわけで、石塚さんも断わることが出来なかったのだスな。その人がまったく知らない人であれば、追い返してやるつもりだったたと、石塚さんは言ってあったども、ほんとに人間って判らないもんだね。どこでどうなってゆくのかね。

自分でもよく判らないまま、真岡の荒貝から、知取の主人のところに、嫁に行ったわけだス。嫁になる気がまだなく、あまり急な話だったので、嫁支度も何も出来なかったス。早くから嫁になる気であれば、布団やら何やら母親につくってもらってあったが、急なものだから何も持っていかなかった。ほんとに、裸一つみたいなものだったスな。

いったいどうしてこんなに急に決まったのか、いきさつを確かめようと思ったこともあったが、樺太と金浦の間は遠いでしょう。手紙か何んか出したって、とてもすぐには連絡がつかないわけだスよ。それだったらどうもならねがら、嫁に行ぐという気になったわげだスな。敗戦後に引揚げて来て兄に聞いたところ、

「何も嫁にやるとはっきり言ったことはない。ただ、そういう話があったので、お前に聞いてくれと言っただけだ。べつに、お前どこくれるとは言わなかった」

と、弁解してあったどもな。

畑もつくる

知取で主人は、春になればニシンを獲り、それからイカ獲りをして、それが終わればタラ釣りをしていたス。一〇月から一二月いっぱい、タラ釣りをしたわけだスな。知取はほんとに寒いところで、五月一杯までは海に氷が張っていて、仕事にならないのだス。といっても、その冬の間、遊んでいるわけにもいかないし、船大工の手伝いしたり、いろんな仕事して歩いたものだスよ。真岡の方は冬でも船が出入りしていたから、タラ釣りが出来たけど、知取はダメでしたな。だから若い出稼ぎ者たちは、皆んな正月ギリギリまで働いては、内地に帰りましたよ。わたしたちは働かねば食われないものだから、冬は網の修繕などもしましたね。まア、こういう気候であったために、半

年くらいより漁師の仕事は出来なかったでスん。

わたしの主人の兄は、冬の間は馬橇《ばそり》の仕事をていたスね。お客を乗せて歩いてあったが、まアいまで言えばハイヤーみたいなものだスな。あのぶうぶうと風や雪が吹いて、先が白くなって見えない中を、間違いなく歩いたものであったね。主人の兄が冬に働く仕事といえば、これだけでしたね。

わたしの主人の冬の仕事は、大工道具を全部そろえて、船大工の手伝いをやってあったス。船大工の仕事はうんとあって、祭りとかお盆でなければ、休むということはなかったスね。タラ釣りでも、北本斗の場合だと船が大きくて、網も何枚も積み、一週間も漁に出ていたものだが、知取では船が小さくて、毎日漁に出ては帰っていたものな。だから知取での生活は、休みがほとんどなかったわけだス。

主人の兄は、船を持っておったものな。わたしの主人は、夏の間は兄の船で働いたわけだス。まあ、兄弟二人が共同でやっていたようなものだスな。主人の兄は、もともとは本斗で青塚さんという人に雇われていたのだそうだス。その青塚さんという旦那の母親の妹を、主人の兄は嫁にもらってあったったな。その旦那さんが急に亡くなって、その跡を継ぐ人がいないものだから、その家から船をもらったったな。それから今度自分で知取に来て、漁業をはじめたのだそうだス。

知取での食べ物は、主に自分のところでとれる魚ばっかりでしたね。在の方から浜仕事の手伝いに来る人たちが、持って来る野菜物と交換する漁師もおったスな。わたしの家ではよ、二本柳さんという父さんと知り合いになってからは、車とか馬車とかに野菜物を積んで持って来ると、魚と交換して行くもんでしたけね。なにせわたしたちは忙しいものだから、畑づくりはあまりやらなかったものだス。畑に行く時間がないわげスよ。

畑は家から五〇〇メートルばかり離れたところ

に、少しだがあったものな。畑といったって、二畝もあったかね。わたしなんか、百姓のことはぜんぜん判らないものな。ただ、たまに船が休みになると、うねをつくって肥料を入れ、ジャガイモのタネイモを置いて、その上に土をかぶせたわげスな。あとは秋まで、手入れもしないでおくやズ。畑に行くひまなんて、ないんだものな。雑草がおがっておがって、どうしようもなかったものね。

肥料はカニの殻とか、ニシンのうろこを浜で干して、それをカマスに積めて、畑まで背負って行ったもんだス。なんせ急なところに畑があるもんだから、軽く軽くして、持って行ったわげだスな。重いものだと、ぜんぜん持って行けなかったス。カニの殻とかニシンのうろこを入れるもんだから、畑は肥えであったスよ。雑草がうんとおがってても、大っきたジャガイモが獲れたものだス。

秋になってイモが取れるころになると、船が漁に出た合間をみて、掘りに行くわげスな。掘ったイモはカマスにつめて、三か所ばかりしばって、山から下へゴロゴロ落としてよこすのだス。急な斜面なもんだから、とてもじゃないが背負って下ることは出来ないわけだスよ。カマスをゴロンと押してやると、デンと下まで落ちてしまうやズ。そして、それをリヤカーで運ぶわけさ。そのころは車ってねえがら、みんなリヤカーで運んだもんだ。魚でもなんでも、市場さリヤカーでな。

米とか味噌は、配給であったス。近所に米屋があって、そかららみんな買っていましたね。米は主に、荘内米でしたな。俵の真ん中に、赤縄がかかってあったスね。それがいちばんいい米だって、言ってあったものだス。樺太には、わりと本荘米が多く入ってあったスよ。

敗戦三年目に日本へ

そしているうちに、日本が戦争をはじめたわけだスな。そのことは知らされであったども、日本は戦争しても負けない国だから、あんた方も頑張れと言われで、働いたものであったス。そのうちにだんだんと戦争がおがしくなってきて、疎開する人が出て来たり、防空壕掘ったりするようになったものな。わたしの家でも防空壕掘ってな、その中さ衣類とか食べ物など入れたわけだス。日本が戦争に負けるとは、ぜんぜん思わながったスな。

そしてるうちに、知取が空襲になったでしょう。爆弾がドカドカと落とされて、油倉庫がやられたものね。町が火の海になったスよ。その時に、わたしの家も焼けたわけだス。ところが運の悪いことに、わたしの主人は船に乗って、漁に出ていた時であったものな。空襲になって家は焼けてしまったし、町は火の海で防空壕に入っているわけにもいかないし、子どもを連れて山さ逃げだス。二里も山さ入ったスな。ちょうどそこに、前から知っていた二本柳さんという家があったので、その家さやっかいになっていたス。

そのあと、戦争が終わったわけだスな。二本柳さんの父さんに、これからのこと相談すると、

「わたしがたは焼け出されなかったので、ここさ残って百姓して、食べていくだけの物をとる気持ちだが、お前方は町さ下がったらどうだが……」

と言われて、山から下って来たのだス。

焼けた町を歩いて来て、一番川というところに来たもの。そこに、ニワトリを育てていた小屋があったわけだス。誰がやっていたか判らないが、大きな小屋であったスよ。そこの小屋の上と下に、四組の家族が入ってあったものな。その人たちに頼み込んで、その中に入れてもらったわけだス。

日本に行く船は止まってしまったし、いつ日本さ帰れるか判らないが、皆で気持ちを固めて生きて行くべスということになってね。いつまでも困った困ったと言っていられないがら、ロスケどもも入って来たことだし、働いて食っていくようにしなければならないと、話合ったわけだス。

ところがそのころになっても、わたしの主人は

行方不明なわけだス。もし生きていれば、きっと探しに来てくれるだろうと思ったが、来てくれないわげだスな。いったいぜんたい、生きてるものだか死んでるものだか、判らなかったものな。そしていると、主人の兄が、探しに来てあったものな。それでこんだ、兄たちの家族と一緒になって暮らすことにしたわけだス。兄は、漁師をやってあったスね。

兄がわたしに、

「母っちゃ、何するのだ」

と言ったども、主人もいないし、働いて稼がないと食えないから、レンガ場で働くことになったのだス。

このころになったらもう、ロスケが来てあれこれと指図していたスな。漁師の人の女房だと、それなりに浜仕事があったから漁業の仕事したが、わたしは主人が不明になっていたので、前の漁業の仕事にはもどれなかったものな。レンガ場ではレンガづくりをしたが、加工して出来あがれば、全部自分の国に運んでいってあったね。ロスケに使われて働くと、働いた日数に応じて、給料をくれだもの。ロスケのカネでね。それを円に換えて使ったが、いちばん多くもらった月は、六〇〇円だったスな。また、一週間に一回だけ、配給があったスよ。

ロスケは後ろから見ると日本人とそっくりだが、顔を見るとやっぱり違うものね。ロスケにもいい人と悪い人とがあって、悪い人たちは婦女暴行をかなりやったようだス。わたしたちの住んでいた小屋にも、ロスケたちが集団を組んだり、歩哨になったりして、夜中に入って来たものであったけもの。わたしたちは乱暴されないように、何ん家族も一か所にかたまって過ごしたものだス。ロスケが入って来ると、わたし方は子どもをつねって、何人も泣かせたものだス。泣く人がいると、それ以上は入って来ないものだっけね。

ある時なんか学校の女の先生が、真っ裸になって屋根の上にあがり、ピアノを弾く真似をしているのを見たことがあったスな。ロスケに犯されて、頭が狂った人だということだったたス。ほんとにひどいものであったスよ。

食べ物も少なくて、随分と苦労をしたものだス。はじめのうちは、ロスケの食べるパンをくれであったものな。後になってから、日本人はパンだとダメだということになり、米とか麦をくれだス。それも籾であったものだから、日曜ごとの休みに、ビンにつめてついたり、臼でついたりしたものだス。それでも足りなくてね。あるところに、米や大豆をかくしてあると聞いたので、そこに行ってみたんだスよ。そしたらガラスかけと一緒になって、真っ黒に焼けているんだものね。それでも掘っているうちに、底の方に半焼けになったものがあったので、それを集めてきて食べたものだス。焼けた匂いがして大変だったが、それでも全部食べだスよ。なにせ、食べ物がないものだからね。

でも、日本に着いてすぐ死んでもいいから、やっぱり生まれた家に帰りたいという気持ちがあったものだから、頑張ったス。なんとしても、生き延びねばという気持ちでしたからね。わたしばかりではなく、皆がそうだったと思うスよ。

日本に帰ることが決まったのは、一九四七年の八月のことだったたス。知取から真岡に来ると、収容所に入れられたわけだス。収容所に入れられている間、パンの配給であったス。そのほかには砂糖と、しょっぱいニシンやマスが出て来てあったス。気のきいた人は、収容所に米をかくして持ってくると、それを食べてる人もいましたよ。わたしはそういうことにぜんぜん気がつかないものだから、衣類を二枚ばかり持って来ただけであったものな。この時になっても、わたしの主人は行方不明であったものね。

真岡に来たのは、宗谷丸であったたス。それに乗って函館まで直行したが、ほんとにあの時は嬉しかったたスな。

金浦に帰って来たものの、主人はいないし、わたしは百姓仕事が出来ないものだから、浜の仕事をやったたス。サメの獲れる時期になると、子どもまで連れて行き、サメをかごに入れて選んだり、男たちと一緒になって働いたたス。それでも生活が苦しくて、やっと暮らしたもんでした。

その後で主人が帰って来てあったども、金浦にいてもあまりいい仕事がないものだから、出稼ぎ専門でスよ。一年のうちに、半月か一か月より家にはいないいス。

（一九七八年二月）

③

ニシンの来る音

三浦利七　秋田県潟上市天王

一七歳で東京へ

わたしは八人兄弟であったものな。いまは二人死んで、六人いるどもな。わたしはそのうちの五男だス。生家は農家であった。当時は二町歩ほどつくっていたたス。いまでもそれぐらいはつくっていると思う。村でも、少ない方ではなかったでしょうな。

田んぼのほかに、野菜畑と麦畑とナシ畑とがあったたスな。野菜畑には野菜つくってたし、麦畑にはふた種類つくってあったたス。大麦と小麦であったが、品種は何んであったか忘れてしまったな。ナシ畑には、長十郎を植えてあったたス。いまだといろいろな品種が出ているが、あの当時は長十郎が大半であったたスな。米の品種は、確か亀の尾であったと覚えているス。

当時、いまの天王町は町ではなくて、村《そん》であったスおな。わたしの親父は村会議員やってあったス。あれは一般選挙でながったから、財産のある人だけが、選挙権あったわけだスな。はっきりしたことは判らないが、二期ぐらいはやったのではないかな。いまのように、派手な選挙運動というものはながったね。

わたしは尋常小学校を卒業すると、一七歳の時まで家の仕事を手伝ったス。家は百姓であったども、いまみたいに機械化などなかったから、人手もうんと必要としたんだスな。だけど、家には田畑が多くあったが、兄貴たちが何人もおったから、仕事の方は順調にいってあったス。

それから一七歳の時に、東京に行ったわけだス。村から出る時は、一人っきりであったス。当時は東京に行く人は、ほとんどなかったス。わたしの生まれた大崎からも、一人か二人より行ってなかったスな。何故、東京に行く気になったのかだが、わたしの家は兄弟が沢山いたものだから、家の世話にはなってられないと、早くから考えてあったものな。自分のことは自分でやらないとダメなんだと、思っていたわげスな。

そんなことを思っていた時、東京にいる人から手紙が来てあったスもの。東京は広いし、人がうんといるからってね。そこでわたしは、ようし、上京しよう、東京へ行って大きく成功してみたいと思ったわけだスな。それで東京に行ったわけだス。一七歳の年で、よくもまあ一人で行ったものだと思うスな。

東京に行ってはじめに働いたのは、歯磨粉とか歯ブラシとかつくる工場であったス。ところが、働く時間は長いのに、賃金は安いのだスな。こんなところにいてもダメだと思って、一年ぐらい働いてから止めると、料理屋の出前持ちをやったス。ところが、この仕事もあまりよくないわげだス。こんどは本をつくる製本屋に働いたり、印刷工場に働いたりしたが、やっぱりよくないわげスな。

　そしてるうちに、モスリン工場で人を募集してあったものな。モスリンの工場は千葉県の下総の中山というところにあったものね。モスリンというのは、紡績のようなものだスよ。その工場には、うんと人が働いてあったスよ。ここには六年ばかりいたから、いちばん長かったスな。

　ところが、やっぱりモスリン工場もよくないわけだスね。その時に、わたしは考えだスよ。わたしのような者には、東京は合わないんだとね。東京にいてもダメだから、もっと遠くの方に行かなくっちゃなと考えだス。はじめは、北海道に行ってみるかなと思ったスよ。そしてるうちに、日魯漁業でカムチャツカの工場で働く人を募集したんだスな。わたしはそれを、チラシを見て知ったわけだス。そのとたんに、うんこれだと思ったね。わたしの働く先はここだとね。

　わたしはさっそく応募して、東京からカムチャッカに渡ったス。家に寄らないでな。そういえば東京で仕事をしていても、家には一銭も仕送りしなかったス。仕送りが出来るくらい、カネを取れないのだスよ。

樺太のジャコシカ

　カムチャッカには、函館から行ったものだス。働いたのは缶詰工場で、わたしはもちろん独身であったス。その工場には、秋田と青森から出稼ぎに行ってる人がほとんどで、とくに秋田からは多くの人が来てあったスな。あとは他県の人か、東京あたりで募集した人が何十人かいるくらいだったね。

　わたしは缶詰工場で働いたから、船に乗ったことはないね。でも、漁と加工は直接関係するものだからスな。船が出て行って魚を獲って帰ると、桟橋に陸揚げするわけスよ。その魚を缶詰工場の人たちが、背負ったりかついだりして工場に運んで来るわけだスな。そしてすぐ缶詰をつくるわけだス。船が入ってから缶詰にするまでは、そりゃ忙しかったものだス。寝る時間もとれないほど、働きつづけたものだスよ。

ただ、この仕事は短期間であったス。だいたい六月ころから八月一杯までの、三か月ほどの間だったスよ。短かい時だと、二か月ぐらいのこともあるそうだス。カムチャッカの出稼ぎ期間は、短かいんだスな。仕事が終わると、また船に乗って函館に向かうわけだス。その船の上で、働いたカネを清算して、勘定をもらうわけだスな。函館に上陸する前にね。だが、缶詰工場の仕事は大変だったが、あまりカネにはならなかったスな。三か月くらい働いても、手に渡るのはわずかなものであったスね。随分と安く人夫を使ったものだったスな。

勘定のほかには、缶詰とか鮭などをみやげにくれるんだスな。かなりの量をくれたものであったスね。まア、賃金が安いので、現物支給ということなんだろうね。ところが函館に上がると、それを買う人が大勢、港で待っているわけだ。売る人もあれば、家に持って行く人もあったスな。

函館にあがると、そこで解散になるわけだス。解散になった後の人々は、いろいろだったスよ。秋田や青森から出稼ぎに来た人は、たいてい家に帰って行ったスな。東京から来た人なんかは、帰る人もおったが、カネがある間、ぶらぶらして遊んでいる人もあったスな。あとは北海道のべつの方へ流れて行き、新しい仕事を見つけて働く人もあったス。

わたしも家には帰らないで、土方の仕事があったものだから、土別というところへ真っすぐに行ったス。あまり大きくないが、親方が土別の人で、梅田組というのがあったものな。その組に入って、土方の仕事をしたわげスよ。

あの当時の北海道は、道路をどんどんと広げていたものだから、道路工事の仕事はうんとあったスな。ところがその梅田組は、カネの支払いが非常に悪いわけだスよ。勘定の日になっても、払うということがないんだスな。こんなところに長くいても、どうにもならないなと思ったものだから、そこにはあまりいなかったスな。三か月もいたがな。やっぱり土方では稼がれないから、樺太に行くかなと思ったス。樺太は漁業がたいした盛んで、カネ取りもいいという話を聞いていたもんだからね。あれは一九二一（大正一〇）年のことだったと思うス。

梅田組を止めると、小樽さ行ったもの。小樽には、わたしの生まれた大崎の人がいるのを知っていたものだから、その人を頼って行ったわけでスよ。その家へ世話になりながら、樺太に行きたいのだどもと相談かけると、やはり大崎の人が樺太にいるから、その人を頼って行けと教えられたわけだス。それはちょうどいいというので、わたしは樺太行きを決めたわげスよ。北海道にいてもたいしたことはないし、樺太に渡って一旗あげようと思ったわけだスな。

わたしはこの時もそうだけど、何んでも先へ先へという気持ちばかりあったものな。そのころは女房もいなかったから、家のことを心配もしなかったスな。思うこともなかったスよ。とにかく、遠い方へ行きたいという気ばかりであったね。

ところが小樽から樺太には、月に二回より定期船が行ってないわけでスな。わたしはその家に一〇日ばかり世話になって、やっと定期船に乗ったわげスよ。その船は墨田川丸といって、小樽と敷香の間を往復してあったス。樺太に渡る時も一人だったが、人はあまり乗っていなかったスな。樺太に移住して行く人とか、また移住した人のところに行く家族とか、わたしみたいに出稼ぎに行く人とかが乗っていたようだったス。

墨田川丸は小樽を出ると、樺太の大泊は寄港するだけでしたものな。敷香は樺太でも奥の方にあるものだから、大泊まで行っても、まだ半分も行ってないわけだスな。大泊から東海岸を廻りながら、敷香に行ったわけだスよ。大泊からまた二昼夜もの間船にゆられて、やっと着いたわけだス。

敷香に渡ってから訪ねて行った家は、夏は漁業をやり、冬になると山へ働きに行くという形をとっていたものだっけね。わたしが敷香に着いたのは九月二〇日ごろで、もう雪が降っていたね。毎日降るわけではないが、なにせ寒くてね、なるほど樺太だと思ったな。内地と北海道は津軽海峡で寒さが違うし、北海道から大泊に行くとまた違うんだスな。その大泊から敷香に行くと、また寒さが違うんだものね。敷香は雪はそう多くないけど、風が寒いんだスな。えらいところに来たもんだと、はじめのころは思ったスな。

わたしが行った時は、もう海岸では漁業の方がそろそろ終わっていたスな。山に入る仕度にとりかかっていたスな。その家でも冬になれば、海岸にある家をたたんで、山に入るのであったものな。夜具などの包みを背負い、流送トビをかついで山に入って行くわけだス。

冬になると山に入って仕事をするのを、越年するとも言ったものだス。年を越すには、海岸にいてもあまり仕事がないし、それに寒いものだから、山へあがるわけだス。山に行くと、伐採などの仕事がうんとあるので、その仕事をやりながら冬を越したわげスな。それで春になると、また海岸に下って漁業をやり、そして冬になると、また山に入るという繰り返しの生活だったスな。

だからこんな生活をしている人たちのことを、樺太のジャコシカと言ったもんだス。ジャコシカというのは鹿の一種で、背中かもろっと高くてね、そこに毛が生えているんだスよ。そして、峰から峰へと渡って歩くわけだス。夜具などを背負い、流送トビをかついで歩く姿が、このジャコシカによく似てるんだね。それで樺太のジャコシカと言ったわけだスな。

冬になっても山に入らないで、漁をしている人もいであったスよ。海岸に残った漁師たちが、カンカイという魚を獲っていたス。カンカイのことはコマイともいうが、樺太では一般にカンカイと呼んでましたな。まあ、漁師たちの内職程度の仕事だったがね。

カンカイは氷の下に網を入れて獲るんだが、氷の上にあげるとビリビリと動いていると、すぐにボキッと凍って固くなってしまったスな。このカンカイは、サシミにすると実にうまいのだスな。いまでも北海道の根室あたりで獲れているスよ。寒い海だったら、カンカイはいたるところにいるスよ。

ニシンの来る時

樺太には王子製紙とか富士製紙とか秋木という大きな会社があって、その下に専属の請負いをしている組が、たくさんあるわけだス。わたしは最初の冬は、王子系統の森本組に使われだス。道具もなかったものだから、親方の持ってるのを借りて使ったものね。

会社では伐採する木を樺太庁からも買っていたが、主に大学の演習林を買っていたス。樺太には京都大学とか北海道大学とか東大とかが、財産として広い演習林を持っていだスものね。わたしがはじめに働いた山は、京都大学の演習林であったス。その広さがだいたい三万町歩でしたな。だいたい一つの演習林の広さが、三万町歩ぐらいでしたね。京都大学はこのほかにまだ演習林を持っていたから、大変な財産なわけだスよ。ひと口に三万町歩というども、周囲を測量するだけで、二か月もかかったな。風呂まで橇に積み、引っぱって山の周囲をまわりながら、測量するものであったス。

演習林の木を伐る前に、大学と王子製紙とが立ち合って、一本ごとに測量し、ことしはこれだけ伐るという量を決めるんだスね。大学の演習林には演習林長というのがいて、管理してあったスな。大学では木を売って学校の維持費にしたのでしょうが、エゾマツ・トドマツ・カラマツの三種類でした。山によっても若干の違いはあるが、エゾマツがいちばん多かったスね。

冬に伐採すると、夏になれば農学部の学生たちが、たいした来るものであったス。大騒ぎしながら測量したり、苗圃《びょうほ》でつくった苗木を、人夫たちと一緒になって植林したりしてあったね。冬に伐った面積だけは、かならず植えてあったスな。一〇〇年計画だったら一〇〇年目にはこの木を伐るということで、計画的にやっていましたな。マツだったら三〇年から五〇年もすれば伐れるが、北洋材はなかなか早くは成長しないからね。

冬仕事で森本組に使われた時は、土場の仕事をやったス。伐った木は川の近くに運ばれてくるものだから、それを積み上げて整理するのが、土場の仕事でした。はじめはなかなか流送トビを使えなくて、苦労をしました。

冬山の切り上げは、四月でした。四月には雪が解けてくるから、川の水かさが多くなるでしょ。土場に積みあげた木を、その水を使って流送するわけだス。この時が、流送の仕事につくか、それとも海岸に下って漁師になるかの別れ目になるわけだス。ある者はその山に残って流送の仕事に入るし、ある人は海岸に下ると、親方から前金を借りたりして漁師の仕事をするわけスよ。

わたしは流送の仕事があまりうまくなかったので、浜に下って漁師をやったス。流送の仕事は、なかなか熟練を必要としたわけだス。流送人夫は、四国から多く来てあったね。そのほかには、吉野川で流送をやった経験者とか、長良川の流送をやった人とかが来てあったね。北海道の人も、少しは来てましたな。流送人夫たちは、川を流れてくる丸太に乗るのが実にうまいんだね。ガラガラと鳴りながら流れてくる丸太に、ちゃんと乗ってくるのだからスな。樺太の流送は失敗して川に落ちてしまったら、寒いものだからこごえ死にしてしまうからね。こごえ死にしなくとも、丸太の間で押しつぶされてしまうから、よっぽど足元の達者な人でないと、うまくないのでスよ。

わたしは浜におりて来ると、ニシン獲りの船に乗ったスな。船はあまり大きくなかったスよ。小さい船だったスよ。ニシンもマスも、建網で獲ったものだス。ニシンは五月のはじめに来たものね。ニシンというのはハタハタと同じに、一度にどかっと来るものだから、その時にひと勝負してしまうわけでスよ。あとはぽつりぽつりと来るのを獲るわけだス。このどっと来た時に獲りそこなうと、親方が大損をしてしまうのだス。船頭がもののやり繰りが下手だったり、そらニシンが来たという時にまごまごしていると、せっかく来たニシンが行ってしまうからね。かなり装置にカネをかけ、人も頼んでいるものだから、このひと勝負があたらないと、カマドをなくしてしまう親方も出るわけだスな。

ニシンがいつ来てもいいように準備をして、待ってるわけだスよ。ニシンが隣の集落まで来ると、判るのだスよ。当時は電話もない時だから、人が走って知らせに来るのだスよ。ニシンが隣の集落まで来たど、ってね。

この知らせが来れば、もう大変なわげスよ。船は出るし、浜には人が出て、黒くなったもんだス。ニシンが近づいて来るのは、岸から見てても、沖から見てても、ちゃんと判るスな。ニシンが来ると、ずっと向こうから音鳴りしてくるのだもの。風が吹くような音がしてくるのだス。そうなると、カモメがガヤガヤガヤって騒ぐし、海の水が温くなって、色が変わってくるんだス。ニシンは子をふる（子を産む）に来て、数の子にシラコをひっかけるわけだから、海面に泡が立ってね。まずニシンがやって来ると、海も浜も様子が一変するわけだスよ。

船は船頭の命令一つで動くわけだから、ニシンがやって来ると、大きな袋に入れて船に引揚げるわけだスな。ところがちょっと手違いがあって、ロープをからめてしまったとか、滑ったとか、転んだりして、やりそこなうことがあるんだスな。そんなことをしてると、その間にニシンは行ってしまうわげスよ。数の子を網にひっかけでね。数の子をひっかけられた網は厚くはなるし、重くはなるし、ビロビロビロして手のつけようがなくなるわけだス。そうするとニシンを獲りそこない、親方はカマドを無くしてしまうわけだス。

ニシンが来ると、親方は浜に出て、うちの船はどうしているだろうなと、望遠鏡で見てるんだスよ。ニシンがうんと網にかかると、威勢のいい金切り声があがるんだな。キリ声ってのは、網をおこすことでね。このキリ声がかかると、船頭はねじりハチ巻きして、着物を一枚ぬぎ、櫂で入ったニシンを袋に追いやるわげスよ。親方はそれを望遠鏡で見ながら、まあこれだけ獲ったと思って喜ぶんだな。

それが逆に船頭がまごまごしていると、

「あの野郎ど、何しているのだ」

と、こういうことになるわけだな。

そしているうちにぐうっと来たニシンが、網に子をひっかけで、またぐうっと出て行ってしまうんだな。子をひっかけられた網は沈むし、板みたいになって動かないわげスな。そうすると袋に入れることも出来ないから、獲りそこなうわけだ。

それだけ船頭の責任は重いから、賃金も普通の若い者の倍はとっていたね。その賃金というのは、ニシンの漁期が終わるまでのことであったス。ニシンを獲る期間は一週間かそこらで、あとは網を建てておいても少しより獲れないわけス。こんどはそのニシンを干して肥料にしたり、身欠きニシンをつくったりしたが、これが一〜二か月かかるわけだス。賃金というのは、この加工が終わるまでのことでスよ。

番屋は奴隷生活

ニシンを獲る時は、二隻の船が出たものだス。片方の船には船頭、下船頭、船頭手伝い、その他の若い者一人の四人が乗ったね。もう一隻の船は、網をたぐっていく方の船だものな。この船には、十何人も乗ったものであったス。

一漁期の水揚げは、大きいものであったスね。その親方は、人夫たちに全部払った後に、一年間の生活を全部維持するだけ残したほか、来年の若い者を頼む分まで稼ぐものであったな。マスもかなり獲れたが、やはりニシンにかけでいだスね。

ニシン漁を終えると、六月からマス漁に入り、八月一杯まではマスの漁期だったね。マス漁の網は、ニシン漁にくらべると、目が荒かったスな。ニシン網は八分から一寸目だったが、マス網は二寸から三寸目だったものな。網は部分的には手編みといって、稲ワラで編んだのを使っていたが、大半は紡績の糸で編んであったス。網は千葉県の銚子や、広島の方から来てあったな。網は漁業組合で配給していたが、後になると個人で取引きする人も出てきたス。船と網を装備するとしたら、いまのカネだったら家を一軒建てるほどの金額だろうな。

マス漁が終わると、漁師はカンカイ獲るころまで、休みであったス。それでもまあ、自分たちで食べる魚を獲るために、ときどき網を引いてはいたどもね。

わたしたちは、番屋に入ったものだス。番屋といっても、普通の家だスな。番屋には一〇人ばかり入っていたが、若い者が寝るところは二階だったものね。汽車に乗ったような感じのする、番屋であったス。ベットになっていてね。飯炊きは家の人たちがやっていて、置いていなかったスな。

番屋の生活は、一種の奴隷だな。朝はひどく早い。とにかくニシン漁が盛りのころは、ひどいものだスよ。夜は番屋にではなく、船さ泊まったんだス。ニシンが来ると、すぐに起きないとダメだからね。ニシンが来た時にはいつでも出られるように、小さい船の中に着たままで寝ているわげスよ。ニシン漁に入る前に、一〇日も寝て来たという人もいであったたな。

ニシン漁がはじまると、建網から船に、サワリという網を引いてあるんだス。船頭と船頭手伝いが交代で、そのサワリを見張ってるのだス。ニシンが網に乗ってくると、そのサワリがバラバラと震えるから、ああニシンが乗ったぞ、網を早くおこせということになるのだな。夜中だろうが何んだろうが、ニシンが来た時に逃がしてしまうと、それで終わりなんだものね。

いつだったたか、船頭手伝いが寝ぼけていて、サワリが震えてニシンが来たのを知らせているのも判らないでいたために、網にニシンの子をうんとひっかけられて、使えなくなってしまったことがあったス。こんなわけで、ニシン漁になると何時に仕事に出るという決まった時間はなく、ニシンが来るといつでも出られるような状態でいなければならなかったのだスな。ニシン漁からすると仕方のないことだが、番屋の生活はやっぱり奴隷であったスよ。

ニシンは大泊の方から、北に向かってのぼって来るのであったたな。敷香の方から大泊の方へ下って行くってことはなかったよ。だからどこそこでニシンが獲れたと聞こえてくれば、じゃ敷香にはいつごろに来るなと、だいたいの予想がつくわけだスよ。番屋ではそれに合わせて、準備をしたものだス。

番屋では、魚だけはたらふく食えたスな。ニシンの塩したものとか、マスの塩引きは年中あったし、ほかにはホタテとかホッキとかを食ったから、食べ物はそう悪くなかったスよ。ただ、野菜は十分でなかったたね。食事は皆が飯台に並んでとったスな。ニシン漁のない時は、朝五時ころには起きたね。まずニシンを獲る時の下準備とか、獲ったニシンを干す場所をつくるとか、そういう仕事をして一日が暮れだスな。仕事はなかなか厳しかったスよ。夕方の五時ころまでは、どんな時でも働いたからな。

樺太で五年ばかり暮らしてから、また東京に出て行ったものな。この時は女房をもらってあったから、ちょっと天王の実家に寄っただけで、東京に向かったわけだス。東京では魚屋をやった後で、小さかったが肥料工場をやったス。魚から肥料をつくるのは、樺太で覚えてあったからね。魚河岸に行って魚の頭など買って来ると、それを煮て油をしぼり、干してから粉末にして、肥料を買う問屋に卸したわけだス。たいした儲けにはならなかったが、女房と子どもが暮らして行くには十分だったスな。

東京でこの仕事を六年ばかりやっていると、樺太時代の友だちで、漁業組合の専務をしている人が、わざわざ東京へわたしを迎いに来てあったもの。樺太にはいま、日鉄の大きな炭鉱が出来て、大きな会社も建ってるし、港も立派になったし、鉄道も敷かれて大した景気だから、東京でこんなことをやっているよりは、樺太に来いというわけなんだな。お前には海産物問屋を一軒まかせるから、そこで自由に仕事をやってくれと言うんだものね。それでわたしはまた、樺太に行くことになったわけだス。

行く時は女房と子どもを連れて、北海道の稚内から大泊へ船で渡ったス。この時は七〇〇〇トンくらいの大きな船だったスよ。大泊から敷香までは汽車で行ったが、急行で一六時間もかかってあったス。わたしがいた時と違って、鉄道は山にも敷かれてるし、海には防波堤が出来てるし、大きな会社も建っていたし、たいした発展ぶりだなと思ったもんだス。

敷香に着くと、友人は大きな店を建てて、待っていてくれたものな。「力一」という名前つけて、若い衆も四人ばかり頼んであったスよ。この海産物問屋をまかされて、仕事をしたわけだス。問屋では主に、サケやマスなどを加工したものや、生物を扱ったス。生物が入って来ると、若い衆を頼んで加工をしたりしたス。仕入れは、漁業組合から入れたな。内地から魚を買いに来る船も、わたしの問屋を通して、漁業者から船に積んだものだス。仲買いは何人もいなかったから、軍部が魚を欲しいといってきても、わたしの問屋を通して納めたス。太平洋戦争になってからは、兵隊の数も多くなってあったものな。

魚はどの季節にも、切れ目なく入って来てあったスね。冬期間は、塩蔵加工したものを主に売ったスよ。そのほかには、ニシンの干したものとか。また、海獣会社というのがあって、アザラシとかオットセイなどを獲っていたスね。アザラシなんかは、ひと網いれると六頭も入っていることがあるほど、うんといたわけだス。あの馬みたいなのがね。あれは皮は皮でべつに売り、肉は塩漬にして食べていたスな。昔はあまり食べなかったようだが、戦争が近くなって食糧が不足してくると、ああいう物でもみんな食べるようになったったな。

樺太でもだんだんと戦争一色になってきたので、前にくらべるとだいぶ様子が変わってきたものな。統制経済とか、企業整備などがやられたからね。わたしの場合は連れて行った友人が頑張ってくれたので、企業整備があっても最後まで残ったけど、品物を動かすにしても、軍部の眼が厳しくなってね。

軍部との取引きは、軍票だったスな。支払いはわりによかったスよ。わたしらは商業組合に入っていたから、そこを窓口にしていたわけだス。軍のほかには、木材業者に品物を入れたね。ここも食糧がなくなれば困るから、わたしも出来るだけ便宜をはからって品物を納めたス。量もかなり出したな。

だが、戦争が激しくなってくると、山そのものもだんだんと活気がなくなってきたスな。内地から木材を運ぶ船が、なかなか来なくなったのだスよ。木材を海岸まで出しても、船が来ないと持っていかないからね。船が来なくなってからは、海洋輸送というのをやったね。海の中に木材を山と組み上げ、ワイヤーロープでそれをつなぎ、小さな船で内地まで引っぱって行くのだスな。

問屋をやっていたので、カネはだいぶん儲かってあったが、後になるとそのカネを全部、商業組合に納めなくちゃいけなくなったんだスよ。ソ連兵が来たというので逃げて来る時なんか、持っていたカネを全部商業組合に納めた二日後だったから、カネはあまり持ってなかったものな。いちばん上の息子が、樺太に渡って来ると鉄道に出ておったものな。鉄道は情報が早かったので、「まもなくソ連の兵隊が来るから、家族の者を早くこの汽車で、大泊の方にやりなさい」と、駅長が内緒で教えてくれたものな。それで女房と子どもは、二日ほど早く戻ったわけだスよ。

そのあとに、村の人たちが集まっていろんなことを協議したものな。ソ連兵が入って来たら、何んとしようとかね。例えば白旗をかかげるとか、いや赤旗をかかげるとか、整列して迎え入れたらいいだろうとか、そんなことを話合ったスな。その相談がまとまらないうちに、次の集落に進入して来たという知らせがあったので、まずどうするかということはそれはそれだし、早く逃げた方が得策だということになったものな。

逃げることに決まったら、町通りを豚だの馬だのがとんで歩いたり、ひどいもんであったスよ。気のきいた人は、消防自動車に乗って下ったものもあったスな。わたしは友人と二人で、ソ連兵が入って来る二時間ばかり前に自転車で脱出したス。大泊までは何十里ってあるものだから、途中で自転車を枕にして寝たりしてね。だけどソ連の兵隊も、どっとどっとは進んで来ながったね。一つのところを占領すると、そこを固めてから攻めて来るのではないかね。わたしらは追いつかれなかったス。飛行機は頭越しにやって来ては、爆撃してあったども な。

大泊からは、いちばん最後の船に乗ったスよ。乗船係の人が、

「乗る人はここまでで、あどの人は乗れないぞ」

と叫んだ後で、ちょこちょことその場所を離れたものな。

わたしはその隙に、岸壁に着いている船に走って行くと、フロシキ包みを船に投げ込んで、乗ってしまったのだな。誰だそこを行く者って、大声で叫んであったが、船の人ごみの中にかくれでしまうと、わがらなくなってしまうがらね。危機一髪で、樺太から脱出したのだス。船の名前は忘れてしまったが、五〇〇〇トンくらいの大きなもので、デッキもどこも人で満杯だったな。この船は稚内に着いたが、引揚船のなかでも、沈められたのが何隻もあったそうだスな。こうしてわたしは早く帰ったども、残された人は気の毒であった。三年以上も樺太に残されたものな。

稚内から函館に来て、そこから生まれ故郷の天王の大崎に帰ったス。家族とは天王で一緒になることにしていたので、そこに来てあったスな。ところが帰っては来たものの、住む家がないのだな。はじめは小屋みたいなところに入ったス。そのうちに二田駅前にきたない家があったので、これを買って住んだス。

住む家は何んとか手に入ったが、食糧がなくてね、惨憺たるものだったスな。実家では田をつくっていたから、米はあったス。しかし家族が多かったから、米を借りに行ってもいい顔はしな

かったな。ヤミ米の買い出しにも歩いたスよ。米を東京へ持っていき、向こうで衣類などと取りかえて来たりもしたな。このあたりの人は、皆がそういうことをしたスよ。ヤミ商人をね。

それからまた、樺太で漁業をやった経験があるものだから、網屋をはじめたス。漁網をね。網屋をやるために産地へ行き、取引き関係を結んだものな。ところがまもなく統制経済がとけて、自由経済になったものね。自由経済になれば昔からのノレンがものいうから、わたしのように後からやった者には、いい結果が出なかったスな。

子どもを学校に上げて卒業させ、勤めさせるまでの間は、ほんとに難儀したな。まあ、かろうじて生きてきたスな。わたしの一生は、くたばったき（死ぬほど）の眼にばかりあったス。

（一九七八年二月）

4

樺太で三〇年も働く

菅原 安蔵　秋田県男鹿市船川港

盛んだった男鹿の漁業

わたしの家は、椿で漁師をしていたス。その家で、二人兄弟の次男に生まれたんだス。尋常小学校を卒業してからは、ずっと家の手伝いをしていたのだ。町方の人たちは中学へ進んだらしいども、椿の者は皆小学校だけで、あとは漁師になったのス。

椿というところは昔から、魚の町として盛んであったものな。男鹿半島では椿の町が、いちばん景気があったス。川崎船時代（注）も、発動機船時代も、椿がもっとも栄えていたス。いまでも椿港に入っている船は、全部が椿の人の物だスよ。

わたしは発動機船に乗って、漁をしたものな。二五馬力だったから、ここの地方では大きい方だったスね。船の大きさは、五〇トンくらいのものだったス。それで底引きをしたのだもの。獲れる魚はその時期によって違っていたが、ハタハタは九月から穫りはじめて一一月いっぱいまでで、一二月になればサメを獲るのだもの。それからヒラメに入ったが、その当時、ここには流し網がなかったから、マスは獲れなかったス。七月と八月は失業期であったス。

わたしらが発動機船に乗った時分はよ、若い者を雇わないで、漁師が力を合わせて共同で船一隻を経営してあったス。川崎船時代は家族経営であったが、発動機船時代になると船が高いものだから、とても一軒では発動機船を買えないわけだスよ。それで七軒の七人がカネを出しあって、発動機船を一隻買うわけでスよ。そして家族が力を出し合って、漁をやったのだスな。わたしの家にはその時、五夫婦が一軒にすんでいたスよ。たいていの家に、三夫婦から四夫婦が入って暮らしてあったな。

話はちょっと変わるが、わたしの婶の父親は加藤清次郎という人で、日露戦争の年に七歳になったばかりのわたしの婶を連れて、樺太に渡ったったな。それから栄浜の奥にある野寒というところに、三人ばかりの仲間たちと行ったのだと。その当時の野寒は、まだ誰も人が入っていない地域で、父親たちはそこを開拓して、そこで漁業をやっていたったね。わたしも後で話を聞いたが、はじめのころは随分と苦労をしたものだそうだス。その父親は早く婶に死なれてあったものだから、わたしの婶が一三歳になった時に、船川の人が継母に入ったのだと。

そんな関係もあって、わたしの兄の弥一が、樺太の加藤さんのところへ、ずうっと出稼ぎに歩いてあったものな。かなり長い間、行ってあったようだスよ。その兄が兵隊にとられたものだから、婶の父親に頼まれで、わたしが代りに行くようになったったア。発動機船を運転できる人がいなかったために、樺太に渡るとその仕事をしたのだス。

その当時は船川から、樺太の大泊まで定期船があったものね。あれは何んという船だったかな。船川から山形の酒田に行き、それから北海道の函館、小樽と寄港し、樺太の大泊に着くのであったス。船川から大泊までの定期船は、月に一回か二回であったが、この船には内地から樺太に渡る人が多く乗ってあったね。

大泊に着くと、皆はそれぞれの目的地に向けて、別れて行くのだス。当時は大泊から敷香まで鉄道があったので、それに乗って栄浜に行ったス。敷香に行く途中に、あったからスな。そのほかには、まだどこにも鉄道はなかったス。

わたしがはじめて樺太に行ったころは、ニシンが大漁であったな。まあよぐあんなに獲れるものだと思うくらい、大量のニシンが獲れたものだったス。

媾の父親は、あまり大きい親方ではなかったもののな。ニシンの漁期になると、若い者を一〇人くらい北海道から頼んで来てあったね。どうしたわけか媾の父親は、若い者を北海道からだけ頼んで来てあったな。秋田から行ってるのは、わたし一人であったス。ニシンを獲って、それからそれを加工し、七月中旬ころになれば仕事は終わりで、若い者たちは北海道に帰るものであったね。一年に一回だけ、出稼ぎに来るのであったね。

わたしはそれから何年もそこへ出稼ぎに行っているうちに、父親に見込まれて、娘を媾にもらうことになったものな。媾にはもらったが樺太には置かないで、椿の家さ連れて来たス。そのうちに子どもが生まれたが、それでもわたしは出稼ぎをやっていたス。椿ではそれが普通のことだったからスな。

樺太に住みつく

ずうっと出稼ぎをしているうちに、媾の父親が年を取ってきたものだから、わたしにも野寒に来て一緒におってけれと頼まれたわけだス。そこで一九二八年に、嬶と子どもを連れて樺太に渡ってからは、もう樺太に落着いでしまったス。その後で実家の両親も相次いで亡くなったものだから、椿の実家に帰る気もなくなってしまったのだスな。一九二八年に樺太に渡って落着き、日本が戦争に負けてから三年もの間抑留されていたから、樺太に三〇年も年を投げてきたったなア。

野寒というところは、栄浜から七里も離れたところにあってね、その間を物資や人を運ぶには、馬車を使っていたもんだス。はじめのころは、その間にあまり家もなくて、寂しいところであったスな。

わたしは発動機船を運転しながら、漁夫として働いたわけだが、野寒の沖に出て漁をすると、獲った魚は栄浜におろしたものだス。だからわたしは、連れて行った家族を野寒に置いて、わたしだけが野寒から栄浜まで、馬に乗って通ったものだス。

樺太の漁は何んといってもニシンが最高であったが、ニシン漁が終わればカレイなどの雑魚を獲ったものだス。雑魚は栄浜の港に揚げると、エサバに売ったものだス。エサバというのは、いまの仲買人のような者だスな。エサバたちはわたしたちから買った魚を、落合とか豊原へ売りに行くのだスな。

そこには王子製紙という、大きなパルプ会社があったものな。その周囲にはその会社で働く人たちの家が、五〇〇〇戸ほどあったものだから、わたしらが海で獲った魚は、エサバたちが全部そこに持って行ったのだったァ。野寒にも底引き船が三隻あったが、その船が獲った雑魚も、みんな落合とか豊原に持って行ってあったね。それでも足りなくてね、大泊あたりからも、かなりの量の魚が来てあったようだス。樺太の人はまた、魚をよく食ったものな。いまにくらべると、ずうっと安かったからね。

カネの方はどうなるかといえば、獲った魚を売り、その額の何分かを雇った若い者たちにくれるのだスな。親方によっては若干の違いはあったが、普通は親方が六分、若い者たちが四分という割合いだったね。その四分を、若い者たちで分けるわけだス。何人いたとしても、その四分の中で分けねばならないのだス。その中には船頭もいるでしょう。船頭の取り分は、一人半だったね。船川ではいまでも、そんな歩合制だスよ。

親方が北海道や内地から若い者を雇う時は、キチ銭というのを送るのだもの。キチ銭というのは、前渡金のことだスね。汽車賃が主だったけど、昭和のはじめころで、船川から栄浜までの船賃と汽車賃が、一五円だったものな。当時の一五円といえば、大金であったスよ。若い者どは裸一つで来るものだから、それらの支度から、漁に使う資材はもちろん親方が全部準備しなければならなかったものだス。

樺太で一年を通して漁で働く人たちの場合は、宿が番屋と越年する家とに分かれてあったス。どうして家が二つに分かれているかといえば、樺太は雪が多くて、寒いでしょう。だから冬の間は、番屋の方にはとてもおれないわけだス。野寒の場合は、村が二つに分かれてあったね。ひとつの村は番屋で、ここでは春から秋まで暮らすわけだス。もうひとつの村は山の中にあって、冬になると番屋から引越して暮らすわけだス。夏の村と、冬の村とがあるのだス。番屋は漁するために泊まるところだから、出来るだけ海の近くということで、波打ち際に建ってあったな。波が高くなって来ると、番屋も波をかぶるわけだスよ。波高くなってくれば、おっかながったな。

樺太の漁期は、野寒では五月から六月までがニシン、七月にはニシンも少しは獲れるが主にカレイ、八月になるとマスを獲ったス。九月と一〇月はアキアジを獲って、一年の漁は終わりということになるわけだス。一一月に入るとだいたい番屋を引揚げて越年の家に行き、冬の間は来年に使う薪伐りをやったス。薪はひと冬の間に、一間六尺をひとシギとして、百シギは伐って浜まで運ぶんだな。これくらいないとニシンも煮れないし、家事用にもかなり使うからね。冬の間は、薪伐りと薪運びで終わってあったスな。それでもひまがあれば、山仕事に歩いたものだス。

忙しいニシン漁

北海道の漁は、何んといってもニシンがいちばん活気があったし、またカネにもなったな。ニシンで一年の勝負が決まったわけだから、そりゃ活気もあったスよ。

ニシンを獲る時は、船に枠をつけたものだス。多くニシンが獲れると、その枠を二枚も三枚もつけたもの。その枠の中に、獲れたニシンを入れるのだス。ニシン漁に出る時は、枠船を三隻持って行くものな。枠船一隻が一杯になると、だいたい一三〇〜一四〇石ほど入ったから、三隻が一杯になると四〇〇石は獲れているのだス。

一隻の船には若い者が一〇人乗り、ニシンの入った網を起こしていくのだス。枠船には男が二人乗っているものな。ニシンが一杯かがった網を起こしていくと、枠船の枠を下げるんだス。そして獲れたニシンを、水揚げするのだス。

その晩にニシンが獲れるでしょう。それをこんど、陸に揚げないといけないわけだスな。一〇人で二隻の船を持っているから、五人ずつに別れるんだス。それからニシンの入った船に行き、ニシンを積み返してから、陸揚げするわけだスな。

ニシンを積んだ船が浜に着くと、木の板でつくった箱モッコを背負った若い者が来るわけだス。箱モッコを背負う人だけで、一〇人は頼んだスな。何しろ急がないとダメなものだから、人が多くいないとダメなのだスよ。箱モッコは一人で一個背負ったが、大きさはいま使っているハタハタを入れる魚箱が、三つほど入ってあったな。それだから、重いスよ。若い者でないと、とてもやれる仕事ではないス。

箱モッコで浜に揚げたニシンからは、まずカズノコを抜くんだス。カズノコを抜くのは、ほとんど女の仕事であったスな。カズノコを抜いたニシンは、ニシン粕を取るために煮るんだスよ。幅が五尺もある大きな釜で、一個を一枚と呼んでいたものな。その釜が一〇枚もあって、それにまた人が一人ずつつくわけだスよ。

やわらかくなるまで煮たニシンは、ドウといって、柱を四本立てて、その間にヌキを並べ、下の方を少し空けておくわけだス。その上に煮たニシンを上げると、その上に重しをかけるのだス。そうすると、水分とか油が、下の方に落ちるわけだスな。水分や油っ気がなくなると、ドウのニシンをムシロにひっくり返すのだス。こんどはそのニシンへ四分に切れ目を入れて、ホークで散らばして乾燥させるのだスな。完全に乾燥してから、木でつくった道具で叩くと、こなごなになったのだス。それをカマスに詰めて、肥料として売るわけでスな。

こんなわけだから、一軒の番屋には四〇人くらいもいないと、ひと晩に三〇〇石から四〇〇石も獲れるニシンを、こなしていくことは出来なかったスね。ところがニシンは一度にどっと来るので、どこの番屋も一斉に仕事をするものだから忙しくて、近在から人を頼むといって、とても出来ないわけだスよ。だからどの番屋でも、北海道とか内地という遠いところから、人を頼んでいたわけだスな。

わたしの嬶の父親のところには、北海道から来た出稼ぎ者が働いてあったたね。北海道から来るのは、漁師たちであったス。樺太へ出稼ぎに来る前に、北海道でニシンを獲ってから来たのだスな。北海道ではだいたい三月になるとニシンが獲れるから、それが終わってから来るったね。野寒あたりでニシンが獲れるのは五月に入ってからだから、ニシンを追ってくるのだスな。その漁師たちは、樺太のニシン漁が終わると北海道の家に帰り、コウナゴを獲ったそうだ。それを干して、売ったのだスね。

漁の出稼ぎは、ニシン漁で終わりであったス。ニシン漁が終わったあとは、カレイなどを獲ったが、それは家族だけで間に合うものであったものな。カレイは生のままでも売ったが、ニシン粕と同じように肥料にすることもあったス。だが、二〇タマも獲れるといい方であったものな。魚を釜で煮て、ドウに入れて水分とか油っ気を絞ったのを、タマと言ったものだス。そのタマが生な時は、一つが四四〜四五貫も目方がかかったスよ。ところがドウに上げて重しをかけ、干しあがると一四〜一五貫くらいにはなったス。

ニシンを獲る網はニシン網といって、網目は一寸八分四方であったス。カレイの場合は、カレイが入っていく方が三寸目、集めていく方が五寸目を使ったスな。まあ、一一月二〇日ごろになれば海に氷が張るから、陸に船をあげて漁は休みだ。それから春までは、さっきも言ったように薪伐りと薪運びだが、自分で使うだけの木を伐れない人は、人を頼んで伐ってあったスな。

楽しみはドッピ遊び

樺太の生活は仕事ばかりで、楽しみというのは何もなかったな。仕事が終われば、男たちは酒を飲むぐらいであったな。正月になると、女の人たちはドッピをやったス。ドッピというのは、縄のうらに穴のあいた銭をつけて、それを引く遊びのことだス。遊びに加わる人が一〇人いると、一〇本の縄を用意し、そのうちの一本にだけ銭をつけるのだス。ちょうど、クジ引きのようなものだな。その一〇本の縄を、皆で一本ずつ引くのだス。そうすれば、誰か一人に銭のついたドッピが当たるわけだスな。そのドッピが当った人に、かけたカネが全部いぐの。ひと晩に一〇〇円も遊ぶとすれば、なんとたいした時間がかかったものだス。それだけだなァ。あとは何んにも娯楽ってながったね。

そのほかには、たまに素人芝居があったスな。村の若い連中が集まって、唄をうたったり、芝居をやったりして、わいわいと騒いだったな。出るのは昔の唄っこでな、「おばこ節」とか「安来節」とか「秋田音頭」とか、そういう唄が多がったな。流行歌なんて、あまり唄わなかったスよ。

うん、そういえば蓄音機があったね。豊原っていうと、いまの秋田市みたいなところだが、そこに行くとタネ板でも何んでも手に入ったス。昔はレコードのことを、タネ板と言ったものだもの。そのタネ板でも買って来てよくかけたが、民謡とか浪花節とかが多かったスな。

ラジオは戦争に負ける前の年に、漁業組合の事務所でつけたのだス。一九四五年八月一五日に日本が戦争に負けたのも、そのラジオで知ったのだスよ。

あの日にわたしらは、畑でジャガイモの土かけをしていたんだスよ。樺太では六月に、ジャガイモを蒔くんだよ。六月にニシン漁がちょっとひまになった時に、出稼ぎの若い人に畑に行ってもらい、ただ穴だけ掘って、そこにタネイモをおいで、土をかけでおくだけなんだよ。普通の畑みたいに、畝をつくったりはしなかったス。それでもニシン粕を干す場所がその畑なものだから、何んと何んと肥料分が十分にあるものね。イモはびっくりするほど、大きくなったスよ。イモ一つが、三〇〇匁もかかったのがあったな。嘘でないスよ。あんまり大きくて、目方かけてみたんだよ。そうしたら三〇〇匁もあったんだな。思いが悪いみたいに、大きくなったス。だが、成長が遅くて、ジャガイモは一〇月までも畑に置いたけどね。

それでイモに土かけをしていると、隣の干し場から、

「戦争さ負けでしまった、戦争さ負けでしまった」という声が聞こえてきたので、わたしらは鍬を足もとに落として、どさっと膝をついで、そのままであったス。あとはいつロスケに殺されるべか、ということばかり考えたな。

戦争もはじまった時はうんと気炎をあげたが、そのうちにだんだんとおかしくなって来たものな。空襲がはじまるようになってからは、防空壕を一軒で一つ掘ったスよ。二間四方ほどの大きさの穴だが、縦穴を掘り、上に草なんか上げて判らないようにしただけのものだったどもね。出稼ぎ者たちも皆が竹ヤリを持って、ロスケが来たら向かうということでね。海に向かって、

「ヤアー、ヤアー」

とやってあったものだス。

だが、表面では戦争に負けるとは思わなかったが、心の中では一週間くらい前から、日本は負けるんじゃないかと思ったス。なぜかっていうと、敷香が艦砲射撃を受けた時は、かなりの死傷者が出たという話が聞こえてきてあったものな。それがらというのは沖の方を、ロスケの潜水艦がゆうゆうと行くども、日本軍は何んもやれねんだものな。どうして、ロシアはゆっくりと樺太をなぶっているのだものな。

ああ、これだとダメだなと、内心で感じたスな。もうダメだなって、皆でひそひそ話したス。負けるという思いをしたが、どうすることも出来ないのだな。ただ、そこにいるよりながったス。なかには、発動機船に乗って逃げた人もかなりいたが、逃げる途中に飛行機の上から撃たれて、海に散った人が多かったという話だな。まあ運がよくて、函館まで辿りついたという話もあとで聞いたが、そんな人は少ないだろうな。

ロシア人の下で働く

戦争に負けてからは、ロスケに使われだス。漁師は漁師をやったし、百姓は百姓をやったス。

ただ、漁師をした人は、うんとえがったスよ。ロスケは日本人が獲った魚を、買ったものな。ただで取り上げるってことはなかったス。カレイでもマスでもアキアジでも、いくらって買ったものな。そのため、食うには困らなかったス。漁師をしてると、配給もよがったもの。パンも米も砂糖も、もらったものな。

まるっきりの稼ぎ人、樺太が日本のものだった時のサラリーマンたちは、大変な目に合ったようだスな。同じ漁師でも、何んにも魚を獲らない漁師は、また難儀をしたったな。仕事をしないと、食べさせねもの。配給もやらねんだもの。だが皮肉なことに、真面目に一生懸命に働いた者が、かえって長く樺太におがれたものな。ロスケにとってみれば、役に立つ人間だということであったスベね。

サラリーマンとか、沖さ船で漁に出ても、寝そべって休んで、何んにも魚を獲らない者たちが早く帰されたもの。ロスケは、魚を獲る方法が判らねんだな。そのためにわたしらは、網をつくったり、魚を獲る方法を教えるために、三年も樺太に置かれてたんだな。正直者がバカをみるということになったのさ。それでもまあ、三年間はいいロスケに使われでえがったス。

三年目になって日本へ帰ることが決まると、本斗の女学校に入れられだス。収容所になってあったものな。そこに三万人も集まったものだから、収容しきれない人は、外にテントを張って入れられだスな。収容されたのが早い人から、先に帰されだス。引揚船は三隻あったが、一隻には八〇〇人くらいより乗れないのだものね。船は一〇〇〇トンくらいのものであったからスな。なかなか順番がまわって来ないのだスな。

最初のうちは荷物をほとんど持たせなかったが、後になり次第、少しだが持たせるようになったス。ところが、戦争に負けて死ぬか生きるかという目にあって帰って来たのだから、日本に着くと大事にされるだろうと思って函館に着いたが、何んとそれがひどいものだったスよ。持って来た衣類でも何んでも、一枚一枚ほっぽり出して、それに薬かけるんだものな。持って来たカネも、みんな取り上げられでしまったものね。その中から日本円にして一〇〇〇円だけ、持たせてあったスな。何んぼ多く持って来た人でも。子どもが四人と嬶の六人だから、一〇〇〇円で何が出来るってね。

函館に上陸して入れられたところも、ひどいところであったスな。あれは日魯漁業の番屋を借りて、疎開小屋にしたんだスな。人の住むようなところでねんだス。そこに入れられで、さあ、自分の行く先を決めろと言うんだな。役人どもがね。

わたしもはじめは、秋田に帰らないで北海道に残り、暮らすがなと考えだス。樺太で同じ野寒にいた二七人がひと団体になって、花咲にある開拓地に入らないかという話が、道庁からあったものな。そこを開拓してくれると、船でも網でも、何んでもやるがらという話であったからね。

いい条件だから入るかなと思ったが、まず椿の家に電報打ってみたもの。「家に帰ってもいいが、帰らなくともいいが」って。そしたら折り返しに電報が来て、「こっちでは船をつくって待ってるがら、大至急帰って来い」ってね。それで花咲の開拓地に行くのを止めて、男鹿の椿に帰って来たのだス。

椿にもどって来て、わたしはまだ発動機船に乗って働いだス。田んぼも食べるくらいはあったから、引揚げて来てからは、あまり苦労しなかったスな。かえって遅れて帰って来て、よがったのかもしれないね。

（一九七八年三月）

※注…　川崎船（かわさきぶね）山形県庄内の漁民たちが、藩統制下の魚問屋の拘束から脱して、秋田近海に出漁した漁船。のちには、山形・秋田・新潟の漁民が、北海道に出漁した船のことをこう呼んだ。

5

樺太は魚の宝庫

三浦 勝太郎　秋田県男鹿市船川

二歳で樺太に渡る

わたしは五人兄弟の長男として、台野に生まれたわけだス。あとの女四人は、樺太で生をうけたのだスな。わたしは二歳の時に、父親に連れられて樺太に渡ったのだと。それ以来あしかけ三二年間樺太におって、終戦と同時に生まれ故郷の台野に帰ったのだスな。だからわたしの場合は、普通の出稼ぎとは若干違うんだスな。

二歳の時に男鹿を後にしたものだから、当時の船川港台野のことは、ぜんぜんわからないスな。父親の話では、親の親にあたる人が、山本郡三種町鶏川というところから、台野に三軒が集団移住をして来たのだと。わたしの父親が二〇歳の時で、台野では開拓農家であったのだね。鶏川から移って来たのは三浦家の人たちだけで、現在は分家も加えて五軒になっているス。

台野の荒地を開拓しては、主に米づくりをしたようだス。どれくらいの面積を開拓したものなんだろうね。減反などでだいぶ廃田になったのもあるが、現在もあるのは、わたしの父親の腹違いの子がつくっているのだけで、一町数反歩だス。その他に自家用の野菜をつくる畑もあるが、そう多くは開拓できなかったようだスね。

父親は農業をやっていたが、とても農業だけでは生活がなりたたないので、ほんとに若い時から、地元の人に雇われて漁師になり、船に乗ったりしていたようだス。半農半漁の生活であったのだスな。一六歳のころになると、北海道の天売とか焼尻などの島へ、出稼ぎに歩いたようだスな。その当時の男鹿の若い者たちは、皆が北海道とか樺太の漁場へ、出稼ぎに歩いたのだそうだス。北海道に何年か歩いているうちに、樺太はもっと景気がよくて、仕事にも困らないということを聞いたんだスな。それからは北海道をやめて、単身で樺太へ出稼ぎするようになったようだスな。樺太へ出稼ぎをつづけているうちに、ここでだと生活の見通しもつくなということになって、樺太に落着こうという気持ちを持ったようだス。

樺太に移る決心をしたのは、そのほかにもいろいろ原因があるようだス。一つは父親の親ですね、その人が連れ合いを亡くして、後妻をもらったわけでスよ。その後妻にも子どもが出来ると、世間一般に言うように、先妻の子どもとの間がうまくいかなくなったんだスね。わたしの父親と、親の後妻との関係が悪くなったんでスな。

これが一つと、もう一つは、この狭い土地に家族全部がへばりついても食っていけないから、後妻の子にきれいさっぱりと譲って、自分は樺太に渡ろうと思ったらしいのだス。まあ父親にしてみれば、家の中は複雑になっているし、樺太に落着いても暮らしていけるという見通しがついたので、宝の島樺太に渡る決心をしたのだようだス。

樺太に渡ったのは一九一三年のことで、父と母とわたしの三人だったそうだス。樺太では南の方の遠淵村に入ったんだスな。その当時は早い者順で、漁師は海岸に近い、便利のいいところに入ったそうだス。自分の好きなところに入って本拠を構え、村役場にここに入ったからと番号を登録するのだそうだス。父親は一四番地でしたから、すでにその前に一三戸が入っていることになるわけだが、わりと早い方であったのだな。

遠淵村には内音川という川があって、その川の両側には、農業開拓者たちが入植していたス。農業開拓には北海道の人も入植していたが、大半が秋田県から入った人たちでしたな。だから村には秋田県人会なんてのがつくられてましたよ。開拓地には北海道の人も富山県の人も入っていたが、県人会をつくったのは秋田県人だけでしたね。

わたしの父親は、樺太に渡って漁業をやるというのが目的だったようだス。北海道や樺太へ出稼ぎをした時に、ニシン漁法なども覚えていたからね。ところが裸一貫で渡り、女房と子も連れだから、はじめから自分一人ではやれないのだスよ。また当時は、資金を持って樺太に渡った人は、ほとんどいなかったスな。樺太に渡ってから、働いて稼ぐという考えだったからね。最初は人に雇われ、働いて資金をつくるということだったスな。

しかし父親は、はじめから共同で漁をしていたスね。皆が同じような条件の、貧しい入植者でしたから、親方というのがその土地にはいなかったんだね。二三歳から二四歳あたりの若い入植者が、協力し合ってやったのだスな。皆は新しい土地に入って、意気に燃えておったのでしょうね。

だから家族が住む家だってね、漁が休みの日に木挽き鋸で板を挽いたり、丸太を運んできて角に削ったりしたんだスな。その材料でもって、自分たちの住む家を、自分たちでつくったのだスよ。大工なんていないし、おったとしても頼むカネを持ってないから、皆で協力してやったんでスね。見よう見真似で、あっちに釘ぶっつけ、こっちに釘ぶっつけしてつくったんだと。わたしはその家に一四歳の時まで住んだが、そりゃすさまじい家でしたよ。

家は番屋造りでしたね。二間半に四間の、小さな建物でしたな。部屋の数は四つでした。敷物は畳だったな。大泊に注文すれば、何んでも手に入ったものね。敷物だけは完全な物でないと、零下何十度にもなるものだから、間に合わせ物ではダメなんでスよ。わたしも記憶にあるが、畳一枚が七〇銭か八〇銭でしたな。後に家を新築したが、その時は一枚が二円三〇銭ぐらいでしたな。まあ物価が安いだけ、労賃も安かったのだスな。

魚粕だが、わたしらが一人前になった時で、一〇〇石というと、六斗入っている俵で一六四本ですよ。それが七〇〇円まで下がったことがあるのだスよ。だからその当時の若い者で、一か月の賃金が四円五〇銭から五円でしたからね。あの不況のドン底の時にね。それをどうにか乗り越えてやってきたのだから、うちの父親もたいしたもんだと思いましたな。敗戦になってね、裸一つになって日本に帰って来た時に、うちの父親は、

「あそこまで行って働きつづけ、また裸一つになってしまったな」

って、笑ってあったスな。

遠淵湖のニシン漁

わたしたちは漁師だったが、荒れた土地を持っていたものだからそこを畑にして、バレイショ、カボチャ、ダイコンをつくったりしたスよ。米はとれない土地であったどもね。だが、肥料の魚粕は自分たちでつくったのを入れられるし、畑も年数をくってない新しいものだから、何を蒔いても相当のものがとれだスな。

米は大泊から仕入れてあったス。大泊に大っきな米問屋があったものな。遠淵から大泊間に、定期の発動機船が運行してあってね、一一月に入って海のシケが強くなり、下旬になると結氷してくるわけだ。長年住んでいると、いつごろになれば海が結氷するという見通しがつくものだから、定期船に乗って越冬分の物資を仕入れに行くわげスよ。米、味噌、砂糖などを買って、運んで来るんだス。当時は　米一俵が七円くらいであったから、五〜六人の家族がひと冬食べる食糧を仕入れるには、一〇〇円もあれば十分であったね。

わたしたちの住み着いた遠淵には、周囲八里ほどの遠淵湖というのがあったものな。この遠淵湖は海とつながっていて、海水なものだから、あらゆる魚がおりましたな。わたしたちは海ではなく、この遠淵湖で漁をしたんだスよ。ニシンもおればチカもいるし、ナマコやカキやホタテもるし、ホッキ貝もいたね。湖ではあったが、一種の

湾のようなものでしたたな。主なのはニシンで、五月下旬から六月までが漁期でした。ニシン漁が終わると、その次はコニシンという小さい魚が獲れて、これでは肥料を製造したたス。これが終わると、引き網でチカを獲ったが、その間に貝類を獲るといったように、まあ年がら年中漁をするによかったたスね。

冬は寒かったたスな。零下二〇度なんていうのは普通で、三〇度に下がることもあったたス。こうなると、酒も結氷してあったたね。冬になって遠淵湖に厚い氷が張ると、氷に穴をあけて、氷下漁をするわけだスよ。カンカイという魚を獲るんだスよ。カンカイのことをコマイって呼ぶ地方もあったが、秋田から行った人は、八郎潟でやっている漁法を皆が心得ているわけだスな。氷下漁をね。自分たちで氷下網をつくり、カンカイを獲ったんだス。結氷が流出して湖が顔をのぞかせるようになると、ニシン漁がはじまるまでの間、男鹿半島でやっている小さい網を入れて、カレイを獲るのだス。カレイの漁期が終わると、いよいよニシンがはじまるわけだスね。

一九三三年ころになると、わたしも一人前になって、家の仕事を手伝えるようになったたス。そのころになると、うちでも船を持っていたスな。船といったって、現在船川の港に入っているような、大きく立派な発動機船ではないのだスよ。周囲八里の湖だものだから、手櫓ぎの磯船でした。磯船に七〜八人が乗り、網積んで出るというやり方でしたたな。

そのなかで発動機船を使っているのは、杉浦寒天工場でしたたスね。寒天の原料になる伊谷草という海草が、三〜四尺も厚くなっているものだから、それを攪拌して日光をあてないと、十分なものにならないのだスよ。それを攪拌するのに、一〇トンほどの発動機船を三隻ばかり使っておったたス。

あとは磯船でニシンを獲るわけだスな。獲ったニシンは袋詰めにしておくが、とてもじゃないけど手櫓ぎの磯船では、陸に引いて来れないのだスよ。その時に頼んで引っぱって来る発動機船がおったスな。二五馬力だったが、今じゃそんなの見たいたって見れるものじゃないけど、そういう船が北海道から渡ってくるのだスよ。地元で持っている人は、一人もいなかったスな。まあ、それだけの準備をする必要もなかったども ね。

遠渕湖ではいろいろな魚を獲ったが、建網漁法で違うのはニシン漁だけだスな。あとの魚はこまかいものだから、それに合わせた網目でやるので、二種類もあれば十分だったでスな。あとはカンカイを獲る底網ね。これはフクベ網とも言ったス。ニシンの網は、ニシンが産卵のために接岸して来るものだからね。網目がこまかいと、子をかけられで目づまりするものだから、ニシンが目づまりしない程度に、大きな網目のを使用したわけだス。だからニシン網では、ニシン以外のこまかい魚は獲れないのだな。

家では親父が船頭で、わたしが下船頭であったものだから、雇われ人と違って自分の仕事だものな。ニシン漁になると、夜も寝ないで頑張ったスな。寝すごしてしまい、ニシンがいっぱい網にのって起こされなかったとか、網に子をひっかけられでどうもならなかったという経験は一度もしなかったね。

サワリといってね、網から船まで五間の糸を張っておくのだスな。船頭はそれを片手につかんで、ニシンの来るのを待っているのだス。サワリをつかんでいると、ニシンが来て網にぶつかると、ブル、ブル、ブルとするからすぐに判るのだス。でも、ひと晩もサワリをつかんでいると、手がしびれてきて大変なんだスよ。

ところが頼まれ船頭だと、ブルっときてもわずかばかりのニシンだなと思って、油断して寝込むこともあるのだスな。ニシンが来た時に、三〇分も寝ているとと大変なことになるのだスよ。子をかけられて網を沈められると、とても五人や一〇人では起こされるもんでないス。網を沈められてしまうと、あとから来たニシンも全然獲れないのだから、ひどい損害になるのだス。

ニシンが来るのは短期間だけで、漁期の間だったらいつでも来るというのではないス。ノチニシンといって、シラコもカズノコも入ってないニシンが回遊して来ることがあるけど、これなんか微々たるものだス。はじめのうちにシラコも十分、カズノコも十分のものを獲らないと、売りにも影響するんだスね。はじめは生で出荷して、余ってきてからはじめて肥料にするんだものな。ハタハタと同じで、はしりのものを獲らないと、価格も半分になるのだスよ。

その年によって、それぞれの家の方針みたいなものがあるのだスな。例えば、ことしはカズノコを大量に出して儲けようとか、その時の相場の変動を見ながら、方針をたてるのだスな。カズノコ専門にやって失敗した人もあるス。ことしはカズノコがうまくないと思えば、カズノコが入ったままニシンにして出荷するか、粕にしてしまうんだス。そのほかには、カズノコを抜いたあとで、身欠きニシンをつくることもあるス。身欠きニシンは二一匹をわらでつなぎ、一組として出すのだス。二一匹といって一匹が半端なのは、一匹というのがサービスなんだね。わらが切れて落ちる時もあるからね。原則は二〇匹なのだが、出荷は二一匹になるんだな。

ことしの相場は、前の年から検討してみるのだスな。ことしあたりはカズノコの相場も、身欠きニシンの相場もうまくないという見通しをたてた人は、そんなややこしいことをやめて、カズノコやシラコが入ったまま、粕にしてしまうわげさ。カズノコもやる、身欠きもやると、両方をやる時もあるス。相場がいい時だとね。

ニシンが獲れても、陸揚げをいつやるかは、その人の判断でやるのだス。あまりニシンが獲れない時だと、すぐ陸揚げをするわけだス。こういう時は、生で高く売れるからね。大量の時だと、三〇〇石とか二〇〇石とかが一度に獲れることもあるわけスよ。こんな時は、陸揚げするのに半月もかかるのだスよ。その間、死んだ魚が海水の中に入っているものだから、自然とカズノコにも塩分がまわってしまうのだスな。抜いたカズノコは、魚に赤血があるものだから、海水のタンクの中に入れたあとで、スダレにあげて水分をきり、それからムシロに移して乾燥させるわけだス。これにも等級があって、やり方によっては一等になるものが二等になったりするんだスよ。二等は一等の七掛でしょう、三等は二等の六掛だス。結局、一等が一〇円だとすれば、二等が七円、三等は四円二〇銭ということになるんだスな。このほかに、四等もあるし、等外もあるからね。だからその製法によって、同じ一〇〇石獲っても、その金額はだいぶ違うわけだスな。

ワラで編んだ網も

魚粕なんかにしても、力のない者たちの寄り集まりだから、資金がないわけだスな。小さくとも、ニシン漁の準備にはそれなりの資金を必要としたからね。北海道の函館とか小樽あたりで商売をしている親方が、ニシンを獲る前に青田買いに来るのだスな。そういう者にかかると、自分の力でやっていると一〇〇円で売れるものが、親方からカネを借りていると、五〇円とか六〇円という具合に安く買い叩かれるわけだス。

これではダメだということで、弱い者たちが集まり、漁業組合というのを組織したのだス。組合を組織して樺太庁の水産課へ届け出ると、銀行でカネを貸してくれるのだものね。漁業組合という信用でな。親方から借りるよりも金利は安いし、魚粕を買い叩かれる心配はないスものな。そういう資金を元にして努力した人は、どんどん伸びていったな。わしらみたいに、あまり伸びない人もいてあったけどね。

わたしの家で使った人は、五～六人であったス。外浜ってね、湖ではなく大海に出て漁をする人だと、同じ規模でも二人ほど使っていたスな。わたしらは行った時から、湖で漁仕事が出来たので、少ない人数でやれたのだね。大海で五〇〇石獲っても、わたしらみたいに湖で三〇〇石より獲らなくとも、経費がかからないものだから、だいたい同じくらいの売上げになってあったスな。

わたしらは五～六人雇っていたが、同じ仕事をして長い年数がたてば、親分と子分みたいな関係になってあったスな。そこの家の待遇がよければ、黙っていても人は集まって来てあったスよ。人を頼まれないという心配は、一度もなかったスな。わたしの家へ働きに来た人は、函館から来ていたス。五〇歳とか六〇歳くらいの、真面目な人たちでしたな。

昔から小樽ヤン衆、津軽ヤン衆と呼ばれて、人集めの手で集められた何十人という人が、同じ番屋に入っているものでしたな。南部ヤン衆の場合は、一〇人来れば八人より使いものにならないと、よく言っておったスね。本当は、あまり仕事をしない人たちだという意味のことだったようだスな。わたしの知っているのでは、小樽ヤン衆がいちばん悪かったな。怠け者ばかり多くてね。

遠淵村のヤン衆には、そういう人は来なかったスな。ということは、多くても一軒で一一人くらいより使っていないものだから、その人たちが一〇ある力を八より出してくれないと、やっていけないわけだスよ。規模が小さいものだからね。だからそういう人は、どんどんやめてもらったス。結局、気心が知れているし、信用を互いに持っている人だけが、働きに来てくれたのだスな。

当時は電話などというのは数えるしかなかった

から、ハガキで連絡をとったものだス。どうだ、ことしも来てもらえないかとハガキを出してやると、来てくれるのだものね。緊急の場合は、電報でやったス。遠淵村には、北海道と津軽からの出稼ぎ者がほとんどでしたな。出稼ぎ者は単身で渡って来たス。なかには炊事の手が足りないところには、夫婦で雇われて来る人もおったけどね。

ひところの遠淵村は、樺太の中でも漁業の盛んなところの一つでしたから、赤線など、いろいろなものがありましたな。あそこの村に行けば客商売をしても儲かるということで、大泊の方から次々と移って来たのだスな。いちばん盛りのころで、料理屋が五軒、映画館が二軒、旅館が九軒、赤線が一六軒くらいもあったス。旅館は前から定住していた人が、だんだん漁業組合も大きくなり、大泊から役人もよく出入りするようになったものだから、はじめたんだスな。流れ者で旅館をやった人はなかったス。

そのかわり、赤線をやった人はほとんどが流れ者でしたな。赤線の女たちは、青森の十三湖とか小泊などから来ていたスな。秋田からも来てあったし、能代からも来ておったスよ。若い女たちが、売られて来たのだスな。出稼ぎに来た人たちは、そこへ出入りしていたね。まあそれでも、赤線へ入りびたって、どうにもならなくなったという話は聞かなかったスな。親方がカネを貸さないと、そういうところへも行けないからね。

やっぱり働いてもらった以上は、清算した時に一銭でも多く家に持って行ってもらいたいからね。留守家族のことも考えて、親方はなるべくカネを貸さないようにしたのだス。普段は文句を言っていても、最後になればその方が、あそこに行ってよかったなと思われるものね。そのかわり仕事が終わって切り上げる時は、一家あげての大送別会だスよ。芸者を呼んだりしてね。

出稼ぎ者を頼むのは、春三月になると前金を本人に送ったり、直接持っていったりしたス。四月一五日から六月一五日まで働いて、前金は三〇円から四〇円くらいでした。前金を渡して漁が不漁の時は、親方の欠損なわけだスよ。不漁の時でも、前金はそのままにして、帰りの旅費と、一杯やるカネを渡したものだス。人情としてね。そうやっておくと、また来てくれるのだものね。だから五年漁をやっても、二年不漁すれば親方は潰れるか、うまくいってトントンということになるのだスな。

網や資材は、組合を設立してからは、全部を組合から買ったス。組合に入る資材は、大泊の問屋から入るのだスね。網は紡績でした。まだ、ナイロンとか化繊などはなかった時代でしたからね。ただ、綿糸であんだ網は、長く海に入れておくと腐るのだものね。大謀網などのように海へ長く入れておく網は、ワラでつくったこともあったスな。ワラだと、三か月はもっからね。ただ、漁網が入手出来ないから、ワラであんだのを使ったということはなかったス。そういうことで、とくにワラを注文して使ったわけだスな。もとは船川の大謀網なんかも、全部がワラ製品でしたよ。化繊が出る前はスな。

「樺太寒天」のこと

そうしているうちに、だんだんとニシンの回遊も少なくなり、漁業では食っていけなくなって来たんだスな。そこでわたしらは、遠淵湖には伊谷草という海草があって、これを原料にして杉浦寒天工場が寒天をつくってあったものね。遠淵湖には、この伊谷草がたくさんあったのだよ。この製法は特許出願して得たもので、杉浦寒天工場以外ではつくれなかったのだス。

わたしたちはニシンがダメになったものだから、その伊谷草をとって乾燥したものを、一貫目いくらで会社に買ってもらったわけだス。でもそれが安くてね。なかなか生活していけなくなってきてあったス。ちょうどそのころ、青森から香曾我部英棱という医者が、遠淵村に赴任して来たたス。前にいた医者が去って、村は無医村になっていたスものな。遠淵の郵便局長がおって、この人は陸軍の歩兵中尉予備役でしたが、香曾我部先生とは交友関係があったらしく、そういう関係で来てくれたのでしょうな。医学博士でした。

この香曾我部先生が、この寒天製法のことで、わたしたちのために裁判をおこしてくれたわスよ。遠淵湖には伊谷草がたくさんあるにもかかわらず、漁業組合でも製造法が特許なものだから、寒天はつくれないのだスな。ただ自分たちは労力を提供するだけで、自分たちの海にある宝物を、会社にだけ取られている。これではおかしいから、漁師の人たちにも伊谷草で寒天をつくらせて欲しいという裁判でした。ところがこの裁判に勝って、誰でも自由に寒天をつくることが出来るようになったわけだス。この時は、皆が香曾我部先生に感謝したスよ。

それからは、資金のない人は漁業組合から借りて、寒天製造をはじめたわげだスよ。たいていの人が、組合から資金を借りましたな。幸いわたしの家は、父親の力で資金を借りなくともよく、寒天製造に踏みきったわけだス。それからはたいして生活の心配もなくなり、これにはほんとに助かったスよ。これは、「樺太寒天」として出荷したわけだス。

ニシンはあまり来なくなったが、引き網でチカを取ったりして、それで煮干しをつくったりしたス。でも、冬期間の寒天づくりのことを考えて、そうした仕事も中途でやめると、乾燥の出来るまだ暖い間に、伊谷草を取って干したわけだス。伊谷草を採集するのは男の仕事でしたが、乾燥するのは女や年寄りや子どもの仕事でしたな。

寒天は零下一〇度になってから、製造をはじめるのだもの。一二月の一〇日ごろになると零下一〇度になるので、それから春三月の一〇日ごろまで寒天づくりをするわけだス。寒天づくりの仕事は忙しくてね、女でも年寄りでも子どもでも、手先のきく者は、皆が働いたものだス。

雪が解けて来ると、寒天づくりをやめて漁師になったり、伊谷草を取ったりしたス。海で働いたり、陸で働いたりといったように、寒天をつくるようになってからは、仕事が変わったスな。

タコが殺される事件も

出稼ぎ者たちには、蓄音機を娯楽として買って聞かせたス。映画もあったスね。民謡も青森県の旅芸人たちが、よく廻って来てあったス。旅芸人の出し物は、民謡とか踊りでしたな。その点では、わりと娯楽には恵まれていました。

わたしたちのところに、部長派出所があったスよ。前は派出所だったのだが、ちょうどわたしの村から三里半ばかり離れたところに、石灰石の鉱山があったものね。そこにタコ部屋があって、タコが沢山いたものだから、警察一人ではどうにもならなくなり、部長も来て部長派出所になったのだス。そのタコが村に来て、事件を起こしたということはなかったね。タコは、漁業に来ることはなかったものな。ただ、逃げたタコが、タコ部屋の棒頭に叩き殺されたということはあったね。

部長派出所はあったが、小さい事件はときどきあったども、大きな事件というのはあまりなかったス。わたしの知ってる事件といえば、越年番をやってる男が、主人一家を襲ったことでしたな。外海で漁をする大きな番屋では、冬になると番屋の管理をする、いわば番兵というものを置いたものだス。その男も同じ網元のところへ何年も出稼ぎに来て、その番兵をやったんだスな。

ところが遊ぶカネ欲しさに、番屋を出て夕方の七時ころに親方の店内にしのび込み、夜中に店内を探しているうちに、見つかってしまったのだな。それで、そばにあった鉞《まさかり》で一家の人たちをメッタ斬りにしたのだったな。主人夫婦の生命は助かったが、子ども一人が殺されだものな。いやあの時は、大泊からも警察がいっぱい来て、大変なものであったス。

敗戦の年になると、ニシン漁もなくなったし、寒天と漁で生活も楽になったから、父親は一度、内地の生まれたところに遊びに行きたいという相談をしてたんだスよ。わたしもそれがいいだろうって、その準備をしていたわけだス。そしたら八月一五日に、日本が戦争に負けたってのを、わたしはラジオで知ったわけだス。

すぐ日本に帰ろうと思ったが、船がないのだスよ。こんどヤミ船を頼んだわけでス。二〇トン足らずの小さい船に、家族と妹の子どもたちが乗って逃げて来たけど、ほんとに生命がけでしたな。カネがなければ、帰れなかったス。当時で五万円ほど持っていたから、そのカネでヤミ船を頼んだのだス。

北海道に着いてから、二年ほど道内で事務の仕事をやったス。そのうちに船川の人に、発動機船の運転をやってくれと頼まれ、生まれた土地に帰って来たのだス。ところが間もなく大怪我をしたんだスよ。いまのように医療制度もなかったので、苦しんだスな。食糧難でもあったからね。日本に帰ってからは、まったくえらい目にばかりあったスな。

(一九七八年三月)

6

裸一つでニシン漁に

江戸八十八　秋田県山本郡八峰町横間

下北半島へ出稼ぎに

わたしは漁師の家に、七人兄弟の次男として生まれたス。学校を出てからは、家の漁師の仕事を手伝ったスな。当時は古い時代であったから、家の仕事を手伝うと、親たちから小遣銭をもらったものだス。だが、小遣銭をもらっても、それをもって遊ぶような設備も場所も、ここの横間にはなかったものね。

二五歳になった時に、はじめて船に乗って出稼ぎに歩くようになったスな。自分の家の船に乗って、北海道の松前にイカ釣りに行ったわけだス。自分の家の船といっても、そう大して大きなものではなかったね。だいたい手漕ぎの船だものな。いまみたいにエンジンでドット、ドットというのではないんだス。一隻に七人ぐらいの人が乗り込んで、行ったのであったものね。

イカを獲るのは網ではなく、針であったス。現在やっているような機械ではなく、一人ひとりが手で、糸についた針をたぐって釣ったものだスな。そのために人数が多く乗らないと、イカの漁もまた多く獲れないということになるわけだス。

夏なんかは、四人ほど乗った小さな船で、漁をしたこともあったス。まったくの家族労働だスな。たまに一人とか二人を、よそから頼んだこともあるが、ほとんどは家族とか、親類の人たちで働いたものだス。だから小さい船で、あまり漁はなかったが、何んとかやっていけたんだな。

たまに漁がうんとあった時は、横間の港に入らないで、能代の港に行ったものだス。陸輸送をするといっても、なかなか出来ることでなかったから、風の吹き具合がよければ、沖からそのまま帆をあげて、能代に船を向けたものだス。どうしても能代に陸揚げをすると、魚は高く売れたものね。

その当時は、なかなか能代には行く機会がなかったス。たまに能代に行くといっても、ワラジをはいて歩く時代だったからな。だから船を能代の港につける時には、わたしら若い者は、ホイホイと叫んで喜んだものであったス。

能代に魚を陸揚げしても、下の風が吹いている時は、船が動かないものだから、晩に遅くなって追い風が出るまで、能代の町にいたものだス。映画見に歩いたり、夜店を見に歩いたりして、遊んだものだス。小さい船なものだから、いまの能代橋のところに船つけて、遊びに出たものだス。

その当時の万町は、大変に賑やかなところであったね。向能代からでも落合からでも、また八森の方から行く人も、皆が万町に出るために、現在の万町の比ではなかったス。賑やかなもんであったな。遊びに行くところは、柳町の方でした。後になってから、新柳町ってところに移ったがね。

自分の船を漕いで、松前に出稼ぎに行ったのは、三年間だけだったス。だが、松前に三年もの間行っているうちに、だいぶイカ釣りの技術を身につけたものね。これくらい身につけていると、どこに雇われても、他の人に負けることはないなと思っていたものな。

四年目の年に、青森の下北半島に世話をするから、働きに行かないかと言われたわけだス。よし、それなら行くというので、横間から二人で、下北の下風呂というところへ働きに行ったのだス。下風呂というのは小さい集落であったが、町の真ん中に温泉が二か所もあって、ドンド、ドンドと湯が湧いてあったスな。下風呂はものすごくイカの獲れるところであったスよ。イカ漁は六月ごろにはじまって、一二月ごろまで漁期がつづいていたものだス。

下風呂でイカの漁期が終わると、わたしらは家に帰ったス。家に帰るとハタハタを獲って、それが終わると正月になったね。冬になると、今度はタラ釣りだね。いまのように底引ぎ網もないので、もっぱら釣りであったな。タラ釣りは二月ごろまでの漁だったが、冬だからシケの日が多くて、大変だったスよ。

タラ釣りが終わると、カレイだとかキミヨとかのはえなわ漁をしたのだスな。わたしたちははえなわと言ったが、のべなわと言った地方もあったようだス。はえなわというのは、一条の幹縄に、ふた尋とかみ尋の間隔を置いて、多くの釣糸を取り付け、それぞれに鉤をつけるのだスな。

このはえなわが終わると、マス漁がはじまるわけだス。その当時はマスを獲るにしても、建網でないと獲り方を知らなかったものね。建網の糸は、いまは化学製品だが、当時は綿糸だったものな。

こんな具合にして、八森の浜でひととおりの漁が終わると、出稼ぎに行くのだスな。イカ釣りの場合、ここには人を頼み、北海道とか下北地方に斡旋する人はいなかったス。男鹿には、何人かいてあったな。わたしらが出稼ぎするといっても、支度金とか前渡金というのはなかったものだス。

下北半島の下風呂には、三年つづけて出稼ぎに歩き、それで止めだス。

眠らぬ日がつづく

わたしの家の親類に、日沼という人がおったものな。この人は八森にいた時は、イワシ漁になるとわたしの家に使われておったこともあるス。この人が樺太に渡って、ニシン船の船頭をしておったスな。冬になると山に入って山稼ぎをやり、春になると山からおりて、ニシン漁をやっていたものな。ときどき家に帰ってあったが、そのたびに声をかけられたものだス。こんなところで働いているよりは、樺太に行けばうんと稼げるから、樺太に行かないがってね。二年も三年もつづけて声をかけられであったな。

その年も、家で漁の手伝いをしている時に、またその人が来て、

「どうだ、樺太に行かねがァ」

と声をかけであったものな。

わたしもまた、下北の下風呂にいた時にも、樺太ではいい稼ぎが出来ると聞いていたものだから、ようし、行ってみるかという気になったのだス。それで一緒に行くことになり、四月に入ってすぐ行ったスな。ニシン漁に間にあうように、行ったのだスね。

稚内から大泊に渡る時に乗ったのは、アニア丸という船だったが、どんな字であったか忘れてしまったス。アニア丸には沢山の人が乗ってあったが、ほとんどの人が出稼ぎに行く人であったスね。まあ、さながら出稼ぎ船という感じだったな。樺太に行くと、北海道よりもカネ取りがいいってことが、どこで働いても風の便りで判ってあったものな。それだったら、同じ時間を、同じ肉体を使って仕事をするのだったら、少しぐらい家から遠く離れても、カネを多くとれるところに行こうというのが、若い者たちの考えであったスな。とにかくカネ欲しかったがらね。どこの人も、稼がないと食えなかったものな。

あの当時も、いまみたいな出稼ぎの悲劇が数限りなくあったべども、新聞にもあまり載らなかったろうスね。だいたい、新聞をまともに読める出稼ぎ者は、あまりいなかったのじゃないかな。出稼ぎというのは、あたりまえのことであったスな。家を兄が守ってくれると、その下の弟なんか、どこでどう暮らしてもいいのだス。家を継ぐ人さえはっきりしていると、家は安泰なんだからスな。わたしが樺太に行くと言った時も、家の者たちもちょっとぐらいは心配したろうが、まあ、気にとめるようなことはなかったスね。わたしもまた、どうせ仕事をするのなら、稼ぎのいい方に行きたいという考えであったからね。

大泊に着くと、三ノ沢という漁場の番屋に入ったス。三ノ沢というのは東伏見湾の中にあって、大泊からはすぐのところだったス。親方は荒木という人であったが、その番屋はほんとに小さなものでしたな。そこに七人も寝泊まりしたのだから、そりゃ大変なものでしたよ。

番屋での生活だけれども、仕事はまずいちばんはじめに網づくりをして、網の準備をはじめるわけだス。ニシンがやって来ると、船に網を積んで行き、沖にその網を入れるわけだスな。ニシンが獲れると、陸に揚げてカズノコを抜いだスな。抜いたカズノコはタンクに海水を入れたのに、しばらく漬けておくわけだス。それからあげて、乾燥させるわけだス。カズノコを抜いたニシンは釜で煮て、全部を肥料にしたわけだス。

ニシンは一漁期に、三〇〇石から四〇〇石は水揚げしてあったね。三ノ沢で獲れたカズノコは、大泊にある海産物問屋が集めて、買っていくのであったね。そのカズノコの行く先は、本土、それも大阪方面に多く行くのだと聞いているスな。ニシンの粕は、農業用の肥料として、これも北海道とか本土に売られていってあったス。

ニシンは夜に獲れる魚だものね。夕方になると船に乗り、網についているんだスよ。ニシンが来れば網をおこして、そして夜明けまで網についていて、夜が明けると水揚げをするのだな。まあ、昼にもニシンが来ることもあるが、ニシンを獲るのはほとんどが夜であったス。

ニシンが大量に獲れて夜も眠れない時は、昼に少し眠ることもあったが、まずゆっくり睡眠をとるなんてことは、ニシン漁の時はなかったスな。昼は網をつくろったり、獲れたニシンを釜で煮て、粕干しにするのを手伝ったりしたものな。粕はワラで編んだムシロを敷き、その上に干したものね。樺太では稲が育たないものだから、ワラは本土から持って来てあったス。

とにかくニシン場の番屋では、仕事が切れるということがなかったスな。何かかにか仕事あって、働かされたものだものね。ほとんど遊ぶとか、眠ってるという暇はなかったス。親方がカネを出して、わたしたちを雇っているのだから、休ませてはおかないのだスな。四月から六月までのわずかな漁期に、親方は一年の生活をたてるだけの漁をするのだから、この期間はとにかく働かされだス。

食べ物は白いご飯に漬物、塩加工した魚が主なものであったスな。大番屋と違って、小番屋の場合は、食べ物はそんなに悪くなかったスよ。

二年つづけて樺太へ

一回目の時は、樺太のニシン漁が終わると、家に帰ってイワシを獲ったス。ところがわたしは次男なものだから、家に帰っても使われっぱなしでおもしろくないものだから、まだすぐ樺太に渡り、本斗というところに行ったもの。ここには同じ八森出身の人が樺太に長くいて、自動車の運転手をやっていたので、その人を頼って行ったわけだス。この人の世話で、本斗の築港工事の人夫に雇ってもらったのだスな。この仕事は樺太庁の直営の工事で、人夫も三〇〇人もいるっていうことだったから、かなり大きな工事であったわけだス。

いまのように機械のない時代だから、海水を粘土枠で締めきり、中の海水をポンプで汲み出し、人の手でハッパをかけては掘ったものだス。水面から浅いところで一八メートル、深いところで二一メートルも掘ったスな。深く掘って、大きな汽船が入れるようにする工事だったからスな。稚内から本斗に定期船があって、その定期船が出入りする港と、漁船専用の港とはべつべつになってあったものね。わたしが働いたのは、定期船の入る港だったス。

ここでひと夏働いて、結氷する前の一〇月下旬に家に帰って来たス。秋田地方から樺太に出稼ぎに行く人は、冬になると家に帰る人、北海道まで来てそこで冬仕事をする人、そのまま樺太で越年する人など、いろいろあったスな。でも樺太に残る人は、だいたい伐採人夫として山に入るひとが多かったス。

次の年の四月に、またニシン漁の出稼ぎ者として樺太に渡ったス。そしてまた、小さな番屋に入って働いたス。漁夫として使われる場合は、山仕事をする人夫たちと違って、鋸《のこぎり》とか鉞《まさかり》などの道具を、自分で用意しなくともよかったものな。

ほんとに、裸一つで行けばよかったんだス。その点は、漁夫の出稼ぎは気楽であったスな。

働いたカネも、全部の漁が終わってから清算したのだス。あの当時は大正の終わりころだから、樺太の景気もまだよかったころだものね。漁夫の仕事をしたり、山仕事をしたりした人は、相当のいいカネを取ったようだスな。わたしなんかの場合も、松前とか下北半島へ稼ぎに歩いた時よりは、非常によかったスよ。

樺太で働いたカネは、家に送ったものだス。家計を助けないとダメだったからね。地元にいても、漁の暇な時には、べつの仕事をしたいと思っても、働ける仕事がなかったのだスよ。いまみたいに、東京とか名古屋あたりに行って働くといっても、昔はそっち方面に仕事がなかったし、どこの家でも、そんなに豊かでなかったスよ。だから長男は家にいても、次男以下とか、それに娘たちは、出稼ぎに歩いたり、売られたりしたもんだス。わたしもその例にもれなかったス。次男だからスな。

それでもわたしは、家のことをそんなに考えなくともよかったス。親父もいるし、兄もいるし、家には船があって漁をしているものだから、ほかの家よりはよかったのだな。それでも、どこに行って稼いでも、働いたカネは全部使うというわげにはいかなかったス。やはり、いくらか家に送らないとダメなのだスな。

二年目の年は、ニシン漁が終わったらすぐ家に帰ってきたス。わたしは前の年に、少し脚気気味であったものな。稼がれないほどではなかったが、秋までいて脚気が悪化すればうまくないなと思って、帰って来たのだス。樺太に出稼ぎをした期間は、こうしたこともあって二年と短かかったので、その間に大きい事件などというのは、三ノ沢ではなかったね。長くいた人の話を聞いても、樺太ではあまり悪いことをされないと言ってあったスな。喧嘩もあまり出来ないってね。

どうしてかというと、樺太の島は小さいものだから、どこにいい仕事が出来たからといって、その仕事を求めてそこに行くと、いろんなところから人が集まって来るわけだスな。喧嘩して別れた人でも、またかならず顔を合わせるわけだな。樺太にはどんな人も渡って来ているから、下手なことはされないのだスな。

一〇歳の娼婦も

わたしが樺太に出稼ぎしたころは、わたしの囲りには、バクチや喧嘩はほんとになかったね。ニシン場では忙しく暮らしていて、とてもじゃないが喧嘩やバクチどころではなかったものな。

本斗で築港工事の仕事をやった時も、人夫は三〇〇人もいたが、飯場というものはなかったものな。何十人も一軒の飯場に泊まるということはね。どこの家でも三人とか五人とかを泊めて、下宿させてあったのだスな。表を見れば、何んと立派な店をやっている時計屋でも呉服屋でも、下宿を置いていたんだな。町中の人が平等にカネを取れる、そういう仕組みになっていたのだね。

実際その通りであったものね。働く人が散らばっているし、しかも普通の家庭に下宿しているものだから、バクチも喧嘩も起こらないのだスな。そこに住んで働く人も、雇う人も、受け入れる町の人たちも、共存共栄をはかるというのは、確かにいいことだと思っていスた。

樺太で稼いでいて、楽しみなんてものはほとんどなかったね。当時、酒はぜんぜん飲めながったスね。休みはめったになかったが、休みになると若い衆たちと、大泊へ遊びに行ったな。三ノ沢から大泊までは、途中に駅が二つばかりあったから、距離的にはそう遠くなかったス。

大泊に行くと、映画館・飲み屋・食堂など、何んでもあったね。樺太はどこに行っても、飲み屋は多かったスな。出稼ぎ者というのは独り者が多いものだから、女とか酒とかで、若い者たちのカネをとろうとしたのだスべね。どんなに小さな部落に行っても、そういうものがあったものだもの。

飲み屋というのは、赤線とかなり似ていたようだスな。それでも若い者たちは、そういうことを遊ぶといえば、ほとんど大泊に出たもんだスね。大泊でも女を買う地区と、たんに遊ぶ地区とは、はっきり違っていたようだったスな。当時は女といえば、朝鮮人が多く居であったスね。ほとんど朝鮮人だったな。どうしてあんなに沢山の朝鮮人が来てるのがって聞いたら、樺太や日本に行けば、たいしたええ仕事があると、騙されて連れて来られたのだと言ってあったス。日本人が朝鮮の女の人たちを騙したのだね。ひどいことを日本人はしたもんだと思ったね。

朝鮮の女の人たちとは、いくらか話をすることが出来たものね。あの人たちは、だいたいひととおりの日本語はしゃべれてあったスよ。朝鮮人の女だと、一〇歳ぐらいから年をとった人まで、いろいろであったね。どうしてだがね。貧しいから、買われて来た人もあったのだろうね。かわいそうなもんだったア。みじめな感じがしたな。

映画館もあってね。そうだな、何がいちばん楽しかったかといえば、映画を見ている時であったス。映画を見ている時だけ、自分が思いっきり自由になっているみたいだったスな。親方も、仕事のことも、関係がないのだもの。自分が一人っきりでな。この時はえがったな。映画に出た俳優も誰であったか、みな忘れてしまったけど。

レコードなんかも、ニシン場の親方が持っていて、皆に聞かせであったもんだス。主に秋田や津軽の民謡だね。流行歌も鳴らしてあったどもね。まあ、レコードは番屋で聞けだったス。あとの一般的な楽しみといえば、酒と女だな。これは今も昔も同じだね。ドサまわりの一座は来ながったスな。

いまも漁師の仕事

北海道や樺太へ出稼ぎに歩いた時は、嬶《かかあ》をもらっておったもの。嬶は嬶の実家に居てあったス。わたしは特別に出稼ぎに歩く理由はなかったが、嬶の実家へ婿に入ったのだもの。その実家はまた、百姓であったものな。家にいると、いくらでも百姓仕事を手伝わないとダメだものな。何んにせ、田づくり専門の家であったからね。

　ところがわたしは、田んぼの仕事は馴れてないし、家に居て働きに歩いても、稼いだカネは全部嬶の親に渡さないとダメだスものな。自分が自由になるカネは一銭もないから、バカらしいスべ。それより、出稼ぎに歩いて稼いだカネは、家にも送るが、自分で自由になるカネも出来るのだものね。いくら稼いだものか、遠くのことだから判らないものな。そんなこともあって、わたしは出稼ぎに歩いたのだス。

　わたしは嬶の家に、一〇年間いたものな。どうして婿になったかというと、わたしが松前にイカ釣りに行って帰って来ると、わたしの父親がわたしに家を建ててやるというので、丸太を伐ってあったものな。ところが、わたしの嫁に決まった嬶の家では、父親と娘と二人きりであったものな。兄にあたる人は東京に出て行って、家にいなかったものね。二人だけで百姓するとしても、なかなか容易でないし、牛や馬も飼っているし、それにわたしはどうせ次男なのだから、家を建てるのであったら、兄が帰って来るまで俺の家に来てくれと、嬶の父親に頼まれたのだもの。それで仕方なく、嬶の家に行ったのだス。そうしたら、兄弟も親類も何軒もないので、いつどんなことがあるか判らないから、世間には嫁にくれたことにしておくので、籍だけ入れて欲しいと言われたのス。それで工藤から江戸に、苗字が変わったわけだス。まあ、婿になったのだスな。

　ところが、嬶の家に一〇年いたところで、兄が東京から帰って来て、嫁をもらったのだス。それでわたしらは家にいられなくなり、分家になったのだス。家を建ててもらい、カマドを移したわけだスな。

こんど、脚気気味で樺太の出稼ぎ先から帰っては来たものの、寝てるほどの病気でもないし、遊んでいては食っていけないから、浜に出て、漁の仕事をやったス。そうしている間に、横間にも立派な港がつくられることになり、工事がはじまったものな。わたしもその工事に、働きに歩いたスな。そしてようやく港が出来て、どうにか船が出入り出来るようになったものな。港が出来ると、船の出入りも多くなったし、ほんとによかったス。その前は、港がないために、漁師たちはさんざんに苦労したものね。

それからは、横間の発動機船や底引き船、それに能代の船などに、二十何年も乗ったスな。五〇歳をすぎるまで、船に乗って暮らしたス。

いまでもほれ、いい年になったが、毎日浜に出て、自分の家の船の網をぬったり、針をつけたりして、漁師の仕事から抜けられないでいる。だが、現役は若い衆に譲って、じゃまにならないように手伝っているス。

（一九七八年四月）

7 寝ないで働くニシン漁

笠原 市蔵 秋田県山本郡八峰町

北海道の拓農家へ

わたしの生家は農家で、米をつくってあったス。わたしは六人兄弟の長男で、一四歳の春に学校を卒業するとそれから一六歳までの二年間、家の百姓を手伝ったのだス。

うちでは田んぼを一町五反ほど耕してあったが、どうして家族が一〇人もいてあったために、これくらいの田んぼをつくっても、なかなか暮らしていけなかったものな。そのうちに親父は酒を飲んで、田んぼを少しずつ手放していったものな。ますます生活は苦しくなるわげスよ。一六歳になると、タバコを腰にぶら下げたくらいにしておったが、そんなわけで家にいても面白くないのだスな。

そんなこともあって、一六歳の一二月に北海道に渡ったスもの。能代市竹生出身の人が、札幌の郊外で開拓農業をやっていたものな。畑を三〇町歩ほどやっていたが、その百姓の人夫として頼まれたわけだス。大正のはじめのころだスな。はじめて北海道に渡ったが、零下三〇度にもしばれて、大変なところに来たものだと思ったね。

そこの家には、馬が六頭もいるんだものね。それで冬に馬が外出する支度をするために、馬橇をつけるでしょ。その馬橇の鉄の部分に手をつけると、あまりにも強く凍っているために、手の皮がビタビタと剥がれてしまうんだものな。素手ではつかまれないものであったス。

春になると、その親父とわたしの二人で、百姓仕事をやらったもの。奥さんは家にいて、何んにも畑仕事はしない人でね。あのころは機械もないし、全部馬耕であったス。一頭引きで馬耕をやったもんだス。

しかし、たった二人で三〇町歩の畑をやるのだもの。そりゃ、死ぬほど使われだものだスよ。暗いうちから暗いうちまで、こき使われたもんだス。そして晩に、暗くなってから家に帰って来るスべ。するとその家の奥さんが、大きな鍋にジャガイモに小豆を入れて煮ておくんだもな。それをまず、食べたのだス。そこの家では、わたしのことをイッちゃん、イッちゃんと呼んであったが、ジャガイモに小豆を入れて煮たのを出して、

「イッちゃん、これ好きだが……」

って聞くのだもの。

どうして人に使われているのだから、好きも嫌いもないでしょ。食いたくなくたって、好きじゃないとは言われないでしょう。

「これだとうまいもんだね。たいしたうまいもんだね」

って、ほめたわけだスよ。

そうしたら毎晩のように、それが大きな茶碗に、山盛りになって出てくるのだスもの。夕飯の前にな。そのジャガイモ煮たのには、砂糖も塩も何んにも入っていない、そのままなわけだスよな。これを食うと、夕飯を食われないのだものな。あの時は、涙こぼして泣いたもんだス。

朝は、いつも暗いうちに起きだス。何しろ馬が六頭もいるものだから、その草刈りが大変なのだスよ。冬は乾燥した草、夏は生草を食わせてあったス。こまかく切ってね。これは畑仕事とは、またべつなんだな。

一七歳の七月に、親方と喧嘩したもの。どうしてかっていうと、仕事がきついものだから、人ばかりではなく馬もへたばってしまい、歩かなくなるのだものね。そうすると、棒でもって馬を叩くのだものな、わたしがよ。すると親方が、馬を叩くなって、騒ぐのだもの。

叩くといっても、わたしも好きで叩いているのではなく、叩かないと歩かないのだもの。一日何反歩って耕さないとダメでしょ。耕すとこんど、ハロウをかけてね、その後で畝たてするのだが、馬を叩かないと、仕事が捗らないのだスな。それで親方と喧嘩したわけだス。

親方の家をとび出たわたしは、隣の野の沢というところに行き、また農家に使われたス。こんどは農家に泊まらないで、自分で小さな小屋を買い、そこに寝泊まりして働きに出たわけだスな。その農家で作付けしていたのは、大豆・小豆・エンドウ豆・ウズラ豆であったス。毎年のように、こうした豆類だけつくっているのだということであったス。田んぼは一枚もなっかたスな。獲れた作物は札幌に出してあったが、いまのように農協というものがなかったから、商人たちに適当にごまかされてあったス。

ここでは雪の降る一〇月ころまで働き、それから定山渓の鉱山に入り、ひと冬働いたス。ここは温泉地であったが、鉱山もあったものね。主に銅と金が掘られてあったが、春になってから鉱山働きをやめて、家に帰ったわけだス。

北洋漁業で遭難

家に帰ったがろくな仕事がないものだから、またすぐに北海道へ渡ったス。それからは北海道の中を、ぐるぐる廻って働いたものだな。その後で函館に落着き、ここで世帯を持ったス。ここでは漁師の仕事をやったが、越中から移って来た人で、わたしらがいつも「越中、越中」と呼んでいる人があったものな。この人に、カムチャッカへ働きに行かないかと頼まれたわけだス。当時、樺太やカムチャッカは大したカネがとれるところだと評判になってあったから、わたしは二つ返事で行くことにしたのだス。

だが、カムチャッカといえば、北洋漁業なのだものね。あれは五月何日だか忘れてしまったが、北洋漁業に行く船に乗ったわけだスよ。そしたら同じ船に、同じ村の人が三人も乗ってるのだもの。北海道へ出稼ぎに渡っている人たちであったス。

目的の漁場は、占守島(シュムシュ)と幌莚島(パラムシル)の間にある、シリバチ湾というところであったス。ここにタラ釣りの船が沢山行っているということで、わたしらもそこに行くために船を走らせたのだス。ところが五昼夜ぐらいで着く場所だというのに、七昼夜走ってもその漁場に着かないのだな。いま考えると船長がコースを間違えていたのが、気がつかなかったのだね。そのうちに嵐となり、船は横波を受けて陸の浜へ斜めに倒れてしまったのだス、真夜中に。

わたしらはそれ大変だというので、船の上から海にどぶんとはねると、砂に腰っきりぬかってあったものな。浜だったからな。こんど寒いものだから、皆で木を集めてくると、火を焚いであだったわけだス。浜には木がいくらでも寄せ上げられていたものな。

からだがいくらか温たまって人心ついた時に、人数を確認してみると、四人が乗っているのに一人が足りないわけだス。船長がいないのだね。

「そら、船長がいない。探せ」

ということで、わたしが先になって探させると、海水を飲んだ船長が波打ち際に倒れているんだスな。引っぱり上げたが、死んでいるのだもの。それ、大変だということで、海水を吐かせ、裸にして火にあぶるなどの手当てをして、ようやく生かしたのだス。

そうしているちに、夜が明けてきたわけだス。船長に、

「ここどこだと思う」って聞くと、

「カムチャッカだ」

って言うんだスよ。ほんとだかって聞いても、ほんとだと言うんだスな。

そこで、もしここがカムチャッカだとすれば、必ずタラ場の番屋があるはずだから、そこに行けば漁師がいるからと、わたしと越中の二人が、朝食もとらないで探すに行ったス。ところが、どこまで行っても、そんな番屋なんてないわけだスよ。帰って来てからわたしは船長に、

「ここはカムチャッカでないと思うな」

と言ったが、海図が流れてしまっているものだから、どこかまったく判らないわけだス。

仕方ないので、北に向かい、人のいるようなところに、皆が固まって歩いたわけだス。一日中行っても、何んにもないのだス。腹が減ってくると、片手に雪をつかんでは口に入れて行ったものな。ずうっと行くと、浜にコンブが寄っているの

だもの。そのコンブを拾い、皆で分け合って食べたス。あの時はほんとにうまかったな。

それからまた歩いて行ったが、とうとう暗くなってしまったのに、番屋も何んにもないのだスよ。こんど、心細くなってきたのか、「もう助からないのだ」とわめきながら、ワイワイと泣きはじめるのだもの。何人か組になってね。

「何んぼ泣いだって、どうなるものでもない、この馬鹿野郎ども。早く木を集めて来い」

って、わたしは木を集めさせると、火を焚いたわけだスよ。その晩は、その火の囲りに皆で寝だス。

次の朝、高いところに上がって見渡したが、どこを見ても家が一つもないのだもの。ところが雪の上に、犬を連れて走ったスキーの跡があるんだね。わたしはこれを見たとたんに、ここはカムチャッカではなく、千島だと思ったスな。ほかの人はこのスキーの跡を見たとたん、これは人間の跡なんだから、この跡を追って行くと家があると言うのだもの。このスキーの跡を追って行くのは、ダメだから、また船にもどろうと言うのは、わたし一人であったものな。そこでわたしが、

「お前らは何も判らねんだな。アイヌはな、塩ひとつかみ持って、犬を連れて一週間でも一〇日でも狩に出るんだぞ。もしこの跡がアイヌの狩人のものだったら、跡を追って行っても、野たれ死にするだけだぞ。それでもよかったら行け。俺は船に帰るからな」と言ったら、皆わたしの後をついて来たス。

途中でまた火を焚いてひと晩越して、翌日に船のあるところに着くと、船に積んであった米が一俵、波打ち際に寄せられているのだもの。その米を拾ってくると、一斗缶でカユを煮てね、これも拾ってきたしゃもじで平等に分けて食べたものな。これで助かったのだス。それからは皆も元気になったので、二人ずつ組になって、浜に打ち寄せられている魚を拾って歩かせたもの。ヒグマと

かキツネがうんといて、彼らも浜に魚を拾いに来るのだもの。彼らに負けていられないのだス。でもそこのヒグマは、人を見ると逃げてあったね。人を見たことがないのだスな。

こうして一〇日も暮らしているうちに、米の残りも少なくなったものな。このまま一緒に暮らてもダメなので、それぞれ東でも西でも、思い思いのところに行こうと決めたわけだス。皆が素足なものだから、船から寄ったロープを切り、ワラジをつくったものな。次の朝、残ってる米でご飯を炊き、それを食べて別れようとしたわけだス。

ところがその朝になると、船の音がするのだもの。海を見ると、一〇トン足らずの船が走っているのだものな。それっということで、浜に打ち上げられている重油をたくと、黒い煙がモンモンと上がったものね。それで船が岸に寄って来て、わたしたちが見つかったわけだスよ。なんとわたしらは、温禰古丹島（オネコタン）の湾の中にいだったものな。

助けられて会社にもどると、漁をするがって言われたものな。もう漁師はこりごりだからご免してけれって、一人が三〇円もらうと家に帰ったが、わたしだけは残ったス。漁労長が、お前は本当に残るのかと聞くので、残って働くと言ったら、いままで多くの漁師が遭難したが、生き残ったのはお前らだけだと。あとは何んにも仕事をしなくともいいというので、切り上げまで毎日遊んでいたス。給料もらってな。よく一人で残ったというのであったろうね。帰りには前金を棒引きにしてくれたうえに、給料を百何円だかもらったスよ。

乏しかった食事

千島から帰ってから、今度は樺太に渡ったもの。古河尻の人に、船頭として頼まれてね。大泊から東海岸を汽車で、一時間ちょっと行ったところであったス。行く時の前渡金は、三五円であったものな。三五円といっても汽車賃ぐらいのもので、支度金になるほどの額ではなかったス。家族がいると、家にもカネを置いていかないとダメでしょ。三〇円もあると娉一人の場合だと、五か月くらいは食えてあったね。

樺太では個人の漁師の家に入ったものな。漁師の出稼ぎ者は、わたしをのぞいて、全部が北海道の人たちであったスな。そこでの食べ物は、ご飯が茶碗で一杯きりであったものな。ところが山盛りにしてあっても、仕事はきついし、一杯きりでは腹が減ってとてももたないのだもの。

そこでね、いちばん先になっぱ服を着て行き、一人分を食うのだもの。その次には、はんてんを着て行き、また一人分を食うのだものな。ごまかして二人前食わないと、腹が一杯にならないのだス。おかずだって、塩マスと味噌汁だけだものね。いまみたいに、菓子・果物・サイダーなんて、何もなかったね。果物は店で売ってあったス。津軽リンゴなんかね。だけど、買って食べるカネがないのだスよ。こんなに食べ物が悪いところは、わたしも北の方は随分と歩いたが、はじめてであったスな。

樺太でのニシン漁の出稼ぎは、一期だけで止めてしまったス。ニシン漁が終わった後は、移住民たちがコンブを獲ったりして生活してあったスな。樺太でのニシン漁は、夜昼の関係なく使われだスね。ニシンが来ると、二〇回だの三〇回だの、網を越こすのだもの。網にニシンが来ると、すぐに起こさないとダメなのだス。

ニシンが網に乗ったのをそのままにしておくと、子をひっかけられてしまい、網が沈んでしまうのだな。使いものにならなくなってしまうのだス。そのため子をひっかけられないように、二〜三匹乗っても起こさないとダメなのス。そのために、寝ることも出来ないのだな。

ニシン漁期になると、陸にはニシンが山積みされているものだから、朝の二時になると、釜焚きをはじめるのだス。沖にいる船からも五～六人が陸に送られて来て、釜焚きをするのであったものな。一日にひと釜で一五タマも煮るものだから、くたばる（死ぬ）くらい使われるのだな。どうしても眠くなると、便所に入り、鼻音をたてて眠るのであったけね。

樺太でニシン漁した時は、遊ぶといえば、大泊まで出たものだス。大泊には、女郎屋が何軒もあったからね。女は朝鮮人がうんといてあったな。函館にも、朝鮮人の女がうんとおったね。騙かして、買って来たのでしょうな。周旋屋っていう者たちが、うんといてあったからな。

樺太のニシン漁の出稼ぎを一期でやめたのは、北洋の方が樺太よりカネになったし、函館でも恵まれた仕事が結構あったからだス。北洋に行くと、二～三か月働いて千両箱という時代であったものな。一〇〇円のカネを、千両箱と言ったのだス。たいていの人が、一漁期で七〇～八〇円のカネは持って来たものね。樺太ではニシンを一漁期働いても、二〇円くらいより持って来れなかったから、大変な違いであったわけだス。だから気転のきく人たちは、稼ぎのいい北洋へと行ったものだスよ。

その後に、もう一度だけ樺太に渡ったス。これは出稼ぎではなく、徴用で引っぱられたのだったァ。戦争が盛りになってから、函館で徴用されて、樺太の炭鉱へ石炭掘りに連れて行かれたのだス。三菱の塔路炭鉱であったが、ロシアとの国境も近かったス。無煙炭の出る大きな炭鉱で、何千人もの人が働いてあったね。

その炭鉱に大きな食堂があって、その真っ正面に東条英機の写真が飾っておったものね。入口に行くとまず、礼して入らないとダメなのだス。そして飯台につくと、おはようございますって、また礼をしないとダメなの。そしてご飯食べる時に、いただきますってまたやるのだス。そして皆が食事終わるまで、席を立つことが許されないのだったァ。皆が終わると、ごっちそうさまでしたと、また写真に向かって礼をするのだもの。これをやらないと、たちまちやられてしまうのだス。軍部が威張る時代だものな。

したが、心の中では、何んでこんな者に何回も礼をしないとダメなのだろうと、皆が思っていたスベね。しかし口が裂けても、そんなことは言えないものね。一回ご飯を食べるのに、五回も礼をしないとダメなのだが、そのたびに号令をかける人がいるのだス。それは軍服を着た兵隊でね。

労働は三交替で、八時間であったな。バクチや喧嘩は、したくとも出来ないのだス。どんなにおかしなことがあっても、ご無理ごもっともだったものな。まあ、ああいう目に合った人でないと、あの時の気持ちは判らないだろうね。塔路炭鉱には六か月いたが、ただ働きだったスな。出たのは旅費だけで、給料も何もないのだス。働いて、寝て、それだけであったス。戦争を勝たせるためにはということでねェ。

戦争が終わってから、北海道から生まれた村に帰ると、小学校の用務員をずっとつづけて、数年前に退職したス。だが、いま思っても、出稼ぎはカネはうんと取るにええたってよ、あれはまったくの奴隷だスな。

（一九七八年四月）

聞き書き❸—樺太に育ち、引揚げて

1 看護師として働く

鈴木 シヨ　秋田県山本郡八峰町水沢

一三歳で樺太へ

わたしは女では三女だども、下に二人の弟がいるんだもの。だとも、家に孫婆さんがいたものだから、弟たちを連れて学校に歩いたことはないですね。あの時はかなりの人が、妹や弟を学校に連れて来て、子守りをしながら勉強をしていたものだス。それからあのあたりだば、田んぼの代かきの時に人が足りないと、子どもでもサヒ取りをしなければいげなかったものだども、田んぼさは歩いたことがねェ。子どもとしては、ええ暮らしをした方であったと思うスな。

わたしの家の爺さんの弟が、樺太さ行って漁師をやっているのだものな。だが、子どもがなかったのでわたしとこ貰い、わたしにかだることになった訳だス。わたしに親が、

「お前、樺太の家さ行げエ」

というので、わたしは「うん」と返事して行くことになったのだス。

わたしは樺太がどんなところか、まったく知らなかったスな。そりゃ、不安もありました。でもあの当時は、親の言いつけにさからうことはできなかったのだス。

生まれた沢目村を後にして樺太に行ったのは、一九三二年八月だったス。七〇歳になる孫婆さんと、親戚の婆さんと、二人で一緒に行ったのだス。一三歳の時で、尋常六年生であったども、学校やめで行ったあズ。母親は心配してねェ。「気い付けれ、気い付けれ」って、駅で別れる時は何度もしゃべってあったス。わたしが樺太に行った時は、まだ港がねェ時期だからスな。桟橋がないものだから、乗って行った船が、横付けになれないのだス。大きい船は沖に停まっているので、そこまでハシケという小さい船に乗って行ったものでした。樺太だけでなく、北海道も青森もそうであったスよ。

ハシケから大きい船に乗り、それから海にでたものであったス。海は荒れでねェ。おっかねがったな。ハシケから大きな船さ乗って行ったども、あの時は冬であったんだスな。海を半分も走らねうちに、船の底でガリガリと音するんだもの。乗ってる船のすぐ下で、ガリガリと気味の悪い音たてるんだもの。なんの音だがわがんなくて、おっかなぐってね。孫婆っちゃさ、「これ何んの音だア。船が沈むんでないスか」と聞くど、孫婆っちゃも知らなくて聞きに歩いてだら戻ってきて、

「あのな、なんも心配するな。船がしゃな、海の氷をくだいて走ってるんだと」

と知らせでくれであったス。

なんぼそう聞いでも、おっかなぐってね、孫婆っちゃさ抱きついていたものだス。ところがなんと、船がガリガリと割ってえぐ氷の上に、アザラシだのオットセイだのが乗って流されているんだものな。元気なもんだな、さび（寒）ぐねェもんだべかと思ったね。なんとさぶみ（寒味）がよ、沢目あだりとはまるで違うんだものな。

樺太さ行った時は、一ノ沢ってどこさ行ったのだス。大泊からは、んだな水沢から向能代ぐらい離れてあったね。そこには六年生を卒業するま

で、はいってだスな。そこはあまり大きくねェ町だたえに、学校も小さくてね。一年と二年ど、三年と四年ど、五年と六年ど一緒になって勉強したんだ。三教室よりねがったものな。先生は何人だったがな。校長先生ど男先生と女先生の三人よりえねがったものな。そごの学校には、三か月ばかりより歩がねがったね。すぐ六年卒業したのだもの。この学校には高等科がねがったたえに、こんど高等科にはいるってば、大泊の学校さえがねばねあったものね。そしてまあ一か月ばり通ったば、目の医者やってる皆川という人が、おらどなんぼか血筋関係があるもだたえに、

「なあに一ノ沢からあがねったたえに、俺の家さ居でさっと手伝ってければええし、子守りやってもええし、俺の家がら歩げ」

という話になったのだス。

それでこんだ、皆川の病院がら学校さ歩いたス。高等科二年まで歩いたス。それ終わったば病院の飯炊きええねがらと食事の支度を手伝ったり、看護婦がえねぐなれば看護婦の真似してみたりしたス。薬局にいるごとが多がったども、何んでもやって働いだのだス。

寒い樺太の冬

学校さ行ぐ時は、ゴム長靴はいで行ったスな。学校さつげば、ストーブさあぶっておがったもの。そうさねば、みんなガツ、ガツ、ガツと凍りついでしまうんだものな。病院さもどってきても、次の朝にはぐまでストーブさあぶっておいだもんだあ。

学校さ行ぐってばだな、三〇分は歩がねばいげながったス。病院からでる時に、ストーブのそばから持ってきてはいでも、半分も行がねうちにゴム長靴がしばれで固くなるのだものな。なんぼ何をはいだたって、あのあだりだば固くなるったおな。

あの当時はしゃな、袴はいであった(歩いた)もんだおな。男だば別だどもしゃ。高等二年で

もな。冬なればひざかぶもなも、わ（自分）のひさかぶでねエやったでば。さっこ（冷たくて）してな。そしてほれ、角巻かぶるべエ。かぶっても息にかって、まつげだの髪だの、真っ白にならったあ。凍ってしまって、さぶ（寒い）あったあ。そのかわり、雪だばよげ降らねえな。雪だばこご（旧峰浜村）とよげ違わねってねがな。さび（寒い）たって、風もあんまり吹がねんだス。こご（旧峰浜村）みだいはさっと先も見えねえんた猛吹雪など、めったにねエ。たださび（寒い）ったな。どうして、布団さかけでるタオル、朝になれば白ぐ凍ってらったえ。息ねかって。

　さびさだけでねく、樺太だもの、何んだらものもあらったあ。人も八方がらの集まりだスね。んだ、まだ皆川の病院さ行がねで一ノ沢にえだ時のことだども、ここはそんたに家っこもないとこなんだものな。日本人とロスケ（ロシア人）どが一緒になってらったな。ツミヤというロスケいで、ツミヤは苗字だもんだが、名前だもんだがわがらねどもな。ツミヤの家にはまだ、きれいだ娘が何人もいでな。それこそ、ロスケに似だ目付きであったスな。んだべね、ロスケの子どもだものね。何がどうしたんだが、土方の飯場の仲間同志の喧嘩があって、そのツミヤが人を殺したんだど。どうして殺したんだが、そのあだりだばわがらねども、そのツミヤが牢屋に入ったのだったな。カガア（妻）と娘たちが家さ残されで、窓がら外見でだりしてあったども、わたしはほれ、すぐ皆川の病院さ移ったもんだがら、そのあどのことはわがらねエ。

　そしてまたそのあだり、何んの事件であったがなあ、べつの人殺しがあってな。その殺した人をかぐまった人がいだったおな。自分で世話になった人だもんだがら、ずうっと奥の山小屋にいで、あの時だっきゃ二か月近くも見つけられねがったってねがあ。それでこんだ、刑事だの私服だのが来て一ノ沢を探したり、何十日も山を探したりしてあったスよ。わたしらもおっかねして、学校の行きとか帰りは皆で一緒に歩いたり、夜中にことらっと音がしても、「そら人殺しが来たッ」って、布団のながで震えだもんだス。どうして見つがったがってば、長ぐなれば忘れでしまったども、そういう山のなかだもの、何も食う物ねして、イワナだのヤマメだののついで食ってるどこ、見つけられだって話であったスな。早いころだから、樺太にはそういう事件がうんとあったスよ。住んで馴れでこいば、「まだがい」って気持ちになるったて、行ぎだてのころはほんとにおっかねどこさ来たもんだなって思ったスよ。

　話は一ノ沢さとんでしまったども、皆川の家さ来てがらはあとは帰ってくるまで、その病院にえだったア。ゼンコだばしゃ、学校おわった年だば月五円もらったな。まんま（飯）炊き手伝っておったがらスね。五円もらいながらだんだんと薬もやるようになったば、一〇円になったス。最高にもらった時は、月一五円であったね。それでて盆とか正月こいば、それごそ着物買ってもらったりしたな。

　コメ一升なんぼしてあったがって？　なんぼだかわからねな、秋田から行った人だために、秋田のすし米食べてあったな。コメねぐなれば電話かけでやれば、持ってきてくれるもんだたえにな。なんていうコメだが、一升なんぼするもんだんだが、ぜんぜんわがらねがったス。わがらなくともえがったのだものね。樺太でだばコメつくってねがったから、わたしら食べたのもんな（全部）本土から持ってえったものだベスな。

　あど、畑だば樺太でもつくってだな。病院がらも、畑づくりしてるのは見えだもんだス。大根だのあやったばどんであったが忘れだども、ホウレン草はひたしにしえんた小さいのだば、取って売ってあったたな。朝早ぐ、女ごど売りにくらったものな。もっとも町の方さ行げば、畑やってる人はいねがったス。

したども、ワラビだのフキだのはあらったね。フキだっきゃ、元の荷車あれ、あの高さよりも余まるほど長えもんであったスよ。穴まだ大っきいのあいであったね。だども、おがっとこ（生えてるところ）は見だごとねエ。山さ行けばあるってねがい。ワラビだのも、よぐ売りに来たもんだね。マツタケだのも売りに来てあったがら、山さ行げばあったのでねがなと思うどもな。

わたしも山さ行ったごとあるども、山にはなんもねエあったな。フルイップってしゃ、鉄砲の玉みたいだしゃ、いや、あれ程も大っきぐねえでやな。小さい木さ、茶の葉っこみだいんだ丸っけ葉っこついでしゃ、人の腰あたりまで伸びるべがね。それさフルイップっていう丸い実っこつくのだス。実っこまだ酸っぺしてな。フルイップ酒ってな、ブドウ酒みだいのをつくるのだスな。こっちさ（内地には）だばこねたって、北海道にだばあったね。フルイップは北海道でも、実っこが成るんだがどうだがね。

山さ行ったたって、そのくらいのもんでねべが。こごのサガリイチゴみだいな、ああやな木もあったえな。どうせ病院にいれば、山さ行ぐごどもねえスな。

ジャガイモだのエンドウだの、そういのはあったな。畑つぐってるどこ（所）さ行けばね。皆川の兄ど連れだ母さん、目名潟から樺太さ来てらったものな。真瀬がら来てる母さんどて、山にいて畑づくりやっておったものな。ジャガイモだので、ホウレン草など植えであったね。同じ秋田県出身で、んな覚えでる人たちだから、まず取ればいちん先に病院さ持ってくらったものな。病院でもまだ、入院してる人もえるもんだがら、わりと沢山使ったもんだがらスな。んだども、樺太の畑づくりは夏が短いもんだから、なかなが難しえんであったス。

タゴ部屋の話

わたしが下宿しながら勤めた病院の先生は、何んでも人の話だば、漁師をやるつもりで樺太に渡ったものだと。したども、どうして医者になったもんだがやと、よぐ話だばしてあったア。今の皆川の婆さんの親だ人が、医者であったもんだど。その人は、眼の方の医者であったべものな。そんで、眼を治すのは上手であったスな。免許だば持ってねどもね。

免許を持ってねで病院開いでるために、免許持ってる医者雇わねば、病院やられねえじゃ。したんて、皆川病院って言わね。楽生病院、楽に生ぎるど書いだ病院であったじゃ。それで、医者頼めばその人が院長になって、皆川貞吉という人は院主になってらあズな。まあ、そういう看板になってあったな。

一日、二〇人から三〇人くらいの患者でねがったがな。冬なって、うんと寒い日は、一人とか二人という時もあったス。いまみたいに、誰そんたに医者さあぐってがいね。タゴはべつにして、内地から来たがよぐ来々したスよ。病院の客はいいところの人もくるったて、漁師だのタゴが多がったね。

わだしらはよぐわがらねども、樺太にはタゴ部屋が沢山あったのだスな。タゴ部屋から逃げだりしても、年寄りとか、怪我して動けなくなったりすれば、そのまんま見のがしておがったな。せば、わだしが樺太にえだ時だば、どういう字で書くのがわがらねども、コーロ病人とか、コーリョ病人といってあったねエ。

役場から、

「えま、コーロ病人が来てらっ」

としゃべって来たものだス。

役場から連れでこられで、長えうち役場でその病人の分を、払わったべな。えぐなれば、生まれ故郷さ帰してやったりしてあったス。タゴ部屋の病人というものは、体に穴あぐだけ使われたり、そしてどごどごで働いでるの逃げで、見つけられるとぶったがれで殺されだもんだべ。そやったげや、警察はなんもかまわねどと聞がさえだ。雪どけとなれば、そうやって殺されだのでてくると、さべってあったスな。ほら、殺して雪のながさ埋められだ死体が、ででくらったど。

タゴ部屋から逃げてきて、船さかぐれだべな。こんど船のなかで炭おごして、眠ってしまったべな。疲れででね。やげどしてくる人もあったスな。腰から下がやげになって、なんも役にただねったね。そんな病人も来たりしたもんだあ。自分で医者頼めねたえに、役場の人に連れられでぎたもんだス。

医者だってな、それごそ産婦人科得意な人もあるし、眼科得意な人もあるスな。したども、ここの個人病院みだいに、なんでも見る医者でねば、樺太の山奥なんかでは、やっていげねんだスね。

病院の入院者は、商店の奥さんだの、王子製紙の奥さんだの、ふつうの稼ぎ人の奥さんだのって、来てあったね。体わりばねェ。いまみたいにおんびんに、あの当時は来らえねがったもんだべな。やっぱし、隠して来る人もあったもんだスな。んだな、料理屋の女ごどよげいであったな。あした検番だってば、その検番のとき、検査に行ぐ前に洗いに来るあったものな。んん、料理屋の女ごだス。いまだば、ああいう女ごどいねたえにね。

入院ひば、そういう料理屋があったもんだたえ。元だば、病院の食い物はえがったと言われだものだ。朝間は、なまぐひものはつけねがったな。ヒタシとかノリとがだな。ほがにはウメボシつけだり、タマゴつけだりしたね。そのていどのものであった。ここの旅館ど、あまり変わらねでやね。昼間だば貝のミソ煮どが、魚が取れる時はマスのあまぞうとか煮付けだりしたな。晩だって、だいたいそんたもんだな。サシミの安い時だば、それつけだりや。こごの病院、食べ物はええなって、よぐ患者さべってあったね。

わだしが行ったころは畳で、日本間に入院さひであったな。後になってから、ベットになった。ベットになったたて、えまみだいにこういう物（カーペットやジュウタン）ねえし、畳の上さベットおいでね。どうして個人の病院だったために、入院数なんぼあったべぎゃ。一つ、二つ、三つ、四つ、五つくらいあったべな。二階でしゃな。

大泊には樺太庁病院って、大っきな病院あったスな。樺太は庁であったもの。その樺太庁でやってる病院どごだば、まんつ組合病院みだいなもんでしゃ。ほがにも大っきい病院あったスな。あど個人病院は、何軒もねがったてねがな。歯医者だのしゃ、四つが五つぐれでねがな。

病人はまんつ、出稼ぎだのな、そういう人もあったね。町の病院だばしゃ、町の人どもうんと行ってあったスな。んだべね、町の人にとっだば、すぐそばだものな。その病院には、それごそ産婦人科の上手な医者がえであってな。わだし来るえになったころだばしゃ、産婦人科の患者だば、んなその医者どこさ行ってあったね。ええってひば、んな行ぐんだものな。それだば、昔だってえまだって同じだしゃ。

大泊周辺にだば、出稼ぎの飯場もあったベスね。わだしらだっきゃ、それごそ歩ぐごともねえし、よぐわがらねどもねエ。漁師は漁師、土方は土方で飯場があったえんたスな。そこさまだ、本土から仕事しに行ぐ人も、たえしたあったもんだべよ。そういう人は病気になったり、怪我したりひば、やっぱり大泊の大きた病院さ行ぐったたな。

樺太はそれごそ、八方からの集まりだもんだためにな。秋田県人会どか、青森県人会どかって、んな県人会あらったおな。そしてほれ、すぐそばに王子製紙だの、パルプの製紙会社だのがあった。やっぱりあこの町は、王子製紙でもってらもんでねがい。大っきい会社であったもの。あどだば、あんた大っきのだば、ねェあってねがァ。

あどほら、わだしらの村にもあるえんた、小さい土方の組だば、なんぼもあったべったァ。職業だば、海岸だば漁師だベスね。あど冬になれば、山さ木切りにはったりね。そういうあってねがァ。

樺太さ行商に来る人もあったスな。越中富山、あっちの方がらだばよぐ来てあってね。夏のうぢだばほれ、魚売って、寒くなればもどりもどりしてね。越中衆どあ。

「おおーい、奥さん、まだ来た」

って、病院の奥さんどこさ来てあったね。ほれ、わだしらがほしもちやるえんね、カキもち持って来たもんであったね。カキもちってのは薄く切っただげでしみ（凍）らかさねあったものな。ストーブさあぶって、ふくらますやズ。ああいうのみやげに持ってきたものだわの。毎年持ってきしてしゃ、ぬぎぐなれば来て、九月か一〇月なればもどらったな。

死者の多いニシン漁

樺太あだりでだば、朝鮮人だのは土方仕事ねげエ。朝鮮人たいしたいであったもんだスな。わたしはほれ、病院にえるもんだがら、朝鮮人が仕事してるどこは見たごどないども、町だば歩いておったね。んん、病院にだば来ねエ。

そういえば、シナ人もいだな。仕事してる人もおったども、わたしが覚えてるのは、シナ人の手品師だな。男の人だア。小せえ男の子連れで、「ガンガンガン」って鐘ただで来いば、「手品来たア」って、病院に誰も人が来てね時は、よぐ見に行ったもんだ。なあに、きゃんど（道路）の上でやるもんだから、ひまだ時は先生も見に行ったね。ひまだものな。ひばわたしらもはア、大っき顔して見んにえったア。

シナ人はなんだかかんだがってさべつて、鐘ただで、人集めらあずね。ひばそれ、小せえ男の子にいろんな手品さひで、自分もこんど、手品やるんだスよ。長げえ刀をだな、二尺もあるえんだじ、まさがそこまで落ちでえぐ訳はねエど思うくりや、喉さひでやらった。二尺の刀が見えねぐなるくりや。落どしてやるんだものな。「ああ」って、たまげで見だもんだア。

しめにこんだ、

「なんとがめぐんでけれ」

ってやらったおな。

ひばあのあだりだっきゃ、五銭とか一〇銭だべス。見でら人は、投げでやらったものねエ。

わらしっ子（男の子）にまだしゃ、ずうっとこうとっくり返っていって、股のあいだから頭ださひらったおな。ひば、腹がじゃんとなっペス。その上さ、こんだわ（自分）が上がらった。「可哀想でねエが」どかいろいろとしゃべってしゃ、そしてこんど銭っこ集めらったおな。ひばまだ、それごそ見でられねおな。なんぼ手品でも、あのやひで、どがどがでわらしっこの腹さよぐ上がるこんだなって見だものだア。

シナ人の手品だば、よぐ来てあったもんだ。それがらしゃな、シナまんじゅうだって、まんじゅう売りのシナ人も、来るもんであった。それがら樺太にはロシヤ人もえるし、さまざまな人のえるとこであったな。んだがら夜だば、大人と一緒でねば、外さはださひねがったス。ほんとに、なんに起ぎるがわがらねがらね。

内地がらも日本人は、たえした樺太さ来てあったスよ。わたしの村からだって、うんと来たものだったア。んだからまだ、病院さも人が来たものだどしゃ。

北海道だば三月の末がらニシンがとれだども、樺太だば四月の末が、その年によっては五月さはってがらだものな、ニシンがとれはじめるのは。毎年同じってことはないんだス。気候が変われば、ニシン来るのも変わるんだな。

いったん岸から離れていった氷も、風の吹きまわしで寄せてくらったもの。あの氷のために死んだ人が、多がったスよ。氷たって、ごごだの氷みだいだものではねエ。氷にはさまれで、ニシン取り船が転覆するのだと。その時はたいした人が死ぬんだっけな。沢目がら行った人も、何人も死んだよ。どうして氷に押し潰されで、船もこなごなになるんだもの。人だっきゃ、ほんとに粉っこになるんでねエがい。ときどき、死んだ人のだべ、着物のきれっぱしが岸さあがることがあったス。なんだって、わたしのいる病院のすぐ前が、すんま海なんだものね。沢目あだりの海どは、まるっきり違うんだス。

病院で死んだ人も、おったスよ。村がらニシン取りに行った親戚の人も、病気で入院して、病院のなかで何人か死んだったア。ほれ病気だじゃ、死んだじゃってひば、沢目から親子（親戚）どが来らんだものね。死んだ人も大変であったども、来る人ども難儀してあったね。死ねば焼いで、骨にして持って帰ったな。海で死んだ人の時だば、遺骨ってねエがら、空身で戻っておったな。

病院さ入院して、よぐなって帰った人もあったスよ。えまでも村で会ったりひば、

「おお、ショだが。おめがらよく薬もらって飲んだな」

って、しゃべられるったあ。

まんず、いろんなごどがあったな。今のごとだばすぐ忘れるども、あの時のことだっきゃ、忘れらえね。いろたごどあったがらね。んだども、一九三二年の一一月に帰って来たったア。

樺太から帰ってきた訳は、わたしの家に弟二人いであったたもの。んだども、ひな（兄）はあいう者だったために諦めで、親どは弟さかだるつもりでえだったな。したっきゃほれ、弟がショウコウ熱さかがってしまったたな。今みだいな時だばすぐ能代さ連れで行ぐったて、銭谷の旦那

さんさ連れて行ったきゃ、「これだっきゃハシカだんて、あったためでおげ」っていぅのだど。それで、あったためでいたども、熱病だものな。だから、親があどでわたしさ、「ほんとは氷の上さ寝ひで、氷でひやさねばねもの、あったためでえだものな」ってしゃべらったア。なんぼが残念だったもんだべがね。

　死んだきゃ、みんな皮はげであだらえねがったど。ショウコウ熱ってひば、あれ伝染病だもの。なんも知らね昔の人だもの、消毒もさねでえだったね。

　それでほれ、かだるつもりの弟に死なれだし、ひなは用にただね者だし、わたしどこ呼ばったあのだ。姉が二人いるたって、嫁にやって子どもがいっぺェ。ひば連れて来らえねがらね。わたしまだ、「来い」って言われで、「うん」と来たあず。二二歳の時であったア。よぐ六年こばりになった時に、あんた遠ぎところまで行ったもんだったな。船の音鳴るの聞けば、家さ来てしてな。一人で泣いだもんであったア。だからわたしは、走って家さ帰ったんだス。

　あの当時は、北海道と樺太は一日一往復で、片道八時間かがってあったな。行く時に乗った船と違って、来る時は新しい船になってあったね。恵庭丸で船で、稚内さ着がねで、小樽さ直行するもんであったス。函館からは船で青森さ来て、それから汽車でえまの東能代駅さ着いだのが夜中の一時ごろであったおな。沢目まで行ぐたって、なんもねェがらどうもなんなくてね。

　同じ汽車から五〇歳を過ぎた年配の人も、降りだったもの。その人のあどかだって旅館さ行ったあズ。したば旅館の人まだ、ふとじ（夫婦）なんだど思って、ふとじ部屋さ床取らったものな。したたて、床さはいたたて、おっかねェして寝ていられねおったおな。こんだ、その人が部屋からでた時に、物持って下っさおりで行って、

「あど部屋っこねスか」

と聞いだら、「ある」って言うので、べつの部屋さ寝だズ。男だもの。女ごだばえったて。どうしてそごで、寝でるにええがい。

下の部屋っこさ寝だばったて、あの男の人まだ来らってねべがって、まじらまじらって、朝間までなも眠らえねがった。して、一番の汽車であれ、東能代駅がら来たったおな。あのあだりだば、誰も迎えにだば歩がねでや。一人で家さつぐと、母親がびっくりしてあったスな。これでわたしの樺太の話は終りだス。

（一九九四年九月）

2

一歳で両親と樺太へ

鎌田ナミ　秋田県山本郡三種町森岳

わたしは旧若美町（現男鹿市）のホンナイというとこに、一九二八年一月七日に生まれたそうですが、そこにこの間行ってみたんです。もうその集落はないんですよ。野石の近くから林に入って行くんですが、うちの畑があった所から男鹿の山がよく見えました。

ホンナイに生まれてまだ満一歳にならない時に、両親に連れられ樺太に行ったんですね。「お前は生まれてすぐ、内地から敷香に来たんだ」と母はよく言ってました。生まれた所のことを覚えてないのは、当然ですね。わたしは敷香で大きくなったのですが、男みたいにきかなかったみたいです。六歳の時にすべり台から落ちて、足をくずいたのを覚えてます。

敷香で母は、着物を縫う仕事をやっていたのです。昔の女の人って、みんな嫁になる前に針仕事を習うわけでしょ。母は内職で縫ったんですね。内地の田舎では木綿ばかり縫っておったが、敷香では芸者の着物、絹のやわらかい着物ばかりで、はじめは縫い方がわからなかったと言ってましたね。近所の婆さんに縫い方を習って、それから芸者の着物を縫うようになったそうです。わたしが物心ついた時は、あっちからもこっちからも注文がくるようになっていましたね。芸者って着物の襟をおとして着るんですが、母が縫ったのは着やすいと言ってました。敷香には料理屋とか飲み屋が沢山あったので、芸者もうんといたものです。その芸者が家に出入りするものだから、子どもの時は賑やかで嬉しかったですよ。

父は敷香の農協に配給所があるんですが、その倉庫番だったんです。わたしは七歳で小学校に入ったので、その冬のことでした。樺太は寒いから厚いオーバーを着るので、お客が来た時はぬいだのを掛ける所が沢山必要なんです。わたしの家にも二か所にあったのです。

ある日の朝、父は仕事に出かける前に入口でガタガタやっているので、「朝から何をやっているの」と母が言うと、「掛ける所が足りないのでつくっている」と言うのだそうです。「掛ける所は一杯あるべよ」と母が言っても、人がうんと来れば足りなくなるからと、掛ける所をつくってから、仕事に出て行ったんだそうです。そして昼ころに、倉庫からコメを運び出してくる時に足を滑らせて転び、怪我をしたんだそうですよ。だがよっぽど打ち所がわるかったらしく、その日の晩に亡くなったんです。父は自分が死ぬことがわかっていたのですね。

わたしのすぐ下に弟がいたんですが、三歳で亡くなっています。その下に妹が二人いたんですが、その時はまだ小さかったのです。あとで一緒に樺太から引揚げて帰り、一人は嫁さんになって亡くなったが、もう一人はまだ北海道で元気にしています。

　父が亡くなった時、働いていた農協から補償金を一杯貰ったんですよ。確か一〇〇〇円でしたから大金です。農協では「これだけあれば子どもが成長するまで十分間に合うから」と言って、置いていったそうです。ところが母の兄弟たちがそのカネにささってくるんですよ。大金を持っているのがわかっているものだから、「飲み屋さ行くからゼンコかせ」「またも貸してけれ」と言われて出しているうちに、おカネがなくなってしまったのです。その時に母が、「母さんね、兄弟さぜんこやってなんもなくしてしまったア。なんとしてこれがら暮らしていげばいいだあ。針仕事を頑張らねばダメだ」と言っているのを、わたしは聞いて覚えています。

二度目の父

　母はそれから針仕事を続けながら下宿をはじめたのですよ。最初に下宿した人が秋田の人だったんですね。それも話をしたら、母が生まれた村の野石の人だったんですよ。母はこの人と一緒になったのですが、これが大酒を飲むうえにくだを巻く人で、ひと晩相手をしなければいけない人でした。わたしらの父は酒も煙草もいっさいやらない人でしたから、はじめはびっくりしましたね。

　そんなことでいろいろあったが、新しい父が勤めていた会社がおもわしくなくて、こんどパルプ会社で働くことになったのです。その現場がうんと遠くて家から通うのができないので一人で行っていたんです。二年くらいしてから敷香で一緒に住むようになったのです。それから引揚げて来るまで、敷香の社宅で暮らしました。

　わたしは敷香の小学校を終わったのですが、金持ちの子どもは中学校とか女学校に進むのに、高等科に入って二年で卒業したのです。一五歳では働く仕事もなく、近くの酒屋の水汲みを手伝ったりしました。敷香には上水道がなかったので土に井戸を掘り、つるべで水を汲み上げると桶に移し、肩でかついで家に運んでいたのです。子どもには大変な仕事でしたが、これで小遣いをいくらか貰ったのです。夏ごろになってから近くの人に、「俺の会社に来ねが」って誘われました。「どんなことをするの」って聞くと、「お客が来たらお茶コだしたり、石炭ストーブの掃除をしたりしてればいいんだ」というので一年ばかり行ったのですが、やめたんです。

家にいると郵便局の電気通信工事局に勤めている同級生が、「遊んでいるんだったらおいでよ」というので行ったんです。同級生の隣に座って出席簿で誰が来ているとか誰が来てないとかを調べたり、文書がくるとあけて、どこから誰宛に来たかを全部書いたのを係長に持っていくと、係長が課長からハンコを貰うの。それからその文書を宛先の人に配ったの。文書をだす時も同じことをしたんですが、面倒なことをしました。まあ、それくらい厳しいかったでのす。

その当時の樺太は、おカネがあっても物を買えなかったです。物がないんではなくてあるんだけど、新しい物を買って身につけたり持って歩くと、皆に非国民だと言われるのです。勤めてからも毎日のように防空壕の中に入ったり、炊き出しの練習をしたりするのです。防空壕に入る時に持っていくおにぎりのにぎり方を習ったりしました。でも、敷香には空襲がなかったです。

敗戦後はどこへ歩くのも自由でしたが、でもソ連人の兵士はおっかなかったですね。いつも肩に鉄砲を下げて歩き、言うことを聞かないとズドーンだったからですね。それに言葉がまったくわからないですから、ほんとに困りました。

敗戦後は泥棒が多かった

ただ、敗戦後は泥棒が非常に多くなったのです。日本人だけではなく、ソ連人や朝鮮人の泥棒も多くて、夜は小さな音にもビクビクして眠れなかったですね。寒い樺太でも、窓は薄いガラスが一枚なのです。うんと凍る時は、窓ガラスがよく割れたものでした。その薄いガラスを割って、泥棒が入って来るのです。障子紙を切って窓ガラスに貼ったり、窓の外に板をクギで打ったりしたのですが、それでも泥棒が入るのです。ところが、ソ連人が日本人の家に泥棒に入った時は、日本の警察に届けてもなんにもしてくれなかったです。逆にソ連人の家に日本人の泥棒が入った時は、徹底的に調べました。

わたしの家には二階があって、玄関から入るとすぐ階段があるのです。わたしは二階の小さい部屋にいたんですが、夜中に泥棒が土足で玄関に入って来るんですよ。おっかなくて、押入れにかくれてじっとしてましたが、被害にあわなかったのは幸いでした。

わたしの隣の家に、子どもが二人いるソ連人の将校の夫婦が入っていたのです。ソ連兵の泥棒とか、女を狙って夜中にあまり来なかったのは、そのおかげもあると思います。襲われた若い女性は、だいぶいたと聞いています。二人の子どもはめずらしがって家に来るので、すぐ仲良くなりました。こんど二人の子どもにおカネを渡し、手まね足まねで、コメとかパンを欲しいって言うと、買ってきてくれるんですよ。あの時はほんとに助かりました。子どもたちから言葉も習いました。いくらか覚えたのを、しゃべったりしたですよ。

わたしが勤めていた所は、日本の敗戦と同時に中止になったんです。行く所がないので毎日家にいましたが、ソ連人の子どものおかげでなんとか食いつないではいたんです。でも、それだけでは足りなくて、パンを売っている所があると聞けば行って並ぶんですが、パスポートがないと売ってくれないのです。勤めに出ないと、パスポートを貰えないのです。そのため、どこかに勤める所がないかなと探していたら、近所の人から働きに来ないかと言われたのです。そこは大きなパルプ会社で、現場で働きました。

一九四七年七月に疎開命令が来たのです。引揚げていくためにまとめてあった荷物を背負うと、何時まで集まれと言われた所に行っても汽車が来ないのです。すると「引揚げは中止だ」と言われ、また家に戻ったのです。いつ引揚げていけるかわからないし、働かないと食べれないので、またパルプ会社にお願いに行くと使ってくれたのです。こんなことが二度あって、三回目にやっと引揚げることになりました。

三回目は敷香から豊原に来ると、囲いがしてある広い運動場のような所に集められました。入口に門があって、そのわきにある事務所で引揚げの手続きをしたのです。わたしたち一家六人は真岡から船に乗り、函館に着くと手続きなどで三日間泊まりました。それから船で青森に向かったのですが、「内地に行ぐ」と言ってました。

青森から汽車に乗り、森岳駅に降りると八竜の母の兄弟の家に行ったのです。水害にあって小屋に住んでおり、「とても泊められないのでほかの親戚さ行ってみれ」と言われました。また汽車に乗ると男鹿の船越のお寺に泊めてもらい、親戚の家を何軒も歩いたのですが、六人を面倒みてくれる家はありません。また森岳に戻ると母の姉の家に行き、ようやく落ち着きました。近くに一軒家があったのでそこを借りて住み、百姓をやりました。それだけでは食べれないので手間取りに歩いたり、北海道の農家へ出稼ぎに行ったりしたですね。

わたしは一九五四年に親のすすめで婿をとったのです。でもあの当時は、子どもが生まれるまでは籍を入れなかったです。「籍を入れない家にはいられない」と、婿は出て行ったのです。二回目に一緒になった人は、百姓と出稼ぎをして暮しました。

わたしもそれからいろんな仕事をして生きて来ましたが、八二歳になります。いまは仕事をしないで家にいて、ときどき病院に通ってます。息子たちとは離れて、一人で暮らしています。樺太のことを思うと一度は行ってみたいものだという気がしますが、この歳で病気持ちでは行けないものな。

（二〇〇九年一二月）

③ 樺太に生まれる

金弘　秋田県山本郡三種町鹿渡

わたしは一九三四年一月一三日に、ロシア・サハリン州のポロナイスク（旧敷香）に生まれた。いまは七九歳だが、樺太はなつかしいね。よく夢に見る。

父は南秋田郡八郎潟町面方。母は山本郡三種町鹿渡山谷の出身でした。ポロナイスクは大きな所で、あの当時七～八千戸くらいはあったと思うね。森林と石炭の山が近くにあって、子ども心に活気のある街だったと覚えている。大きな王子製紙敷香工場があって、高さが一五〇メートルくらいもある煙突が、もくもくと黒い煙を上げていた。石炭とか木屑などを燃やしていたんだろうね。

近くの山は木が沢山あって、真っ黒に見えた。樹齢が数百年という大木もあった。多いのはエゾ松、トド松で、カラ松は開墾地の防風林に植えていた。グイ松というのもあったが、あの木は日本で見たことがないですね。広葉樹は白樺が多かったな。八年前に内地に帰ってからはじめてサハリンに行き、ポロナイスクに行ったが、黒かった山はみんな伐られて裸山になっていた。日本時代は計画伐採だったというが、ロシアの時代になると片っぱしから伐っていた。パルプ工場に運んでいるみたいだった。細いのも伐っていたので、「こんなのも伐っているのか」と言う人もいた。日本時代の製紙工場は動いているとみえて、黒い煙を上げていた。

わたしが物心ついたころ、父は古物商をやっていた。あの当時の樺太の日本人は、転職か何かあって引っ越しをする時は、身のまわりの物を少しだけ持って、家はそのままにして一軒ごと売って行った。新しい所に行くとまた家を買い、家財道具も買って生活をしていた。父は残して行く物を買い、新しく移って来た人に売っていた。いまで言えばリサイクル屋というのかな、まあ、裕福な暮らしではなかったが、そんな苦しい生活ではなかった。わたしは父の商売柄、子どもの時から古い物に興味があった。とくに目覚まし時計が好きでいくつか持っていたが、日本へ引揚げてくる時は置いてきたので、いまでも残念でならない。

ポロナイスクには南樺太でいちばん大きいポロナイスク川が流れていた。大きな川で、冬は一メートルも凍るといわれていた。家には大きな犬がいたので、冬になるとその犬を連れてよくポロナイスク川へ魚釣りに行った。水面まで氷を掘ると、釣り糸をたれたが、冬はコマイがよく釣れた。水から引き上げた時はピチピチ動いているが、すぐに凍った。樺太の海にコマイが沢山いるので、冬には叺《かます》に入れて売っていた。値段は忘れたが、高くはなかったと思うな。どうして食べたかって?冬は凍ったのを一匹のまま、内臓も骨もそのまま薄く切り、醤油をつけて食べるのが普通でした。よく食べたものです。主食はコメだったが、魚を多く食べるので主食みたいな日もあった。それだけ魚を沢山食べていた。サケ、マス、タラ、ニシンなど、何でもあった。干したり、漬けたりして保存もしていたが、タラバガニもよく食べましたね。

わたしたちは学校から帰ったり、休みの日は海とか山とかで遊んでいた。近くに木工所があったので、中に入って遊んでよく怒られた。夏は海で魚釣りをした。大きな港があり、魚の加工場があって、内臓は海に捨てていたので魚はわんさといた。夏によく釣られるのはカレイでしたね。一時間も釣ると、バケツ一杯になった。

山菜なども沢山あった。フキは人の背丈ほども大きくなり、塩漬けにして保存し、冬に食べていた。行者ニンニクも敷かされるように生えていたが、わたしは匂いが強くて食べれなかった。秋になると、「フレップ」という小さな赤と黒の実が成った。甘いが酸っぱくて、ブルーベリーみたいなもので、山に行ってはよく食べた。樺太で育った人で、フレップを知らない人はいないと思うな。口のまわりを真っ黒にして食べた。手が黒くなり、洗ってもなかなか取れなかった。樺太を出てからは一度も食べたことがないが、なつかしい味です。

樺太には日本人のほかに、朝鮮人が多かったし、ロシア人もいた。敷香の国民学校に入ったが、朝鮮人も同じ学校に入ったと思う。学校の時は特別な思いはないが、勉強よりもよく遊んでいた。樺太は国民学校も六年生までで、高等科はなかったと思うな。

横綱「大鵬」のこと

ことし(二〇一三年)の一月に亡くなった横綱の大鵬も、敷香で生まれている。父はウクライナ人で、母が日本人ということだ。たしか兄は父が違っていると聞いている。大鵬の母方の曽祖父母が能代市の出身で、小結の時の一九六〇年に巡業で能代市に来た時に、西光寺で法要をやったと聞いている。大鵬のことではいろいろな噂があったな。

大鵬の生家は、敷香町の東三条北二丁目で、敷香女一学校と商業学校のほぼ中間の位置だった。

敷香中学校(旧制中学)のその通学路にあり、生家をポリシコ農場と言っていた。平屋で牛舎が半分、敷地面積は三百坪くらいで、畑は馬鈴薯と葱、蕪類である。牛は二頭飼われていた。大鵬の母親が毎日畑仕事に励み、その近くで大鵬が遊んでいた。ちなみに納谷幸喜の幸喜の名付け親は、私の担任の三宅一明先生である。

当時、女学校の前で校舎を見ただけで、先輩に殴られたものである。従って登校時は、右側納谷家、下校時は左側納谷家を見たのである。

大鵬は一九四〇（昭和一五）年にロシア革命後に樺太に亡命した、ウクライナ人のコサック騎兵隊中尉、マルキャン・ボリシコの三男として生まれた。二男ワージミル・ボリシコは、一九四二年（昭和一七年）七月に上敷香で殺害された。白系人であることで、さまざまな憶測が流布されたが、一九四四（昭和一九）年一二月発行の『樺太探偵実話集』には次のように書いている。

ポリシコは上敷香にあった牧場から姿が見えなくなったのが発端。数日を経て犯人が逮捕となった。

犯人は当初「私は愛国心に燃えてやりました。こんな外国人を生かしていたら、日本のためにならないと思って決心してやった」と平気な顔で言ったという。真相は、ポリシコは病弱で一人では牧場をやっていけない。女房は小さい子供を抱えているので、ポリシコのアンチャン（子供）を殺せば牧場をやめて敷香の家に引揚げるだろう。そうなれば牧場は当然支庁の方に返すことになり、その後犯人は貸付を受け、農業をする気だったという事が判った。

明治、大正、昭和と樺太開拓は、移民奨励に給料を支給して開拓をしたことは、多くの資料で語っている。この事件は、被害者が混血人であったことで、「忽然と消えた混血児」として話題になった。

引揚げのとき

国民学校の六年生になった時だが、ソ連が国境を越えて日本に攻めて来たのは八月九日ですよね。あの時はほんとにびっくりしたよ。敷香には日本の守備隊がいたので、ソ連の飛行機が飛んでくると交戦しているのを見たが、子どもも心に怖いとは思わなかった。危ないとは思ったが、学校でいつも天皇のために死ぬのは大切だと教えられていたからだ。教育っておっかないものだ。「死ぬのがあたり前」と教えられていたからね。一一日にはソ連の飛行機が敷香を攻撃した。

九日にはなんにも持たない身一つの避難民が、敷香にどんどん逃げて来た。兵隊も逃げて来た。逃げる途中で投げてしまったのか、鉄砲を持っていない兵隊が多かった。

八月一五日に学校に行くと並んで放送を聞いたが、何のことかわからなかった。校長が壇の上から、「日本は戦争に負けた。すぐ家に帰りなさい」と言うので、鞄を持って家に帰った。カンカン照りの暑い日だった。父は持って行く荷物をまとめていたし、母はパンや干し魚などを丸めていた。

その晩は家に泊まり、一六日の午後に母と妹と弟の三人で駅前の広場に行った。「五〇歳までの健康な男子は残るように」という命令だったので、父は家に残った。沢山の人が集まってきたが、その日は汽車が来なかったので、駅前に野宿した。野宿ははじめての経験だったが、心細かった。敷香から汽車に乗ったのは確か一七日の夜で、無蓋車だった。コルサコフ（旧大泊）で船を待ったが、船に乗った日は一八日ではないかと思うがはっきりしない。女と子どもを優先したが、どうして乗ったのかわからない大人もいた。船に乗る時は持っていった荷物は持てないので、体一つで乗った。乗れるだけ乗ったので、船の中では身動きも出来なく、押し潰されそうだった。

わたしは出発した船で、恐ろしいのを見た。甲板で髪をふりみだした三五歳くらいの女性が、自分の手荷物だけではなく、他人の荷物も海になげるので、大騒ぎになっていた。奥地からいのちからがら逃げてきた人だということで、最後には自分が背負っている赤ん坊までなげようとしているのを、近くにいる人がとめさせた。一時の錯覚なのか、それとも気がふれてしまったのかわからない。下船する時にその赤ん坊は他人の背にしっかり負われていたが、その後はどうなったろうかと思うことがある。気がふれないほうが不思議なくらい、本当に船の中では不安な一夜をおくった。

わたしたち約八〇〇人の引揚げ者を乗せた駆逐艦は翌日の夕方、無事に北海道に着いた。北海道の島影がうっすらと見えると、誰ともなしに「バンザイ」という声が湧き上がった。

これは後で聞いて知ったのだが、引揚げ船は、八月二二日に日本とソ連両国で停戦協定が成立するまで続けられ、納谷親子は、この最終の引揚げ船に大泊港から小笠原丸に乗船した。

まさかこの三船が遭難の悲劇に遭うとは……。小笠原丸は最初稚内港に入港予定であったが、陸上輸送の関係で小樽港を下船地に変更された。これが運命の別れ道で、大鵬の母親が船酔いと疲労で緊急入院が必要となり、稚内港で下船したのである。その後、小笠原丸は魚雷攻撃で沈没したのである。大鵬はこの時から強運の持ち主になったと思われる。

引揚げの時にもどると、父親ポリシコは、「俺を置いていかないでくれ。日本人は薄情だ」と泣いてわめいていたと、そばにいた人が話してくれた。ところが、船は無事に稚内港に着いたものの、港は深くないので駆逐艦は横付けにすることが出来なかった。そのため、艦の甲板から上陸用の木造のボートに飛び降りたのである。自分の順番がきても高いので目がくらみ、膝がガクガクと鳴った。飛び降りようと思っても、足が甲板にへばりついたようになり、なかなか飛べなかった。後に人が並んでいるし、下にはボートが待っているので、目をつむって跳ねる体制をとっていると、背中をぽーんと押され、あっと思う間もなく落ちた。ボートにいた三人の水兵がわたしの腕と足を支えてくれたので、ボートにぶつからないで立てた。その時は生きた心地がしなかったが、いま思ってもよく助かったものだと思うね。母や弟、妹たちもボートに移り、ようやく稚内の地を踏むことができた。

だが、稚内に着いたものの、食べ物がないのでおなかがググー、ググーと鳴るのはどうしようもなかった。差し入れをもらった記憶はない。母は敷香の家を出る時、夏なのでおにぎりなどはすぐダメになるからと、コメと鍋、それに南部鉄瓶を背負ってきた。食べる物がなくなると、火を焚いてご飯をつくり、わたしたちに食べさせてくれた。しかし、船とか汽車の中ではそれが出来ないので、腹が減ってもどうにもならなかった。ただ、南部鉄瓶に入れた水を少し飲んで我慢した。ほかの人たちは一升瓶を持ってきたので、割った人が多かったが、鉄瓶は割れないので助かった。いま思うとビンではなく、よく鉄瓶を持ってきたものだと母のやり方には感心する。その鉄瓶はいまも家にある。使ってはいないが――。

小稚から汽車に乗り、函館から連絡船に乗り換えて奥羽本線に乗った。母の実家のある琴丘町（現三種町）の鹿渡駅に降りたのが、確か八月二二日だった。山谷にある家へ一度に四人も行ったものだから、大変だったと思いますね。それほど長くも母の実家にいられないし、しかも宿なしなものだから、転々と移り住んだ。半年ほどすると村の小さな病院が入る人もなく空いているので、そこを借りて住むことになった。自分たちで壊れているところを直して入ったが、裸で帰って来たものだから、貧乏人の生活をした。樺太に残された父が帰ってきたのは、三年後のことだったから、働けない子どもを抱えた母の苦労は大変だったと思う。

わたしは樺太にいる時、日本は大変豊かな国だと思っていた。だが、日本に帰って食うや食わずの生活をしながら、日本はこんなに貧しい国だったのかと思った。なぜ樺太から追われて、こんな貧しい日本に来なければならなかったのかと、子ども心に思った。弟や妹はまだ小さいので、母とわたしが農家の手伝いに行ったりして、食料を貰って食べながら暮らした。

内地に帰った年の一〇月に、町の国民学校六年生に入学したが、働くのが主だったのであまり学校には行かなかった。翌年に新制中学校の一年生になったものの、学校にはほとんど行けなかった。わたしも働かないと、一家は食えなかったからだ。そのため国民学校も、新制中学校も、卒業証書はない。

その後は出稼ぎをしたが、三〇歳を少しすぎた時に板金屋の仕事に入った。そのころは板金屋は忙しい仕事だったが、一九五五（昭和三〇）年ころになると鉄道の沿線にあるカヤ屋根が、汽車から出る火でよく火事が起きた。国鉄で補助したのではないかと思うが、トタン屋根に替える家が多くなった。カヤ屋根は一軒が燃えると、飛火して次々と燃えて大火になるので、その後は町村で家を新築する場合にトタンを無料で与えるようになり、カヤ屋根からトタン屋根に代わる家がでたので、仕事はいくらでもあった。カヤ屋根は夏は涼しいうえに、冬は暖かいのでいいと思うのだが、いまはカヤ屋根が少なくなり、山村に行ってもカヤ屋根の家を見ることが珍らしくなった。板金屋をやっているのにこんなことを言うのはおかしいが、カヤ屋根があまり見えなくなったのは寂しいですね。

（二〇一三年二月）

参考文献

堅田精司『旧樺太内国貿易史』北海道地方史研究会　一九七一年
金子俊男『樺太　一九四五年夏』講談社　一九七二年
朝鮮人強制連行真相調査団編『朝鮮人強制連行・強制労働の記録―北海道・千島・樺太篇』現代史出版会　一九七四年
佐藤生人『サハリン脱出』潮出版社　一九八〇年
井上二美『サハリン物語』教育報道社　一九八七年
林霞舟『サハリン物語』近代文藝社　一九八五年
神代龍彦『嵐のサハリン脱出記』一九八八年
北海道新聞社編『慟哭の海』北海道新聞社　一九八八年
北海道新聞社『祖国へ！―サハリンに残された人たち』北海道新聞社　一九八八年
日本社会党北海道本部『北の島―サハリンの四季』日本社会党北海道本部　一九八九年
北亭柱『サハリンからのレポート―棄てられた朝鮮人の歴史と証言』御茶の水書房　一九九〇年
山本将文『写真報告　サハリンの韓国・朝鮮人』東方出版　一九九〇年
宮脇俊三『韓国・サハリン鉄道紀行』文藝春秋　一九九一年
大沼保昭『サハリン棄民　戦後責任の点景』中央公論社　一九九二年
新岡武彦、宇田川洋『サハリン南部の考古資料』北海道出版企画センター　一九九二年
川辺為三『サハリンの声』講談社　一九九二年
金子知好『素顔のサハリン千島』連合出版　一九九三年

三田英彬『忘却の島サハリン—北方異民の「いま」を紀行する』山手書房新社　一九九四年
角田房子『悲しみの島サハリン—戦後責任の背景』新潮社　一九九四年
木原直彦『樺太（サハリン）文学の旅』上下　共同文化社　一九九四年
奥田博昭『サハリンの少年』社会思想社　一九九五年
若槻泰雄『新版　戦後引揚の記録』時事通信社　一九九五年
梅木孝昭『サハリン松浦武四郎の道を歩く』北海道新聞社　一九九七年
相原秀起『新サハリン探検記—間宮林蔵の道を行く』社会評論社　一九九七年
辻真先『サハリン脱走列車』講談社　一九九七年
平澤是曠『越境—岡田嘉子・杉本良吉のダスビターニャ』北海道新聞社　二〇〇〇年
神馬艶子『遙かなる北の空』こんどう印刷　二〇〇〇年
中山隆志『一九四五年夏　最後の日ソ戦』中央公論新社　二〇〇一年
北海道新聞社編『ロシア極東1サハリン』北海道新聞社　二〇〇一年
浦雅春『チェーホフ』岩波書店　二〇〇四年
吉武輝子『置き去り—サハリン残留日本女性たちの六十年』海竜社　二〇〇五年
片山通夫『サハリン』未知谷　二〇〇五年
小川峡一『樺太（サハリン）・シベリアに生きる—戦後60年の証言』社会評論社　二〇〇五年
三木理史『国境の植民地・樺太』塙書房　二〇〇六年
大石英司『サハリン争奪戦』上下　中央公論新社　二〇〇七年
李炳律『サハリンに生きた朝鮮人—ディアスポラ・私の回想記』北海道新聞社　二〇〇八年
野添憲治『遺骨は叫ぶ—朝鮮人強制労働の現場を歩く』社会評論社　二〇一〇年
今西一編著『北東アジアのコリアン・ディアスポラ—サハリン・樺太を中心に』小樽商科大学出版会

二〇一二年
野添憲治『みちのく銃後の残響』社会評論社　二〇一二年
竹野学「サハリン住民と日本・ソ連の軍政」坂本悠一編『地域のなかの軍隊〔7〕植民地』吉川弘文館
二〇一五年

あとがき

わたしは一九三五年に秋田県と青森県の界にある藤琴村(現在は藤里町)に、四〇アールの水田を小作する農家の長男に生まれた。水田とはいっても半日は日陰になる山間部の田んぼが多く、一〇アール当たり五俵(四斗入り)も収穫できるといい方だった。この中から半分は地主に運んでいたので、翌年の五月ころになると保有米がなくなり、地主から借りるコメのほかに、山菜とか田んぼにいるカニやタニシ、川魚などを食べて飢えをしのいだ。当時はこうした農家が多かったが、そのなかでもわが家は最低だった。

食生活や衣類などにも苦しんだが、住む家も粗末なものだった。住居・馬小屋・作業場も一緒だったので、家の構えは大きかった。屋根は萱葺きだったが、囲いには薄板を打ち付けていた。古い家だったので板の間に隙間があり、風が吹き込んできた。夏はいいが、冬は寒い風や雪を防ぐために、晩秋になると稲藁の束を板に付けて縛ったが、それでも真冬の強風の時には家の中に風が入ってきた。当時はいろりが居間にあり、薪を焚いて暖をとっていた。火があたる正面は暖かいが、背中は寒かった。わたしが国民学校二年生の時に父が兵隊にとられ、働き手が母とわたしだけになり、日ごとに減っていく米櫃を見つめながら春を待っている雪国に生きる貧農の思いを少年のころから感じとっていたわたしにとって、冬は身も心も凍るような季節だった。

やがて新制中学校を卒業した翌年の晩秋に、一六歳になった少年のわたしは北海道置戸町へ出稼ぎに行き、大森林の中の飯場でひと冬働いた。少年にとってエゾ・トド松の大木を鋸と鉞だけで、倒したり玉切りする重労働も大変だったが、森林の中で迎える寒さは秋田のあばら家で暮らしてきたわたしも音をあげた。朝はまだ夜明けが訪れない前に飯場を出て、作業現場まで約三キロの雪道を歩いたが、顔が針で刺されるような鋭い冷気に襲われた。息をすると被っている帽子にそのまま白く凍てついた。鋸や鉞などに手袋をはいたまま触れると凍りつき、引っ張るとその部分が凍りついて残った。手などを直接触れると皮膚が凍りついて離れないので、無理して引っ張ると皮膚がはがれて残り、血が赤く流れた。

ひと冬の間に何度か、とくに凍る日があった。寒暖計がないのでどれほどの低い気温になっていたのかわからないが、働いていても体全体が思いどおりに動かなくなり、頭がふらついてきた。飯場を管理している事務所から「作業を止めて飯場に戻れ」という知らせが届いて飯場に帰っても、ドラム缶を横にしたストーブはいつもは真っ赤に燃えているのに、こんな日はストーブも燃えなかった。石油をかけるとその時だけは燃えるものの、ストーブの中の薪はすぐ黒い煙を上げ、燻るだけで燃えなかった。事務所からは一人に一升の焼酎が配られるので、それを飲みながら作業衣のまま布団に入り、上には重くなる物をなんでものせて寒さに耐えた。この寒さはいったいどうなるのだろうと心配しながら焼酎を舐めるように飲んでいると、地元から働きに来ている人が、

「これくらいの寒さにびくびくするな。俺らが戦争前に働いた樺太の冬は、こんなものじゃな

かったぞ。家から外へ急に出たとたんに凍って、死んじまうんだからな」と言っていた。酔いも手伝って大声で樺太の話をするのを、少年のわたしは布団にもぐって聞いた。こんな時は氷点下三五度くらいはあったのではないかと思うが、敗戦後に樺太から引揚げて北海道に住みついた人は多かったようで、その後も数か所の北海道の山林で働いたが、樺太の話はよく聞いた。

わたしが生まれて育った秋田県内からも、樺太が日本領だった時には、沢山の人たちが出稼ぎという形で働きに行っていた。国民学校に入る前のころにも、秋になると男の人たちは樺太へ林業の出稼ぎに集団で行き、春になると帰って来たのを記憶している。内陸部の人たちは林業だったが、海岸部の人たちは漁業の出稼ぎだった。当時は昭和恐慌期に入って稲作も凶作が続き、県内には仕事先があまりなかったが、一方の樺太開発には多くの人を必要としたので、内地で苦しい生活にあえぐ人たちが渡って行った。いったいどれくらいの人たちが出稼ぎに行ったのかは正確な資料がないのでわからないが、入学前のわたしの目にも異様に見えたほど多くの人たちが出稼ぎに行くので、冬期間は村の中で男の姿をあまり見かけなかった。

わたしの手元に一九五七（昭和三二）年に秋田県樺太会が発行した「会員名簿」がある。樺太から引揚げて秋田県に住みついた人たちの名簿で、「発刊の辞」に「我れ等の先輩並びに同志が苦闘の天地とし、また生活の楽園として、雄図を抱いて血と涙を以て開拓した永遠の心の故郷である樺太」は「静かに目をつぶるとあの紅の実をもったナナカマドの街路樹、夜露にうるむ街の火、銀鱗きらめく鰊の山、黒く輝く石炭、山とつまれた木材とパルプ会社の高い煙筒」と切々と書かれ、その後に約一二〇〇人の名前が並んでいる。また、樺太時代の職業も多様で、最初の一頁を職業を順ごとに書くと、自転車商・自由労務者・機関士・木山夫・農業・王子製紙KK配電員・開拓農業・農業・王子会社社員・西海自動車KK運転手・漁業・海産物商・大工・旅館女中となっている。これを見ても、いかに多くの人たちが、さまざま職業につきながら樺太で生活をしたかがわかる。

わたしの父なども、樺太へ出稼ぎに行っていた。叔父の幸次郎も出稼ぎに行き、そのまま樺太に定着した。敗戦後に若い女性がわが家に来ると、樺太でパルプ会社で働いていた叔父と結婚したが、ソ連が攻撃してきた時に別れ別れになり、戦争が終わっても家に帰らなかったという。引揚げが始まっても所在がわからないので、ソ連に連行されたのか、戦乱の時に死亡したのかわからないので、行方不明になっていると言っていた。その女性はその後姿を見せず、叔父の消息は寄せられることはなかった。

わたしは一九六二年に生まれた村から秋田県内の能代市に移住し、数年間勤めたあとは著述生活者になった。著述といっても書く仕事より、花岡事件を調べたり昔話の採集に歩くことが多かった。一九七六年に南米のパラグアイへ一九六一年に移住した母方の伯父佃由五郎一家を訪ね、四か所の日本人移住地を歩いて取材した。移住者の中に戦前に樺太へ出稼ぎをした東北出身者が三人もいて、作業や生活をなつかしく語った。その話を聞いて、幼少のころの村のことを思い出した。

パラグアイから帰ると樺太へ出稼ぎをした人たちの記録を探したが、県立図書館や県立博物館にもなかった。戦前の農民や漁民たちの出稼ぎは記録されていないのだ。当時は出稼ぎ者たちに目配りする人もいなかったし、また出稼ぎは多かったものの北海道や樺太の山奥での仕事はあまり目につくことでもなかったのだろう。

生活を守るために北方の地で働く人たちのことは顧みられることもなく、地に埋もれているのであろう。民衆の歴史は誰かが記録しないと忘れられていく。

樺太への出稼ぎをした記録がないとわかった以上は、わかった人が記録を残す作業をしなければいけない。しかも、当時はまだ出稼ぎを体験した人がかなりいた。ただ、話を聞かせてほしいと願った時は引き受けてくれたが、実際に話を聞いてそれを本にまとめたいという時になると、「あんなことは残したくない」と拒む人が意外と多い。「あんな仕事や生活が大切なのだから書いて残したい」と言っても、理解して貰えなかったのは残念だった。

ただ、当時隣村で農業をやりながら青年会活動をしていた田村憲一さんに協力をお願いすると、引き受けてくれた。体験者を見つけると録音テープを背負って（当時はまだ大きかったので、リュックサックに入れて背負った）話を聞きに行ったが、この作業を田村憲一さんが主にやってくれた。時間がとれると二人で行ったが、三分の二くらいは田村さんがやってくれた。テープから録音を起こすのはわたしがやり、不足する部分を補う聞き取りはわたしがやり、文章にした。最初の計画では東北全体から体験者を探して聞く予定だったが、資金面でもまた時間もかけられなかったので、秋田県内の体験者から聞くことにした。しかも自費で、農作業の間にやってくれた田村憲一さんの協力がなければ出来なかったと思う。

三年間に聞き書きをしてまとめた一四人の記録は、秋田県二ツ井町で秋田書房をやっている簾内敬司さんの「あきた文庫」に入れて出版してもらった。
『樺太の出稼ぎ〈林業編〉』一九七七年
『樺太の出稼ぎ〈漁業編〉』一九七八年
それぞれ七人を収録したが、それほど話題に富む著書ではなかったものの、日本図書館協会選定図書になったこともあり、樺太の研究者や庶民史の研究をされている方からの問合せが結構あったと秋田書房から聞いた。秋田書房が閉鎖された後はときどき筆者宛に問合せがあったが、残部がないので望みに応えることはできなかった。
この本が縁で北大スラブ研究センターとつながりができ、二〇〇九年九月にロシア国立サハリン大学との共同調査研究の一行に加えていただき、八日間滞在した。この時に州立郷土博物館や州立公文書館で資料を見せてもらったが、ほとんどが一九五五年以後のものばかりで、戦前の資料は皆無だった。所蔵していても日本人には公開していないのかもしれない。サハリン日本人会の事務所で植松キクエ副会長にも会って話を聞いた。一九四六年に結ばれた「ソ連地区引揚げ米ソ協定」で一九五〇年までに日本人は全員が樺太から引揚げたことになっている。だが、日本政府は朝鮮人やロシア人と結婚した女性は日本人ではないとして帰国させなかった。そのため樺太に残った人たちの生きた歴史は、涙なしには聞けない労苦の積み重ねだった。わたしが会った時で八四歳の植松キクエさんは樺太の開拓地で両親と暮らしていたので、日本人の出稼ぎ者たちの姿を見ることはなかったという。
わたしが読んだ巻末の「参考文献」を見てもわかるように、大きな事件などは調べられているが、一般の人たちの普通の仕事や暮らしなどはほとんどといってもいいほど書かれていない。名前を残した人ではなく、普通の人たちの生きた積み重ねが実は本当の歴史なのだが、そのことは置き忘れられている。樺太の場合もそうだったが、このささやかな聞き書きは、その置き忘れられた人たちを記録して残そうとしたものである。

一四人の聞き書きを二冊にして出版したあとも、県内を歩く時は樺太に出稼ぎをした人はいないだろうかと捜したが、見つからなくなってきた。本書の最後に収録している金弘さんの話も、わたしが病気で入院した時に同じ病院にいた人で、樺太から引揚げた人だとわかり、病院で夜に何度かにわたって聞いた話をまとめたものである。その後は出稼ぎをした人には会わなくなったので、この仕事も終わりだと思った。一四人に新しく話を聞いた四人を加えて、一冊にまとめた。長い時間をかけたわりには小さな成果になったことに悔いは残るものの、大正、昭和の前期に樺太へ出稼ぎをした人たちに献詞たい。

なお、編集を担当して下さった板垣誠一郎さんと、松田健二社長に深くお礼を述べたい。

二〇一五年一〇月一日

野添憲治

〈著者紹介〉

野添 憲治（のぞえ　けんじ）

1935年、秋田県藤琴村（現・藤里町）に生まれる。新制中学を卒業後、山林や土方の出稼ぎ、国有林の作業員を経て、秋田総合職業訓練所を終了。木材業界紙記者、秋田放送ラジオキャスター、秋田経済法科大学講師（非常勤）などを経て著述業。中国人・朝鮮人強制連行に関する多数の著作がある。
著作集に『みちのく・民の語り』（6巻）、『シリーズ・花岡事件の人たち　中国人強制連行の記録』（4巻）がある。
『塩っぱい河をわたる』（福音館書店）で第42回産経児童出版文化賞を受賞（1995年）。『企業の戦争責任』『遺骨は叫ぶ』（ともに小社）は第16回平和・協同ジャーナリスト基金奨励賞を受賞（2010年）。

ＳＱ選書 08

樺太（サハリン）が宝の島と呼ばれていたころ

海を渡った出稼ぎ日本人

2015年11月30日　初版第1刷発行
2016年 2月29日　初版第2刷発行

著　者　野添憲治
発行人　松田健二
装　丁　中野多恵子
発行所　株式会社社会評論社
　　　　東京都文京区本郷2-3-10　TEL 03（3814）3861
印刷・製本所　倉敷印刷株式会社